中国低碳经济发展水平的
多维评价及可视化

王宗军　著

科学出版社

北京

内 容 简 介

本书主要内容由上、下两篇构成。上篇在阐述研究背景、研究意义、相关理论基础以及国外和中国低碳经济发展现状的基础之上，主要从国家、区域、省域和城市四个维度构建了中国低碳经济发展水平多维评价指标体系，并结合多种评价方法，建立了中国低碳经济发展水平多维评价模型。下篇对中国低碳经济发展水平多维评价的可视化平台实现过程进行了描述，并在建立的国家、区域、省域和城市四个维度评价指标体系和模型基础之上，结合中国低碳经济发展水平多维评价的可视化平台完成我国不同维度的低碳经济发展水平评价实证研究及可视化结果分析。

本书形成了一整套的低碳经济发展水平集成评价模型，从国家、区域、省域和城市四个维度进行了实证分析，时间跨度较广，涉及指标数量较为丰富，评价对象较为全面，为我国低碳经济发展水平的多层次全方位评价工作提供了有价值的研究参考，可供政策制定者、企业管理者、市场研究者等多元化群体参考阅读。

图书在版编目（CIP）数据

中国低碳经济发展水平的多维评价及可视化 / 王宗军著. —北京：科学出版社，2023.3

ISBN 978-7-03-071532-6

Ⅰ. ①中⋯　Ⅱ. ①王⋯　Ⅲ. ①中国经济-低碳经济-经济发展-研究　Ⅳ. ①F124.5

中国版本图书馆 CIP 数据核字（2022）第 028198 号

责任编辑：徐　倩 / 责任校对：贾娜娜
责任印制：张　伟 / 封面设计：有道设计

科 学 出 版 社 出版

北京东黄城根北街 16 号
邮政编码：100717
http://www.sciencep.com

北京中科印刷有限公司 印刷
科学出版社发行　各地新华书店经销

*

2023 年 3 月第 一 版　开本：720×1000　1/16
2023 年 9 月第二次印刷　印张：18
字数：363 000

定价：**192.00 元**

（如有印装质量问题，我社负责调换）

前　　言

全球气候变暖已经成为当今国际社会高度关注的全球性问题。在当前的学术圈，大家都保持着一个得到普遍认可的观点：二氧化碳在煤、石油、天然气等这些具备代表性的化石燃料的巨大消费中产生，这很大程度上导致了全球变暖的后果。在经济发展过程中，低碳经济无疑是一种崭新的模式，相较于传统的发展模式，可持续发展的要求可以被满足，在我国的经济发展过程中，低碳经济自然是一个不容忽视的选择。2020 年，我国已成为继美国等经济体之后参与全球碳治理并提出"碳中和"时间表的国家。因此如何思考并将低碳经济的模式融入我国的社会发展中，也成为重要的议题。

但目前在我国，相关研究成果主要涵盖低碳经济的内涵及路径、低碳城市发展、低碳消费方式、低碳经济评价以及政策建议等，定性研究较多、定量研究较少，有关低碳经济发展机理、评价及路径等问题的研究相对欠缺。已有的指标体系的具体衡量主要依赖于可信度不高的调研数据和主观性较强的专家判断，缺乏系统化的理论和方法的支持；研究方法也比较单一，构建指标体系所依据的低碳经济内涵也各不相同，并不能全面反映低碳经济的含义。此外，已有的实证研究，也多是集中于省域层面或直辖市层面，对于全国来说，样本量缺乏说服性，同时也没有将经济发展相对落后的城市考虑进去，一些绝对性的指标不能说明全国经济发展不同的情况。同时，区域经济发展不平衡是我国发展低碳经济的现实基础。目前，根据不同地区的自然、地理、生态、环境、经济、社会发展情况及其所处的技术发展阶段，探索不同区域的低碳经济发展路径及模式的研究很少见到。而在低碳发展总体战略指导下的区域产业低碳政策及相关机制研究也存在不足，有些低碳政策在不同省市的作用效果相反，试点地区未能结合自身的资源禀赋、能源结构等对低碳政策进行相应的调整。现阶段，学者对低碳经济的相关研究还不全面，特别是利用计算机技术，直观展示低碳经济数据的研究还刚刚起步。大部分的研究都局限于产业、区域、评价方法等方面，而忽略了以可视化的方法来促进低碳经济全面的研究和数据的收集展示。因此，在对低碳经济的概念和内涵深入分析的基础上，对我国低碳经济发展水平进行多维评价和可视化具有重要的理论和现实意义。

本书主要内容由上、下两篇构成。上篇主要内容为中国低碳经济发展水平的多维评价体系，由 7 章构成。第一章，绪论。首先对发展低碳经济的背景进行介绍，并讨论中国发展低碳经济的必要性以及开展低碳经济发展水平多维评价和可视化的意义、内容和方法。第二章，理论基础与研究综述。梳理低碳经济的相关理论，重点辨析低碳经济的科学内涵，并对低碳经济的国内外研究进行综述。第三章，国际低碳经济发展格局及中国形势。对国外和中国的低碳经济发展水平现状进行详细分析与对比，梳理中国碳排放量、国内生产总值（gross domestic product，GDP）和能源消费量之间的关系，并进行中国经济社会发展和低碳发展的协调分析。第四章，国家维度低碳经济发展水平评价指标体系及模型建立。基于驱动力-压力-状态-影响-响应（driving force-pressure-state-impact-response，DPSIR）模型，因"影响"层面下的相关指标数据现阶段难以获取，从驱动力、压力、状态和响应四个层面构建国家维度低碳经济发展水平评价指标体系，并结合层次分析的评价方法建立国家维度低碳经济发展水平评价模型。第五章，区域维度低碳经济发展水平评价指标体系及模型建立。充分考虑不同地域的经济差异、地质环境、发展现状，从区域经济发展、区域能源消耗、区域技术发展、区域环境发展、区域政策发展和公众低碳理念六个层面构建区域维度低碳经济发展水平评价指标体系，并结合因子分析、熵值法、主成分分析法、层次分析法、灰色关联评价等评价方法作为方法集，建立基于方法集的区域维度低碳经济发展水平评价模型。第六章，省域维度低碳经济发展水平评价指标体系及模型建立。从系统论的角度出发，将省域维度低碳经济发展系统分解为三大子系统，即碳排放-经济发展子系统、碳排放-能源消费子系统和碳排放-环境保护子系统，基于三大子系统构建省域维度低碳经济发展水平评价指标体系，并结合层次分析法得到各指标权重，建立省域维度低碳经济发展水平评价模型。第七章，城市维度低碳经济发展水平评价指标体系及模型建立。从经济发展阶段、低碳技术水平、自然禀赋、低碳消费模式、低碳政策法规五个层面构建城市维度低碳经济发展水平评价指标体系，同时采用层次分析法与熵值法结合的组合评价法来确定低碳城市评价指标的权重，建立基于组合评价的城市维度低碳经济发展水平评价模型。下篇主要内容为中国低碳经济发展水平多维评价的可视化平台，由4章构成。第八章，中国低碳经济发展水平多维评价的可视化背景及机理分析。在对中国低碳经济发展水平多维评价可视化平台的现实背景和可视化技术的类型与应用进行介绍的基础上，进一步对实现过程进行分析，研究中国低碳经济发展水平多维评价的可视化平台应具备的功能以及实现过程。第九章，中国低碳经济发展水平多维评价的可视化设计及模型实现。在分析中国低碳经济发展水平多维评价的可视化平台系统的设计、模块结构以及神经网络的集成及实现的基础上，展示可视化平台系统的运行环境，为多维评价的可视化展示和评估奠定基础。第十章，中国低碳经济发展水平多维评价实证研究及可视化结果分析。在建立的国家、区域、省域、城市四个维度的低碳经济发展水平多维评价指标体系和模型基础上，结合中国低碳经济发展水平多维评价的可视化平台完成我国不同维度的低碳经济发展水平评价实证研究及可视化结果分析。第十一章，我国低碳经济发展的政策建议。结合我国国家、区域、省域、城市四个维度的低碳经济发展水平评价实证研究及可视化结果分析，从国家、区域、省域和城市四个维度对我国低碳经济发展提出具有参考价值的政策建议和可视化平台建设的政策建议。

本书基于国家、区域、省域和城市四个维度，通过采用不同的理论基础和评价方法构建低碳经济发展水平的多维评价指标体系和评价模型，开发对应的可视化平台，并通过广泛搜集我国国家、区域、省域和城市的低碳数据，对我国低碳发展水平进行横向和纵向的实证研究和可视化结果分析，具有重要的理论和实践意义。理论上，构建的多维评价指标体系涉及的评价对象较为全面，极大地丰富了低碳经济系统理论的研究方法和数据，同时从国家、区域、省域和城市层面构建的低碳经济发展水平多维评价指标体系不仅深化了学术界对于低碳经济系统不同维度评价要素的理解，也拓展了低碳经济系统在宏观和微观维度的理论空间，为同行业学者进一步完善和深化低碳经济系统相关领域的研究奠定了有力的基础。同时通过建立低碳经济发展水平多维评价模型对我国低碳经济的发展水平进行科学的评价，不仅有利于弥补已有研究中评价机制不健全、评价依据模糊的不足，而且从理论层面丰富了低碳经济系统的研究方法，为低碳经济发展水平的多维评价提供了理论依据。而借助平台完成我国不同维度下的低碳经济发展水平的可视化展示及评估，为低碳经济发展水平的评价及研究提供了可视化的参考和技术上的支撑，为管理者提供了一个全新的、直观的决策支持平台，也为后续实现低碳数据采集和实时动态监测奠定了基础。

实践上，针对我国国家、区域、省域和城市不同维度低碳经济发展水平开展综合评价，能十分有效地帮助相关人员牢牢把握低碳经济的相关规律。在经过比较系统的量化分析之后，通过客观的结果来回答：我们处于什么样的碳排放地位，在当前局势下我们如何顺利完成节能减排任务，并应承担何种责任来构建可持续发展经济模式。同时，通过量化分析的系统性结论，能够更为清晰地找出我国不同地区的短板所在，进一步明确各个地区下一步需要改进的具体方向，采取相应的配套措施。同时实证研究过程中充分考虑了不同区域、省域、地域的经济差异、地质环境和发展现状，从国家、区域、省域和城市四个维度提出了具有参考价值的政策建议，有利于政策制定者因地制宜地指导我国低碳经济的发展。

本书由王宗军提出写作大纲和全书主题思想，经研究团队讨论后确定了章节结构。撰写工作如下：前言和第一、二章由王宗军撰写；肖仁桥参与了第三章的撰写；潘文砚参与了第四章的撰写；臧晓娟和周红丽参与了第五章的撰写；

叶靖参与了第六章的撰写；钱丽和戴文婕参与了第七章的撰写；关悦和陈洋洋参与了第八章的撰写；张罗曼参与了第九章的撰写；易霖参与了第十章的撰写；杨琴参与了第十一章的撰写；书稿校正和修改由王宗军全面把关，王雪、黄金蓉、李承钊和张弦负责具体修订工作。本书完成后，王宗军对全书内容进行了总体梳理和把关。

鉴于本书所涉及的评价维度较多、数据面广、工作量较大以及作者研究水平有限，书中肯定还有很多不足之处，恳请广大读者批评指正。

王宗军

2022 年 7 月于华中科技大学

目　　录

上篇——中国低碳经济发展水平的多维评价体系

第一章　绪　　论

第一节　低碳经济发展背景

一、全球气候灾难频发

毋庸置疑，全球气候变暖在当前已经是各个国家不得不重视的、不得不解决的核心问题之一。2020 年 10 月《世界经济展望》的数据显示，自工业革命以来，地球表面平均温度已经上升了约 1℃，而且气候变暖还在加速。自 20 世纪 80 年代以来，每十年的气温均比前一个十年高。2015～2019 年是有记录以来最热的五年，而 2019 年可能是有记录以来气温第二高的年份[①]。与天气有关的自然灾害越发频繁，证明地球系统的压力正在不断上升。全球海平面正在上升，而且越来越多的证据表明世界正以快于先前预想的速度逼近不可逆转的"临界点"（Lenton et al.，2019）。世界气象组织（World Meteorological Organization，WMO）也在《2018 年全球气候状况声明》报告中明确阐明，全球变暖仍在加速，温室气体浓度达到过去至少 80 万年以来的最高值。在碳排放量目前发展的趋势已经不可逆转这一前提下，加快经济转型毫无疑问已成为全球发展一定要走的一条路。

全球气候的这种恶劣势头会给全球人民的生活和经济发展都带来巨大的隐患。到 21 世纪末，全球地表温度将升高 1.1～6.4℃，海平面或升高 0.18～0.59 米，高温、热浪以及强降水频率或增加[②]。这样巨幅的温度升高，导致极端气候产生的频率也会大幅增加，同时，在北冰洋，冰面的持续萎缩、陆地冰川和冰盖的逐渐消融，会导致海平面的高度稳步上升，这并不是我们所希望看到的。换句话说，如今全球变暖的严峻后果，所影响的是地球持续数十万年稳定的气候系统。一整串的连锁反应都将被引起，对地球造成的破坏将是不可恢复的。如果放任这样的现象持续下去，海平面的抬高将会不可阻挡，数以万计的动植物将会走向灭亡，数百万的人民都将因此陷入我们难以想象的痛苦生活中。追根溯源，这一切都源于人类活动，也是大自然对人类不知满足的贪欲的惩罚。

[①] 资料来源：2020 年 10 月国际货币基金组织发布的《世界经济展望》报告。

[②] 资料来源：联合国政府间气候变化专门委员会 2014 年发布的《政府间气候变化专门委员会第五次评估报告》。

1. 气候变暖与生态灾难

1）海平面上升

资料表明，全球海平面在过去的百年间提升幅度总计 14.4 厘米，中国方面，则有 11.5 厘米的提高。美国国家航空航天局（National Aeronautics and Space Administration，NASA）的一项研究声明，21 世纪内，全球海平面预计上升 0.6～2.1 米。导致海平面上升的因素有很多，如气候变暖、冰川融化等，根本问题还是气候的问题。一方面，海水受到了温度的影响，自然会受热膨胀，海水整体的体积因此变大，海平面升高也在意料之中；另一方面，气候的变暖也会导致极地冰盖融化，海平面上升。海平面上升直接带来的危害是低地被淹。美国国家航空航天局之前曾做出一项预测，海平面上升将会导致 8000 万人处于危险之中。而根据该研究中沿海地区最新的海拔数据，将威胁 3.4 亿～4.8 亿人口。大多数受威胁人群生活在亚洲沿海，如印度、孟加拉国、越南和印度尼西亚等。到 2050 年，每年面临洪灾危险的人数预计在孟加拉国增长 8 倍，为 4200 万人，在中国增长 3 倍，为 1 亿人。高危地区中包含孟买等人口密集城市，孟买有 1800 万人，在未来 30 年里，这里可能会被完全淹没。

在过去 20 年里，英国泰晤士河的水位不断升高，当地政府不得不多次加高加固防洪堤坝，防止泄洪，保障人民生命财产安全。马尔代夫、塞舌尔等 30 个低洼岛国面临在 21 世纪被海水淹没的威胁。印度洋岛国马尔代夫平均海拔只有 1.5 米，海平面的升降会直接影响它的存亡。如果全球变暖持续下去甚至加剧，那么这个由 1192 个小岛组成的国家终将会被海水淹没，直至沉入海底。2009 年 10 月 17 日，马尔代夫首次在水下召开内阁会议，呼吁国际社会关注全球气候变暖造成海平面上升的危害。海平面上升还会恶化沿海海岸的水土资源。由于海平面上升，海洋的动力作用会加强，使海岸侵蚀加剧，特别是砂质海岸。同时沿海地下水中盐的浓度会增加，加剧了沿海泥土的盐碱化程度，破坏水土资源。2019 年 4 月 3 日，《自然通讯》杂志刊文称，加拿大北极岛屿在近半个世纪以来滑坡频率增长了 59 倍，这是全球变暖最危险的一个后果。另外，据预测，西伯利亚和阿拉斯加南部地区永久冻土在 21 世纪末将消失三分之一左右。

2）冰川冻土融化

全球变暖，冰雪融化，不仅融化的面积不断增加，并且速度也是逐年上升的。两极冰川淡水储水量占全球的 70%，如果这些冰川全部融化，可以预料的是，地球的海平面就会大大升高，将会淹没大片地区。内陆冰川的融化速度更快，喜马拉雅冰川在不断收缩，近 30 年来，青海省年平均雪盖面积总体呈减少趋势，速率为每 10 年 3200（千米）^{2}，冻土冻结深度变浅，厚度变薄，年最大冻土深度以每 10 年 22.8 厘米的速度减小，冻土冻结时间缩短。近年来，乞力马扎罗山山顶积雪融化，冰川消失现象非常严重，至 2019 年，已经萎缩了 90%。据统计，平均气温低于–2℃的冻土分布面积约占地球陆地面积的 25%，包含于其中的主要有中国 22%的领土，俄罗斯和加拿大将近一半的领土，美国阿拉斯加 85%的土地，除此之外，在南极和格陵兰的无冰盖地段和被冰盖边缘覆盖的地下，南美和中亚的高山地区也有分布。北极冻土层含有大量有机碳，冻土融化后，土壤中的微生物会将有机碳转化为甲烷和二氧化碳等温室气体，释放入大气，加剧气候变暖。有研究表明，冻土中封存的甲烷的威胁很大，远远超过目前主要温室气体的影响，一旦被释放到大气层中，其导致的全球变暖速度可能会比目前的全球变暖速度还要快 20 倍。德国基尔大学专家在《自然》杂志刊文称，冰川融化将导致伊斯坦布尔、科孚岛、罗得岛等地区消失。到 2100 年，地中海 49 个城市和古迹将沉于水底。

3）极端气候频现

由于全球气候变暖，各种极端天气频繁暴发，如洪涝、干旱、高温、雪灾等，给人们的财产和生命安全带来了极大的威胁。特别是 20 世纪 80 年代以来，极端天气发生的频率越来越高，范围越来越广，影响程度也越来越大。

全球陆地降水量发生了显著变化，北半球中高纬地区的降水量平均每 10 年增加了 0.5%～2%，热带地区平均每 10 年增加了 0.2%～0.3%，亚热带地区则平均每 10 年减少了 0.3%左右。20 世纪后半叶，中高纬地区的暴雨发生频率增加了 2%～4%，而在亚洲和非洲的一些地区，干旱的频率和强度都有所增加。

极端气候事件频繁发生典型地表现在厄尔尼诺现象和拉尼娜现象交替出现上。厄尔尼诺现象主要指发生在太平洋东部和中部的海水温度异常地持续变暖，影响了季风和洋流流向，进而影响到其他地区的气候，导致全球性的气候反常。拉尼娜现象又称反厄尔尼诺现象，专门指赤道太平洋东部和中部的海洋表面温度持续 6 个月以上低于 0.5℃，导致全球性气候混乱，它总是出现在厄尔尼诺现象之后。

太平洋上空的大气环流名为沃克环流，当沃克环流变弱时，海水吹不到西部，太平洋东部海水变暖，就是厄尔尼诺现象；但当沃克环流变得异常强烈时，就产生了拉尼娜现象。一般拉尼娜现象会随着厄尔尼诺现象而来，出现厄尔尼诺现象的第二年，都会出现拉尼娜现象，有时拉尼娜现象会持续两三年。

一般来说，厄尔尼诺现象的出现频率并不规则，但平均约每 4 年发生一次，1982 年 4 月～1983 年 7 月的厄尔尼诺现象是目前为止最严重的一次，其后果是约 1500 人丧失生命，经济损失近百亿美元。1988～1989 年、1998～2001 年、2007～2008 年发生了强烈的拉尼娜现象，令太平洋东部至中部的海水温度比正常低了 1～2℃，1995～1996 年、2006 年初发生的拉尼娜现象则较弱。有的科学家认为，由于全球暖化的趋势，拉尼娜现象有减弱的趋势。

由于赤道洋流和季风发生异常，不同地区呈现出截然不同的后果。在厄尔尼诺现象发生时，季风洋流转向，太平洋表层的热流转移到美洲，带走热带降雨，出现大面积干旱，主要区别体现在：太平洋中东部及南太平洋地区反常降水，形成洪涝灾害；印度、澳大利亚等地区则严重缺水干旱，影响农作物生长。拉尼娜的气候影响与厄尔尼诺大致相反，但影响程度及威力较厄尔尼诺小。拉尼娜出现时印度、澳大利亚东部等地降雨偏多，但在太平洋中东部及南太平洋地区等易出现干旱。

2019 年，中国气象局气候变化中心发布了《中国气候变化蓝皮书（2019）》。该报告中通过对大气、海洋、冰冻圈、陆地生态、气候变化驱动因子等方面的阐述详细介绍了中国气候检测信息，反映了中国气候变化的基本事实。从该报告中的一系列观测数据和关键指标我们可以看出，中国气候仍将发生大幅度变动，极端天气持续频发，气候变暖的趋势也将持续下去，中国气候风险问题呈增加趋势。

1901～2018 年，中国地表年平均气温以较大幅度显著上升，其间大约上升了 1.24℃，2018 年异常温暖，同时不同地区、不同省份之间的温差较大，温度变动幅度也有所不同。相较于东部地区和南部地区，西部地区和北部地区温度升高幅度较大。其中，青藏地区气候变暖最为明显，且大部分地区气候都偏暖和。

1961～2018 年，中国年均降水量以较小幅度逐年增加，主要表现为"多—少—多"的不同年份的阶段性变化。同时中国国土面积辽阔，纬度跨越大，不同地区由于海陆位置、大气环流、地形地势因素不同，降水量也存在显著差异。例如，华北、华南和西北地区降水量逐年大幅上升，而东北和华东地区降水量每年浮动较大，青藏地区则遭遇了有史以来最强降雨。此外，年累计降水天数减少，而年累计暴雨天数显著增加。

1961～2018 年，中国平均风速和阳光照射的小时数基本是在下降的，积温方面的数值则呈显著的增加趋势，2018 年，中国平均相对湿度和总体的云量两个数值都比较异常，而平均风速则较常年正常值来说偏小。

1961～2018 年，一些比较恶劣的极寒天气和沙尘天气显著减少，极端高温事件和极端强降水事件显著增多，区域性干旱事件微弱增多，台风事件、酸雨事件微弱减少。

1961～2018 年，中国气候风险指数总体呈升高趋势，主要表现为"下降—转折—波动上升"的不同年份的阶段性变化，1991～2018 年的年平均气候风险指数较 20 世纪 50 年代初期显著上升，这主要是源于高温风险和台风风险。

极端气候事件给人类带来了巨大的生命财产损失。20 世纪 60 年代末期，非洲撒哈拉牧区曾连续六年干旱，饿死 150 万人；1998 年 7 月，中国发生特大洪水，上千万公顷农田受到巨大摧残，死亡 4000 余人，直接经济损失超过 2000 亿元；2005 年 8 月 23 日，"卡特里娜"飓风则更加威力巨大，直接造成美国 1500 人死亡，数以万计的房屋被淹和数十万户家庭断电，造成经济损失高达 1080 亿美元；2008 年初，在我们华夏大地上发生的严寒，直接造成 107 人死亡，这场史无前例的寒潮所造成的经济损失也相当巨大，数值高达 1100 多亿元。

4）严重威胁地球生物的健康繁衍和生长

首先，全球变暖会直接导致一些地区夏季炎热等问题，从而会让人的健康情况恶化，例如，心脏病和各种呼吸道疾病患者会更加受到影响，其中新生儿和老人遭受到的风险最大。全球变暖还会导致臭氧浓度增加。低水平的臭氧会损伤人的肺组织，引起哮喘或其他肺部疾病。全球变暖还可能导致某些传染病的传播，产生新的变种，从而造成新的病毒被激活。自 1970 年以来，全球新出现的传染病至少有 30 种。频繁的极端天气也为一些可能产生的身体隐患创造了条件。近年来，一些本来高纬度罕见的症状开始逐步扩散，这直接威胁到世界一半的人口。

其次，全球变暖有着严重的连带效应。全球变暖直接导致一些地区的呼吸道方面的症状更容易出现，每年都有许多人因此死亡。全球变暖使空气中的臭氧增多了，低空中的臭氧会损害人的肺功能，导致一些与肺功能相关的疾病更容易发作。气候变暖方便了疾病传播，新的细菌和病毒更容易存活，也容易创造新品种。极端天气的交替出现和大幅度波动，也加速了疾病的传播。近年来，一些高纬度城市甚至发生了明显不属于当地的热带疾病。

最后，全球变暖减少了生物多样性，加快了物种灭绝进程。全球变暖导致两极冰雪融化，释放出大量水，海平面上升，淹没生物生活的家园，生物想要存活，只能迁移到新的适合生存的地方，否则就要面临灭绝，同时沿海地区的土地盐碱化现象也会影响其生存环境，引发物种迁移或灭绝；冻土融化释放出甲烷等气体，甲烷过多会导致物种的灭绝；更加普遍的是，气候变化改变了生物生存的生态系统，很多生物适应能力不够，环境变化太大，不能适应环境的变化也会灭绝。

2. 碳排放是气候灾难的元凶

全球气候变暖的原因有两个：大量温室气体排放和肆意砍伐原始森林使其吸收二氧化碳的能力下降。这二者都导致了大气中的二氧化碳含量增加，目前人们一致认为：温室气体的过度排放，造成了温室效应不断累积，导致了气候变暖。

温室气体包括二氧化碳、甲烷和水蒸气等 10 种气体，可以让太阳短波辐射自由通过，同时又能吸收地面长波辐射。水蒸气所产生的温室效应占全部温室效应的 2/3 左右，但它主要是一种自然现象，与人类活动的关系不大。除此以外，最主要的是二氧化碳，它占整体温室效应的 26% 左右，大气中的二氧化碳含量增加主要是由人类活动造成的，碳排放是气候灾难的元凶。

二氧化碳气体具有吸热和隔热的功能，太阳短波辐射到达地面，地表吸收热量后向外发射长波辐射，此时大气中的二氧化碳相当于形成了一个隔离层，阻止长波离开，并吸收长波的热量，这样就既使地表温度升高，也使大气的温度升高，形成了所谓的温室效应。人类向大气中排放的二氧化碳越多，温室效应越强，导致全球气候变暖。

工业革命以前相当长的历史时期内，大气中的二氧化碳基本稳定在 270～290ppm（1ppm = 10^{-6}，表示一百万个空气分子中有一个二氧化碳分子），但工业革命之后，煤炭和石油的消耗急剧增加，大气中的二氧化碳、甲烷和氧化亚氮等温室气体大幅增加。根据世界气象组织 2016～2019 年发布的年度《温室气体公报》，18 世纪工业革命以前，大气中二氧化碳含量为 280ppm、甲烷含量为 700ppb（1ppb = 10^{-9}，表示十亿个空气分子中有一个甲烷分子）、氧化亚氮含量为 270ppb（ppb：十亿个空气分子中有一个氧化亚氮分子），《温室气体公报》还显示，2018 年，地球大气中温室气体的浓度又创历史新高，增幅高于过去 10 年的平均增幅，且没有任何减缓的迹象，除二氧化碳之外，温室气体甲烷和一氧化二氮的浓度创新高。其中，大气中二氧化碳含量为 407.8ppm，比工业革命前增加了 45.6%。2015～2018 年，大气中二氧化碳含量分别为 400ppm、403.3ppm、405.5ppm 和 407.8ppm，每年增加 2ppm 以上，平均增长幅度约为 0.65%，增幅明显加快。有资料表明，进入 21 世纪以来，大气中二氧化碳的含量每年都增加 2ppm 以上。

通常认为二氧化碳浓度增加一般会带来厄尔尼诺现象，如 1988 年二氧化碳的年平均增长为 2.45ppm，1998 年为 2.74ppm，而这两年都发生了厄尔尼诺现象。

二、化石能源稀缺

如今，学术界的大量研究也表明，煤、石油、天然气这些典型化石燃料的使用是当前全球变暖严峻后果的罪魁祸首。世界上最具影响力之一的石油和石化集团公司——BP 公司在 2018 年发布了《BP 世界能源统计年鉴》，明确指出，较 2016 年，2017 年全球煤炭的使用量增长了 1%，石油的使用量增长了 1.8%，天然气的使用量增长了 3%。换个角度，从消费结构上来说，石油毫无疑问依然是整个地球上使用量最为庞大的燃料，牢牢占据了全球能源消费总量的 33.6%。我们对于消费化石燃料的欲望在不断增长，2017 年以来，二氧化碳排放在保持了连续三年（2014～2016 年）的稳定量后，却毫无征兆地在 2017 年增长了 1.6%。

事态如此严峻，我们必须要清晰地认识到：煤炭、石油、天然气这些化石燃料，在科学上的分类来说，都毫无疑问属于一次能源，在地球上是不可再生的。我们对于这些燃料的肆意使用必然会有极其恶劣的结果：首先是全球性质的能源危机，其次是大量资源的枯竭，最后是整个地球生态环境的重创。我们单单以石油来看，作为当今工业社会不可或缺的、已经远远脱离能源本身属性的燃料，我们不能忘记世界上曾有过的三次石油危机，油价暴涨的后果是我们无法承担的。除此以外，稀缺性和不可再生性让石油的储备量成为整个国家的一种战略手段，同时也不可避免地成为国家博弈中的筹码。此外，根据美国石油协会的结论，原油储藏量在整个地球尚未开采的数量仅仅不足 2 万亿桶，我们仅可能再使用的时间不会超过 95 年。

还有目前越演越烈的能源危机。据统计，全球可开采石油量已不足人类继续使用 50 年了。深海或者地表深处还储藏着大量的石油，但是开采成本过大，不够经济实惠。而以煤炭为工业发展基础的中国，近些年煤炭存储量连年下降，国家不断关闭小煤窑，开始统一规范煤矿的管理。不少煤矿已经开采到地表以下 100 米，煤炭资源的匮乏和紧张可见一斑。因此，国家越来越强调要发展低碳经济，提高资源转化效率，提高资源利用率。与此同时，不断地开发新的能源，如太阳能光伏、风能和地热。太阳能光伏和风能是中国西部大开发政策倾斜最多的产业。由于中国西部地广人稀，适合建设大规模太阳能和风能电站。在中国东部沿海地区，也有一些小范围的太阳能和风能发电站。且国家政策不断地鼓励太阳能发电装备和风能发电装备制造业，所有这一切都是因为能源危机越演越烈。而我们的祖国是一次能源消费的大国。煤炭、石油和天然气消费庞大，且在能源消费中这些主要的化石燃料也都一直居于绝对领导地位。这样的能源消费结构，使我国成为仅次于美国的世界第二大二氧化碳排放国。早在我国的"十二五"规划之中，就已经明确阐明了我们需要采取的对策：面对当前形势下的资源环境问题，各个部门以及各个公民都必须要增强危机意识，牢固秉持绿色、低碳的发展理念，在工作中重点必须放在节能减排之上，健全和激励整个社会的能源约束机制，加快消费模式向资源节约型、环境友好型的转变，同时增强我国的可持续发展能力，进而提高整个社会的生态文明水平。

化石能源的使用推动了人类工业文明的发展，但目前在化石能源需求高速增长和存量极其有限的双重制约下，化石能源储量越来越少。

（1）化石能源的储量有限。化石能源来源于古代生物的化石，需要经过上万年的发展和演变，经过非常长的时间才能形成，且总量有限。然而现代工业社会的发展、技术的进步都离不开能源，能源消耗量越来越大，而且一旦消耗，就很难再生成，且储量越来越少。同时，新的能源一是很难勘测，二是即使勘测到了，因为开采技术不成熟，也很难利用，因此造成了化石能源的总储量越来越少，甚至在未来某一天会消失殆尽。根据《BP 世界能源统计年鉴》2018 年版，我们可以发现，2017 年，全球已经探明的石油储量下降 5 亿桶，总量降至 1.697 万亿桶，按照 2017 年的产量水平，这只够满足世界 50.2 年的用量。以同样的方式计算，天然气和煤炭的剩余储量分别可开采 52.6 年和 134 年。

（2）化石能源的消费量保持上升的趋势。根据《BP 世界能源统计年鉴》2020 年版，2018 年一次能源消费较 2017 年增长 2.6%，2019 年一次能源增速较 2018 年增长 1.3%，总体放缓，但仍呈上升趋势。美国能源信息署发布的《国际能源展望 2019》显示，全球能源相关的二氧化碳排放在连续三年持平后，于 2017 年再度上涨了 1.6%，且年初的数据表明，2018 年排放还将继续增长。在 2040 年前，全球能源需求将以每年 1% 的速度增长，由于能效更高的汽车和电动汽车的普及，全球原油需求在 21 世纪 30 年代将触顶。在可持续发展的前提下，《国际能源展望 2019》预测全球天然气需求在 2030 年之前将持续增加，然后出现回落；低碳能源需求上升；煤炭消耗量显著减少。

（3）化石能源生产难度不断加大。化石能源的生产条件是千差万别的，随着社会生产力的不断发展，社会经济系统对化石能源的需求与生态系统对化石能源的供给之间出现了日益增大的供求矛盾，致使很多化石能源的价值正由该部门中等条件下生产该种能源商品的价值决定，逐步变为由劣等条件下生产该资源的个别价值来决定的趋势。这是由于随着社会的发展、技术的进步，人类开采能源的技术也越来越成熟，在开采过程中，人们会优先选择那些优质的资源，然后才会选择次优的资源，那些较好的资源在开采利用完之后，就只能去开采那些不那么好的资源，而资源的质量也会影响加工、生产效率，生产的商品也没那么精细。此外，受限于人类科技，人类对地壳的钻探有限，深度只达到 10 000 米左右，这一深度还不及地球半径的 2‰，所以无法进一步探索地壳更深层次的物质。

（4）化石能源污染严重。化石能源在生产和使用过程中，其碳排放量较大，尤其是在减排技术不太成熟的工业化初期阶段，化石能源的使用造成生态环境的严重破坏。但由于人类早期的技术和生产依然处于一个比较原始的阶段，技术以及相对应的生产方式都是和现在完全无法相比的，对化石能源进行大规模的开发和利用也付出了巨大代价，使人类生存环境处在不断恶化当中，主要表现包括固体废弃物在不断增多、环境污染不断加剧，此外，温室效应也在不断加剧，可以看到人类现代文明发展正在面临越来越严重的挑战。因此，在化石能源数量逐渐减少，其污染越发不可小觑的两者共同作用的现代社会，全球能源供应和消费结构调整日趋急迫，加快经济发展方式转型刻不容缓。

工业社会对化石能源的使用使人类进入了一个高碳排放的经济时代，二氧化碳的大量排放产生了一系列的效应，给社会经济发展甚至人类生存带来了严重威胁。如何减少二氧化碳的排放，创建一种低碳排放的经济发展模式，越来越受到人类的关注。1992 年，《联合国气候变化框架公约》最早阐述了碳汇、碳源等低碳相关的经济术语，2003 年英国政府发布的官方文件《我们能源的未来：创建低碳经济》当中首次出现了"低碳经济"一词。随后，欧盟国家政府也开始高度关注，采取一些措施和行动发展低碳经济。目前我国"高碳"行业如电力、钢材、水泥等支撑着大规模的基础设施建设，推动我国工业化、城市化的快速发展；人民生活水平的不断提高使人均碳消耗不断增加，这些都使我国对能源的需求不断提升，增加了碳排放压力；社会发展阶段及能源供需现状需要我国大力发展低碳经济。随着"后京都时代"的到来，我国面临的气候变化和节能减排的压力也越来越大，粗放型的经济增长方式已经越来越不能适应 21 世纪的发展要求，走经济发展和环境保护的和谐发展之路成为我国未来发展的方向，低碳经济成为经济社会发展的重要战略路径。

三、人类发展模式向低碳转型

1）低碳经济的提出

低碳经济的发展理念最早起源于西方国家。联合国大会于 1992 年通过了《联合国气候变化框架公约》，要将大气中温室气体的浓度维持在一定范围内的观点最早在该文件中被提出，1997 年的《京都议定书》则对此做了进一步的补充。2005 年，欧盟启动了温室气体排放配额交易机制，履行了《联合国气候变化框架公约》，2007 年 12 月，联合国气候变化大会通过了"巴厘岛路线图"，主要针对该公约未来的发展方向做了更深的探讨；2008 年，英国首先出台了针对气候变化的应对措施，通过了《气候变化法案》；2009 年，联合国气候变化大会签订了《哥本哈根协议》，该协议对各国的二氧化碳减排量做出了确定的规定，商讨了《京都议定书》的后续事项和未来导向；2015 年 12 月，在世界气候大会上，全球 170 多个国家一起签订了《巴黎协定》，确定未来将采取低碳、有弹性和可持续化的行动和投资，创下了国际协定开放首日签署国家数量最多的纪录；2019 年 9 月 23 日，联合国气候行动峰会在纽约联合国总部召开，联合国秘书长也多次召集各国举办气候方面的建设性会议，希望各国加大力度和相对应的政策来积极、有效地应对气候变化，具体、切实地履行协议，努力达到减排目标。

当前，低碳经济已经得到了世界各国的广泛认同，整个人类社会慢慢走向低碳经济社会。

低碳经济是一种低能耗、低排放、低污染的社会经济模式，在这样一种社会经济模式中，在不影响经济发展的同时，整个社会的能耗都会更低，二氧化碳的排放量也大大减少，污染也更小，因此经济社会的发展也更加可持续。而在这个体系中，首先是需要政府从上而下地制定一系列的政策制度，从整体上设计一套低碳体系，依靠产业规划来引导低碳产业结构的发展，鼓励企业不断创新，不断开发新的技术，如可再生能源技术、减排技术等。目前我们主要从生产、流通、分配和消费四个方面考虑了低碳社会体系。

（1）生产的低碳化主要包括两方面：一是生产过程的低碳化；二是人口发展的低碳化。生产过程的低碳化，就是企业在生产的过程中，在原始计划、生产加工、剩余材料处理等方面进行控制，前期科学规划，生产什么、生产多少、怎么生产、剩余材料的标准操作程序等，都需要科学统筹，避免浪费资源；同时还应注意利用新技术，使生产方式更加先进，生产的产品质量更好，价值更高。人口发展的低碳化是指控制人口数量，使社会整体素质得到提高，从而使环境承载能力和人口与经济发展水平达到协调的结果。

（2）流通的低碳化主要包括两方面：一是产品的流通；二是生产要素的流通。最终目标是对资源进行最优配置。物流业与流通息息相关，物流业如果能做到低碳化，那么生产要素和产品的流通也就能做到低碳化。从流通的硬件设施来看，在建设交通体系和使用交通工具的过程中，应尽量做到节能环保，平衡配合使用各种交通工具；从流通的软件设施来看，可以结合互联网技术、物联网技术，发展现代物流软件，严格监控物流信息，实现对生产要素的高效配置和对产品的合理分配。

（3）分配的低碳化的主体是政府，需要政府这只"有形之手"，在分配与再分配过程中，通过一系列政策手段和措施，将更多的资源分配给绿色低碳产业，而限制高污染、高能耗的产业，通过社会再分配过程，促进产业结构调整，发展低碳产业，促进经济社会的低碳化。

（4）消费的低碳化的主体是消费者，需要消费者在消费过程中，形成低碳消费观念，注重绿色消费，尽量选择低能耗、低污染的产品，减少浪费，节约资源，减少对自然界的污染。

2）低碳经济引领全球经济发展方向

低碳经济这一概念，最早于 2003 年在英国的政策相关文件中被提到。英国相关方在《我们能源的未来：创建低碳经济》这一白皮书中明确地指出，"低碳"本身不是绝对概念，而是相对的，必须要与自己国家的国情和发展中遇到的实际情况紧密结合。如果是不同的国家，必须要有因地制宜的标准。全球经济的腾飞伴随着能源危机的深化。气候问题的不容忽视，很大程度地拨动着英国相关决策者的心弦。国家能源安全不能够再被自己国家牢牢地掌握，同时环境污染及气候的变化也迫切地要求决策者做出改变。英国及时地反思经济上升过程中存在的不足，试图将气候与经济发展调整成共存共生的关系，"低碳"这一概念应运而生，希望用这一个精练的词语概括一种全新的发展方式，来实现经济成功转型。

英国政府提出的"低碳"理念意义重大，不仅为世界各国针对共同面对的气候及环境问题提供了解决思路，而且该理念包含一种新的经济发展模式，这种经济发展模式有助于解决经济发展与环境保护之间的矛盾。因而"低碳"理念得到了世界各国的理解、认同与支持，从而在全球范围内掀起了一股"低碳发展"的热潮，这也象征着人类社会的一次重大进步。

英国政府对于低碳经济社会发展格外注重，不仅第一个提出了"低碳经济"的概念，还第一个出台了相关政府协议，应对气候变化。英国政府宣称，2050年，英国碳排放量将比1990年减少60%，为此，英国政府也做了一些具体的举措，运用可再生能源补贴政策和征收气候变化税，发展新能源行业、碳金融等，以从真正意义上促进低碳发展。

日本也紧随其后，不断推进低碳化社会。日本政府主要是通过调整产业结构来促进新旧能源的转化。主要表现在：一方面，日本大力发展绿色能源，包括太阳能、核能、地热能等，兼顾能源安全、经济增长、环境保护，减少对环境的污染；另一方面，日本将高能耗、高污染、低产值的夕阳产业向国外转移，减少这些产业对本国环境的影响。

美国虽然不是第一个提出要发展低碳经济的，但是它也做了很多有意义的探索，如出台了《低碳经济法案》，长期、大力支持绿色能源的研发和利用，通过投入大量资金和政策偏向，绿色能源产业已在美国蓬勃发展，并保持着领先全球的地位。

很多国家都为低碳经济做出了与本国经济状况、自然资源禀赋相适应的举措，低碳经济已成为全球发展趋势，为全球经济带来了新的机遇与挑战。

（1）发展低碳经济已经成为世界各国的重要战略选择。一些发达国家正在积极推动低碳发展，结合本国资源状况和产业发展状况，做出了一系列努力。例如，英国首先提出了低碳经济，出台了《气候变化法案》等，确定了低碳经济发展的总体目标，并积极发展碳金融产品，鼓励风电行业发展等，实现了新的经济增长动力。日本也明确了要发展低碳社会的目标，制定了《低碳社会行动计划》等战略计划，积极推进新旧能源产业转型升级，积极发展新能源产业；美国也制定了绿色经济发展战略，推出了一系列政策措施，大力支持绿色能源的研究和发展。

（2）低碳经济成为世界产业结构调整的重要动力。低碳经济的实质就是提高能源利用效率和发展清洁能源，这必然会涉及产业结构的调整，只有更优化的产业结构才能更好地促进低碳经济发展。国家应建立节能降耗型产业体系，大力发展能源消耗低、附加值高的第三产业，调整工业内部行业结构和产品结构，大力发展高新技术产业；大力培育新型低碳产业，重视低碳农业、可再生能源产业等，并进一步打造低碳技术系统、低碳能源系统以及低碳产业结构协调发展的经济社会发展体系，努力向低碳社会转型；提高能源利用效率，降低二氧化碳排放量。

（3）低碳经济将推动世界竞争新规则的产生。联合国气候大会于1992年通过了《联合国气候变化框架公约》，签署该公约的国家也越来越多，截至2016年6月底，共有197个缔约方。该公约确定了一系列规定、条款、共识等来约束各缔约方的行动，以真正应对气候变化。而任何一种新规则的确立，背后都是各个国家经济利益的博弈。对于不同国家，如发展中国家和发达国家，所要履行的职责可能会有所不同，也就形成了不同的约束。同时，新的技术标准和贸易壁垒也会受到低碳产业的发展影响。随着低碳经济的发展，低碳技术的发展也越来越迅速，而最先掌握相关技术的企业、国家，必将成为行业的领导者，具有制定规则的权力，因而会给后来者设置技术壁垒，防止新的竞争者，维持自己的地位。在国际贸易中，技术领先的国家也可以制定进口技术标准，设置进口障碍，维持自己的贸易优势。

（4）低碳经济将导致国际政治经济格局出现新变化。低碳经济的发展会导致相关产业的调整，产业的调整会带来经济的变化。那些经济发展较好的国家已经完成了工业化，碳排放量逐年减少，还可以选择发展新能源产业、绿色能源产业、清洁技术等，而那些经济发展没那么好的国家，有些会选择"先污染后治理"的不可持续的老路来发展经济，碳排放量逐年增加。因此，那些经济发展较好的国家在国际减排大会上就有更多的话语权，来限制和要求那些经济发展没那么好的国家。

（5）碳交易对于国际金融业的创新以及发展具有重要意义。1997年，碳交易的概念首次于《京都议定书》中被提出，随后各国的碳交易所慢慢建立起来。碳交易是为了实现温室气体减排而出现的一种金融活动，即将温室气体的排放权作为交易对象，卖方卖出温室气体的减排额，买方购买，并帮助卖方达到减排额，最终达到减缓温室效应的效果。目前主要有英国排放权交易制、欧盟排放权交易制以及芝加哥气候交易所等，中国也先后在深圳、上海、北京、天津等地建立了碳排放交易试点。碳交易市场的建立，促进了金融工具的创新和金融市场的活跃发展，开放了新的投资渠道，提高了金融行业的活跃度。

3）全球低碳发展的未来

低碳经济是人类社会可持续发展的必然选择，也是全球经济转型的未来方向。未来的经济社会将主要呈现出以下态势。

（1）低碳技术突破发展。低碳技术指那些有利于减缓和适应气候变化的技术，是低碳经济的基础，是低碳经济时代各国经济的增长点和竞争的制高点。世界主要国家都在低碳技术创新上投入了大量的人力和物力，以期在未来竞争中占据有利地位，低碳技术将会有突破性的发展。

（2）低碳能源高效利用。能源作为经济发展的支撑和动力来源，关乎整个经济社会生产力的发展，而低碳能源则引领了低碳社会的发展。随着传统能源产业的转型升级，新的、绿色的、清洁能源产业逐渐登场，既可以提高能源使用效率，也可以提高产品附加值，更能降低环境污染，必将成为未来低碳社会的支撑产业。

一方面，各类能源的首次利用效率提升；另一方面，能源副产品以及各类废弃品在技术创新发展的条件下得以科学有效地利用。总之，未来能源利用是全程低碳、绿色和高效的。

（3）低碳产业结构优化。产业是社会分工的产物，随着社会生产力的提高，产业也越来越丰富。同样，随着低碳技术水平的发展，低碳产业也会慢慢形成，低碳产业也是低碳经济社会蓬勃发展的基础。整个经济社会产业的结构将更加均衡，也更加偏向于低碳产业，同时现代服务业和高新技术产业发展也越来越好，在国民经济中所占比重越来越大，产业朝着低能耗、高附加值的方向发展；同时，随着许多新兴战略性产业和低碳产业的不断兴起和壮大，低碳化作为产业结构优化的典型特征也越来越明显。

工业是经济社会发展的基本力量，是低碳经济发展的基石。未来，低碳经济发展水平和程度会不断提高，随之而来的是经济发展方式的合理转变，产业结构将呈现合理化、先进化和低碳化的趋势。农业和工业服务业等结构在整个经济社会中的比重更加合理，现代服务业的比重逐步提高；产业结构水平正向着更高程度的软化方向发展。

（4）低碳消费逐渐成为主流。人们越来越推崇低碳的消费理念，消费行为越来越理性，人们在消费时会考虑对生态环境的影响，在生活中也越来越注重低碳、绿色、环保、节能。

（5）生态环境日益改善。生态环境是地球上一切生物生存和发展的必要条件，也是人类经济社会发展的客观基础。优美和谐的生态环境既是低碳经济发展所追求的目标，也是低碳经济可持续发展的基石。随着低碳经济深入发展、各类生态环境保护法规和机制不断健全、人类环保意识的不断提高，未来低碳社会将是生态环境宜人、人与自然和谐统一的美好社会。

（6）全球合作加强。随着全球一体化不断深化和拓展，世界的联系日益紧密，地球村已经真真切切地出现在我们的生活之中。低碳经济的出现，不仅没有割裂全球合作交流的纽带，反而进一步促进了全球合作。低碳经济催生的经济商机促进了全球技术和贸易的交流，低碳经济发展的瓶颈需要全球携手面对，未来世界，碳金融和碳交易将会成为全球合作交流的重要平台。

四、中国发展低碳经济的必要性

在全球气候变暖的背景下，以低能耗、低污染为基础的低碳经济成为全球研究的热点。低碳经济的定义，简单来说是以三个"低"为特征的一系列产业与技术，乃至整个人类全新的生活方式等一类经济形态的总称。英国经济学家 Stern（2007）呼吁全球积极发展低碳经济，因为据其测算，全球以每年 1%GDP 的投入，就可避免未来每年 5%～20%GDP 的损失。2009 年的哥本哈根会议引起全世界高度关注低碳经济，更有人认为"低碳经济是人类最后一次救赎"。未来经济的竞争可能是低碳的竞争，这种转变会在经济方面带来巨大的机遇和挑战。所以，在当今全球大力提倡发展低碳经济的趋势之下，保持和提高低碳竞争力就显得至关重要。

1）发展低碳经济是应对全球气候问题的必然选择

近年来，全球气候变暖问题越来越受到人们的关注，大气当中二氧化碳的浓度从 20 世纪初期不到 300ppm，上升到将近 400ppm，国际能源机构（International Energy Agency，IEA）预计，如果不对这种情况加以控制，到 2030 年，二氧化碳的排放量将比 2000 年增加 69%，其中，二氧化碳排放量增长最快的国家属于非经济合作与发展组织（Organization for Economic Co-operation and Development，OECD）成员国，二氧化碳排放量将增加超过 2 倍，所占的比例将从 2000 年的 46%增加到 2030 年的 58%，其中，中国的这一数据是从 13%增加到 17%，而 OECD 成员国二氧化碳的排放比例将从 54%下降到 42%。二氧化碳的排放会使大气温室气体浓度增大，影响地球自然生态系统的内在平衡，使温室效应加剧，从而导致全球气候变暖。全球气候变暖，导致大气中能量分布和温度场分布混乱，造成对自然生态系统的破坏。迄今为止，西方发达国家已经逐步在国家发展战略中加入发展低碳经济的要求，在各项政策的制定上进行了一系列的改革，以期进行低碳经济转型。在具体行动上，不仅是政府，企业和人民也逐渐意识到发展低碳经济，进行环境保护、生态保护的重要性，逐步转变生产和消费模式。

根据联合国政府间气候变化专门委员会（Intergovernmental Panel on Climate Change，IPCC）的最新报告，如果按照目前气候整体的变化节奏，预计地球的温度会在 2030 年到 21 世纪中叶左右比工业化之前的全球气温的平均水平提高大概 1.5℃，可能会产生可怕的后果，如出现更多的极端气候事件、冰川融化、海平面上升，破坏自然生态系统，增加生物灭绝风险，影响人类的生存和发展。对于中国来说，全球变暖给中国带来的影响也是非常严重的。2019 年 3 月，中国气象局气候变化中心发布的报告显示，中国气候仍将发生大幅度变动，气候变暖的趋势也将继续持续下去，中国气候风险问题呈加重趋势。因此，面对严峻的气候挑战，中国必须行动起来，和各国一起，努力减少温室气体排放。

毋庸置疑，中国人口众多，同时消耗煤炭的数量也是全世界最多的。2014 年起，中国成为最大的温室气体排放国。中国于 1998 年 5 月签署并于 2002 年 8 月核准了《京都议定书》。基于《联合国气候变化框架公约》的基本原则，对于全球变暖，世界各国都负有责任，但是发展中国家和发达国家所承担的责任是有区别的，因此在处理国际气候变化相关事务和履行公约时，必须把本国利益放在首位，履行本国应尽的职责，在达到减排目标的同时，也要为未来的发展争取必需的排放空间，保证本国经济发展。

中国作为一个负责任的发展中国家，对气候变化问题给予了高度重视。为了应对共同的气候问题，中国积极参与《联合国气候变化框架公约》的制定、签署和履行，同时也在国内出台了相关政策，根据本国的经济发展现状和资源禀赋，确定了减排的具体目标和基本原则，同时也采取了一些更加具体的措施，如调整产业结构、强化污染防治等，为我国的低碳建设增添了助力。

党的十八大以来，我国大大地加快了低碳相关的整体政策体系的生态构建。我国相关部门相继出台《关于加快推进生态文明建设的意见》等具有建设性意义的方案，制定了40多项与生态文明建设相关的指导意见，大力推动绿色发展。

由于经济发展和人口众多，中国是世界上温室气体排放量较大的国家之一。根据"共同但有区别的责任"的基本原则，中国作为发展中国家，只需要承担自愿承诺减排目标，不需要承担有法律约束力的限控义务。但是随着中国经济的崛起，中国在世界经济发展中起着越来越重要的作用，一些发达国家认为中国的崛起会威胁到自己的利益，试图胁迫中国承担与发达国家同样的减排义务，中国在国际舞台上面临着巨大的政治压力。对于发达国家来说，其已经完成了工业化，但是对于中国这样的发展中国家，经济还不够发达，还需要继续消耗能源换来经济的进一步发展，如果履行与发达国家同样的减排义务，势必会影响中国的经济发展。在巨大环境压力与减排压力下，中国经济将面临更严重的发展阻碍。

中国虽然在全球气候变化问题谈判中坚持要求遵从"共同但有区别的责任"的基本原则，但是来自发达国家的压力越来越大，在后续的谈判过程中，很有可能会处于不利地位，也会越来越被动。

通过发展低碳经济、调整产业结构、发展低碳产业，中国将实现能源的高效利用，同时也能减少碳排放量，缓解环境压力，在面对国际气候变化谈判时，也会有更多的底气来维护本国的利益，在国际政治舞台上有更多的话语权。因此，中国需要加快发展低碳经济，研发低碳技术，培育低碳产业，进入低碳社会。

2）发展低碳经济有助于应对化石能源耗竭

近代工业革命的标志是蒸汽机的发明和使用，可以说社会的工业化是建立在对煤、石油、天然气等化石能源的开采和使用上的，尽管人们对风能、水能、核能等清洁能源有一定程度的研究，但能源结构中化石能源的主导地位始终无法撼动。据统计，过去100年中，煤炭的使用量为2650亿吨、石油为1420亿吨。化石能源的开采和使用为人们带来了经济的飞速发展和科技的进步，但同时，我们也遇到了很多能源安全问题，并且化石能源的耗竭也在所难免。例如，石油、天然气价格的不断上扬，国际油价的不断攀升，各国对能源产地和运输通道的战略争夺，受到经济和政治等原因的影响，世界能源的开采和供应已经表现出很多问题。英国于 2003 年出版的《我们能源的未来：创建低碳经济》中首次出现了"低碳经济"一词。英国作为一个岛屿国家，其能源和资源比较匮乏，同时作为第一次工业革命的先行者，社会生产和经济发展的过程很大程度上依赖于能源和资源的消费。在发展过程中，英国的能源生产和能源消费逐步从自给自足走向需要进口，2000 年后，英国对能源进口的依赖程度逐渐提高，2017 年，英国 36%的能源依赖进口，较前两年稍有下降，这可能是因为英国实行了低碳经济。由此，英国逐渐认识到能源可持续利用对于社会经济和国家发展的重要性。据估计，全球的煤、石油、天然气等化石能源的总储量还能够被开采利用一两百年的时间，同时开采利用化石能源的技术难度越来越大，经济成本也逐渐增加，化石能源的耗竭在所难免。

同时，大部分新兴国家正处在工业化进程中，为了保证经济的发展，对能源的需求量是巨大的。英国石油公司的研究报告指出，2001～2006 年间，全球的一次能源消费年均增长率达到了 3%，其增长主要来自于非 OECD 成员国，能源价格也急速上扬。美国能源信息署公布的报告《世界能源展望 2007》中指出，到 2030 年，全球的能源消耗将比 2004 年增长 57%。其中 OECD 成员国能源消耗量增长 24%，非 OECD 成员国的能源消耗量将增长一倍。因此，开发可再生能源和新能源、发展低碳经济、转变能源使用结构、节能环保、实现能源利用的可持续性显得尤为重要。"在满足当前生产、生活需要的同时，应该考虑到我们的子孙后代，不能将未来的能源资源过度地提前消费"逐渐成为全球的共识。

3）低碳经济的实现利于中国开展能源外交，保障中国能源安全

由于碳减排涉及各国的实际利益，当碳减排目标与经济利益冲突时，如何保证低碳经济的发展就成为需要考虑的问题。应该看到，英美等发达国家在 20 世纪就已经进入了工业化后期，已经基本完成了基础设施的建设，不需要继续发展以高能耗、高碳排放为主要特征的"高碳经济"，其主要任务是在不依赖很高的能源消费的基础上满足人民的生活需求。而发展中国家正处于工业化进程中，到目前为止，还没有一个发达国家不是依赖高碳能源实现工业化的，发展经济和提高国力是第一要务，因此发展低碳经济对于发展中国家来说是一项巨大的挑战。

能源是一个国家发展的重要动力来源。当今世界，气候变暖是一个全球性的问题，解决这个问题的关键在于发展更低碳的能源技术。自 20 世纪 70 年代的能源危机开始，世界各国都意识到了能源的重要性，也都积极地发展本国的能源战

略，也间接推动了各个国家之间的能源竞争和能源外交。能源外交，是指利用能源这一重要杠杆，在处理国际事务时，维护本国的利益，同时它也可能会被用来达到某种政治目的。因此，能源安全对于国家和民族的利益来说至关重要，已成为继军事安全、经济安全之后重新出现的一个十分严峻的问题，全世界越来越关注能源问题。由于资源是有限的，各国的自然资源禀赋存在差异，有些国家拥有丰富的能源禀赋，而有些国家只能依赖进口，极大地影响了本国的经济发展。而对于中国这样的发展中国家来说，本国的经济需要进一步发展，能源需求仍然十分旺盛，因此能源对于中国未来经济发展的重要性不言而喻。而面对越来越复杂的国际形势、越来越稀缺的能源资源、越来越严峻的气候环境，在涉及能源外交事务时，需要越来越谨慎，坚持本国利益，保障能源供给，才能保证经济的稳定发展。目前，中国的能源无法满足经济发展的需要，需要从外国进口，容易受到外国的制约。因此在进口的同时，中国需要发展本国的低碳产业，发展可再生新能源产业，发展绿色低碳能源产业，使中国的能源供给结构多元化，满足经济发展的需要，同时也会大大减少对煤、石油、天然气等化石能源的开采以及使用，从而达到降低二氧化碳排放的目标，并进一步降低温室效应，减缓全球变暖。只有发展低碳可再生能源产业，才能保证国家能源安全，才能实现可持续发展。

综合来说，发展低碳经济、减少碳排放已经成为各国政治、经济博弈的焦点，低碳经济将滋生一系列新技术和新产业，对于发展中国家来说，应该抓住这个契机，努力实现跨越发展。

4）低碳技术的提升促使中国科技水平的提升，有助于提升国家核心竞争力

发展低碳经济的关键在于发展低碳技术，而发展低碳技术的关键则在于技术创新。一方面，在节能减排技术上，实施技术改造，加大减排设备的投入力度，在节能减排技术上不断创新，提高传统能源的利用效率，减少大气污染，在保证经济发展的同时，能耗不增加或者少增加；另一方面，在低碳技术上，以清洁能源技术为突破点，以终端能源利用技术为重点，从源头上解决能源利用问题，从排放上解决温室气体的排放问题，双管齐下，减少温室效应。只有依靠科学技术，才能从根本上解决能源问题，发展低碳经济，应对气候变化。

为了发展低碳经济、创新低碳技术，中国在教育、人才和研究资金等方面给予了大量的投入。目前，中国的低碳技术研究主要集中在洁净煤燃烧与发电技术、工业部门提高能效、建筑部门提高能效、风能利用、太阳能利用、碳捕集利用与封存六个领域，企业的节能改造技术快速发展，可再生能源、洁净煤燃烧与发电技术等领域的技术水平得到提高，且低碳设备基本上都是在国内生产的，生产制造水平能够达到世界先进水平。总体上来看，中国一直实行"走出去"的战略，积极和低碳技术发达国家如英国开展技术合作，引进先进技术，虽然在核心技术

上与国外先进技术水平有较大差距，但是也取得了一定的成绩，差距逐渐缩小，技术创新的总体规模、速度、深度等还需要进一步提高。

随着全球气候变化越来越频繁以及能源危机问题，发展低碳经济已经成为世界各国未来经济发展的共识。各国之间的经济竞争慢慢地已经转向低碳领域。哪个国家的企业最先研发低碳技术、最先开发新的可再生能源，它就掌握了该行业的话语权，就能够制定该行业标准，要求其他国家达到同样的标准，这对于国际贸易来说十分重要，也体现了一个国家的核心竞争力。因此发展低碳经济、掌握低碳技术、开发新能源，对于增强我国核心竞争力十分重要。

5）发展低碳经济能够催生新的经济增长点，提高经济发展质量

从历史上来看，通常在经济危机发生后会出现一次新的科技革命，带动一项新技术和新产业的发展，从而带动经济逐渐由低谷迈向繁荣阶段。美国已经将新能源的开发和发展低碳经济作为经济新的增长点，在具体行动上，2009年，颁布了《2009美国复苏与再投资法案》来加大资金投入和完善制度建设，颁布《美国清洁能源与安全法案》来推动低碳经济的发展，以期低碳产业能代替信息技术产业带动经济的新一轮高速增长。欧盟及其成员国在发展低碳经济时通过努力研发和推广应用二氧化碳减排技术，提高能源利用效率，大力发展可再生能源，完善碳减排交易市场机制和服务体系等。日本通过政策的制定来引导产业结构转型，一直以来日本都维持了碳捕集和封存技术的领先优势。目前来看，各个发达国家都已经将低碳经济作为其新的经济增长点，为了在下一轮的全球经济竞争中取得优势地位、改变世界经济格局、赶超他国，大力发展低碳经济及其产业势在必行。

过去几十年里，中国高速的经济增长带来了环境问题，这与经济结构不合理、增长方式粗放直接相关。中国经济虽然取得了很大成就，对世界经济发展做出了很大贡献，但是这种发展方式中的突出问题是资源消耗高、环境污染重、经济效益不高，这直接影响了中国经济的可持续发展。

而发展低碳经济，就是要改变目前的产业结构，就是要发展低碳产业，这不仅能调整产业结构使其更加合理，也能调整消费结构使其更加清洁。在产业结构上，要注重技术创新，不断提高自主创新能力，控制高能耗产业，发展高技术产业，发展低碳技术和低碳能源产业，发展可再生能源产业，研发节能减排技术，提升低能耗、高附加值的服务业在经济中所占的比重，将产业结构调整得更加合理化、高级化；在生产上，要尽量做好生产规划，更新改造生产设备、排放设备，减少生产过程中的碳排放，科学处理生产过程中产生的废料，降低能耗，节约资源，减少对环境的污染，发展可持续经济。

中国经济的高速发展离不开重工业的发展，而支撑重工业的是能源。以能源的快速消耗为代价的经济发展也牺牲了中国的生态环境，高碳排放和其他有害物质的排放给环境带来了严重的后果。在应对全球气候变化的形势下，中国必须走

低碳道路，发展低碳经济，其中一个重要方面就是要控制高能耗产业无序发展和过快增长：一是要鼓励企业加快节能技术改造；二是要严格控制高能耗产业产能过剩；三是要严格产业准入，控制违规项目用电；四是坚决淘汰落后产能。然而限制高能耗产业的发展必然会导致经济增长速度放缓，这就要求在向低碳经济转型的过程中不要唯经济增长，不要唯 GDP 增长，当然我们既要绿水青山也要金山银山，绿水青山就是金山银山。在关注经济增长总量时，也要关注经济发展质量，要促进经济又好又快地发展。

6）低碳经济模式有助于改善环境质量，促进经济生产方式与消费方式的转变

随着工业的高速发展，现代工业发展得越来越完善，但是随之而来的是环境问题。工业发展的代价是大量化石能源的消耗，而化石燃料的燃烧会向大气层释放温室气体，这也是全球变暖的主要原因。而全球变暖会导致冰川融化、海平面上升、极端天气等各种生态灾害，不仅会给地球生物的生存环境带来极大的破坏，影响生物的健康生长及繁衍，还会威胁人类的生命财产安全。全球变暖的后果如此严重，以至于人类不得不正视自己的行为，其中能源结构不合理是一个很大的原因。化石燃料燃烧会带来温室效应，而清洁能源的使用则有益于环境。因此应对气候变化，调整能源结构是一个具有重大意义的举措。

低碳经济的内涵就是要通过技术创新、产业转型、开发新能源等一系列措施，调整能源结构，减少化石能源的使用，增加清洁能源的使用，在保护环境的同时发展经济，实现生态自然与经济社会的协调发展。近二十年，中国的经济保持高速发展，随之而来的是日益严重的环境污染问题和生态破坏问题。这种状况与经济结构不合理、增长方式粗放直接相关，我们不能再走"先污染后治理"的老路了。据统计，2018 年，中国的煤炭消费量占能源消费总量的比例仍然高达 59%，并且占到了全球煤炭消费总量的一半以上，长久以来占据中国能源消费的很大一部分，而煤炭的使用会产生各种有害气体、粉尘，如二氧化碳、二氧化硫等，污染大气。因此，对于中国来说，减少煤炭使用、开发新能源迫在眉睫。只有调整能源结构、转变增长方式、发展低碳经济、鼓励低碳能源开发和利用，中国经济才能在保护生态环境的前提下继续发展，实现可持续发展。

我们党和国家一贯重视生态文明建设，并将生态文明建设定为一项基本国策，从政策方针上保障了生态文明建设的顺利进行。加快生态文明建设，不仅利于中国发展，对于全人类的生存环境来说，也是一项有益的举措。中国是发展中国家，没有强制减排义务，但是中国也做了一些力所能及的减排行动。截至 2020 年底，中国单位 GDP 二氧化碳排放已经比 2015 年下降了 18.8%，超额完成"十三五"下降 18% 的目标[①]，对全球应对气候变化工作起到了重要的推动作用。

---

① 资料来源：《2020 中国生态环境状况公报》。

　　低碳经济不仅涉及产业层面的低碳，而且涉及人们消费方式的低碳。在产业层面，低碳经济包括清洁生产和循环经济。清洁生产，即在生产过程中，尽量使用节能减排技术，运用低碳技术，减少整个生产过程中的能源消耗。一是在生产前做好规划，生产什么，生产多少，做好计划，做好安排，减少人、财、物等资源的浪费，合理和持久地运用生产过程中的所有资源；二是在生产中，加快技术创新，生产低能耗、高附加值的产品，提高能源利用效率，在保证经济发展的同时，能耗不增加或者少增加；三是在生产后，控制废弃物的排放，加大节能减排设备的投入力度，把生产活动对环境的影响降到最低程度；四是在低碳技术上，以清洁能源技术为突破点，以终端能源利用技术为重点，从源头上解决能源利用问题，从排放上解决温室气体问题，双管齐下，减少对环境的负面影响。

　　循环经济，即高效利用和反复利用资源，形成资源的循环利用，最大化地利用物质资源。一是要减少生产过程中不必要的资源消耗，减少商品的过度包装，使用可回收包装，从源头上节约资源；二是实现废物利用，将使用过的废物回收利用，转变成人们可以再次使用的物质，而不是随意排放废物；三是不断重复使用消费品，反复使用，直到完全不能再使用，最大化地利用每一件产品的价值；四是在生产过程中，尽量不使用一次性原材料、不可回收原材料和有毒原材料，同时使用可再生资源，提高产品质量，延长产品寿命。在满足消费者物质需求的同时，尽量减少物质消耗。除了产业层面的低碳，人们的意识和行动也必须有所改变。政府要帮助消费者转变消费观念和消费方式，广泛宣传低碳消费理念，消除人们对低碳消费的认识误区，引导他们的低碳消费行为，帮助他们逐渐形成低碳消费习惯。低碳消费模式直接影响人均碳排放量这一关键指标。我们需要切实地推进低碳消费模式，进而保证经济社会的良性低碳发展，目前最重要的问题所在，是碳排放和人们的生活息息相关、紧密相连，每个人在低碳道路上努力一小步，全社会将会在低碳道路上前进一大步，因此低碳消费，人人有责。

　　7）低碳经济模式有助于我国参与全球治理，达成全球碳中和共识

　　2015 年 12 月 12 日，巴黎气候变化大会正式举行，大会上联合国秘书长潘基文呼吁国际社会应针对减少温室气体的排放采取措施，重视各国应对气候变化风险的能力，并通过《巴黎协定》。《巴黎协定》旨在安排 2020 年后各国政府应如何应对全球气候变化，长期目标为限制全球平均气温的上升幅度，即与前工业化时期相比，其上升幅度必须在 2℃以内并争取控制在 1.5℃内。2016 年 4 月 22 日，175 位国家领导人共同签署《巴黎协定》，环境保护已成为全球共振目标。

　　签署《巴黎协定》后，各国针对《巴黎协定》提出了符合自身情况的减排目标。摘取部分重要经济体的具体政策，如表 1-1 所示。

表 1-1　全球部分经济体未来减排目标与政策

国家或地区	目标日期	具体计划
中国	2060 年	中国在 2020 年 9 月 22 日向联合国大会宣布，努力在 2060 年实现碳中和，并采取"更有力的政策和措施"，在 2030 年之前达到排放峰值
奥地利	2040 年	2020 年 1 月，奥地利联合政府宣誓就职，并做出承诺，以约束性碳排放目标为基础，在 2030 年实现 100%清洁电力，并在 2040 年实现气候中立
不丹	目前为碳负，并在发展过程中实现碳中和	《巴黎协定》下自主减排方案。不丹人口少于 100 万，居民收入低，除此之外森林和水电资源丰富，因此相较于大多数国家，不丹平衡碳账户比较容易。但碳排放还是受到对汽车需求的不断增长和经济增长所带来的压力
美国加利福尼亚州	2045 年	2018 年 9 月，州长杰里·布朗签署了碳中和令，几乎同一时间，该州还通过了一项法律，在 2045 年前实现电力 100%可再生，但其他行业的相关绿色环保政策还不够成熟
加拿大	2050 年	特鲁多总理于 2019 年 10 月连任，其政纲是以气候行动为中心的，承诺净零排放目标，并制定具有法律约束力的五年一次的碳预算
智利	2050 年	2019 年 6 月，皮涅拉总统宣布智利努力实现碳中和。2020 年 4 月，政府向联合国提交了一份强化的中期承诺，并承诺在再次申明了其长期目标。其中已经确定的是，28 座燃煤电厂中的 8 座会于 2024 年前关闭，并在 2040 年前逐步淘汰煤电
芬兰	2035 年	执政党联盟协议
匈牙利	2050	2020 年 6 月，匈牙利通过气候法，并在气候法中承诺到 2050 年气候中和
冰岛	2045	受益于地热和水力发电，冰岛已经获得了几乎无碳的电力和供暖资源，而其 2018 年公布的战略，重点强调要植树和恢复湿地，并逐步淘汰运输业的化石燃料

资料来源：由能源研究俱乐部和中泰证券研究所的数据整理得到。

2020 年，我国成为继美国、欧盟等经济体后参与全球碳治理并提出"碳中和"时间表的国家。同时，在资本市场的表现中，伴随着拜登内阁大力主张新能源的发展、欧盟加速新能源汽车领域技术变革，受到风电、光伏发电以及生物质发电等行业变革和科技创新的影响，绿色能源产业的发展得到了极大的推动，全球迎来新能源利好的"共振"，相关板块市场表现也十分亮眼。

2020 年 12 月，习近平总书记在宣布中国"力争 2030 年前二氧化碳排放达到峰值，努力争取 2060 年前实现碳中和"的基础上，进一步做出"到 2030 年，中国单位国内生产总值二氧化碳排放将比 2005 年下降 65%以上，非化石能源占一次能源消费比重将达到 25%左右"等庄严承诺，为中国降低碳排放设定新目标[1]。相关政策及会议表态如表 1-2 所示。

---

[1]《新时代的中国能源发展》白皮书发布——我国提前实现碳排放强度下降目标. [2020-12-22]. http://www.gov.cn/xinwen/2020-12/22/content_5572019.htm.

表 1-2　2020 年 9 月至 2021 年 3 月碳中和相关政策及会议表态梳理

时间	会议	内容
2020 年 9 月	第七十五届联合国大会	中国力争于 2030 年前二氧化碳排放达到峰值，2060 年前实现碳中和
2020 年 9 月	生态环境部常务会议	提出要研究制定二氧化碳排放达峰行动计划、国家适应气候战略等相关规划
2020 年 10 月	十九届五中全会	到 2035 年，生态环境根本好转，碳排放达峰后能够稳中有降，并广泛形成绿色生产生活方式，基本实现美丽中国建设目标。"十四五"期间，加快推动绿色低碳发展，实现碳排放强度降低的目标，支持有条件的地方率先能够达到碳排放峰值，并针对 2030 年前碳排放达峰目标制定对应行动方案；进一步推进碳排放权市场化交易；加强全球气候变暖对我国承受力脆弱地区影响的观测
2020 年 12 月	气候雄心峰会	到 2030 年，中国单位 GDP 二氧化碳排放与 2005 年相比，下降总量达到 65% 以上，森林蓄积量与 2005 年相比增加 60 亿米^3，此外，非化石能源占一次能源消费比重将达到 25% 左右，风电、太阳能发电总装机容量将超过 12 亿千瓦
2020 年 12 月	中央经济工作会议	习近平总书记指出要针对 2030 年前碳排放达峰目标，抓紧制定对应的行动方案，支持有条件的地方率先能够达到碳排放峰值，要进一步对产业结构以及能源结构进行调整优化，推动煤炭消费尽早达峰，同时大力发展新能源，加快全国用能权以及碳排放权交易市场建设工作推进
2020 年 12 月	中国环境新闻工作者协会第一期环境茶座	针对碳排放达峰目标，提出地方达峰主要行动方案与政策，推动部门和行业达峰行动，同时对低碳技术开发和项目投资工作进行部署，加强重点企业碳排放信息披露，引导重点企业开展二氧化碳排放总量管理
2020 年 12 月	全国发展和改革工作会议	部署开展碳达峰、碳中和相关工作，在长三角生态绿色一体化发展示范区推进相应制度创新，重点关注长江经济带生态环境突出问题整改，进一步推动黄河流域生态保护工作和高质量发展
2020 年 12 月	全国能源工作会议	进一步提高能源供给水平，推动风电光伏加快发展，稳步推进水电以及核电建设，进一步优化完善电网建设，同时深入推进煤炭清洁开发利用效率，大力提升新能源消纳和储存能力
2020 年 12 月	全国工业和信息化工作会议	开展工业低碳行动和绿色制造工程，为确保粗钢产量同比下降，要坚决对粗钢产量进行压缩
2021 年 1 月	中国人民银行工作会议	明确"落实碳达峰、碳中和"是仅次于货币、信贷政策的第三大工作
2021 年 1 月	《关于统筹和加强应对气候变化与生态环境保护相关工作的指导意见》	鼓励重点领域包括能源、工业、交通、建筑等针对碳达峰目标制定对应达峰专项方案。推动重点行业包括钢铁、建材、有色、化工、石化、电力、煤炭等提出明确的达峰目标，并根据目标制定对应的达峰行动方案
2021 年 2 月	《2020 年第四季度中国货币政策执行报告》	提出金融资源向碳中和倾斜
2021 年 2 月	生态环境部 2 月例行新闻发布会	制定"十四五"空气质量全面改善行动等一系列专项规划；严格控制增量，落实产能置换要求；加强存量治理；坚持增气减煤同步，推动电代煤
2021 年 2 月	中国水泥协会开展调研座谈	研究水泥行业碳排放现状与问题，明确碳达峰路线图，分阶段地提出碳达峰任务目标及相应技术、政策措施，积极探索碳中和实现路径
2021 年 2 月	绿色金融有关情况吹风会	研究修订《银行业存款类金融机构绿色金融业绩评价方案》，对金融机构的绿色债券、绿色贷款等业务的开展情况进行综合评价，并进一步对使用场景进行适应扩大

续表

时间	会议	内容
2021 年 3 月	2021 年《政府工作报告》	扎实做好碳达峰、碳中和各项工作,制定 2030 年前碳排放达峰行动方案,并进一步优化产业结构和能源结构
2021 年 3 月	十三届全国人大四次会议	李克强总理提出制定 2030 年前碳排放达峰行动方案。提高煤炭清洁利用效率,并在确保安全的前提下积极有序地发展核电,大力发展新能源。加快全国用能权以及碳排放权交易市场建设工作,优化能源消费双控制度。在金融层面开展支持绿色低碳发展专项政策,设立碳减排支持工具
2021 年 3 月	国家能源局电力司负责人专访	建设新一代电力系统,不断提高电网和各类电源的综合利用效率,推动实现电力系统源网荷储的高效融合互动,同时全面适应高比例、大规模的新能源开发利用需求

资料来源:由新华社和中泰证券研究所的数据整理得到。

2021 年 3 月,《中华人民共和国国民经济和社会发展第十四个五年规划和 2035 年远景目标纲要》明确提出,我国单位 GDP 能源消耗将在"十四五"期间实现降低 13.5%的目标,此外单位 GDP 二氧化碳排放将在"十四五"期间实现降低 18%的目标"。我们认为,无论从短期还是中长期来看,"碳中和"经济都必将成为未来经济提质增效的重点领域,而其对传统产业及新能源相关领域都将产生深远的变革及影响。

当前,发展低碳经济、降低碳排放、促进整个社会低碳建设,已经成为解决经济发展问题和环境保护问题的必然途径。简而言之,当今整个世界的碳排放危机逐渐加剧,整个人类的生存与发展都经受着不容忽视的威胁。低碳发展的模式转变,是人类的价值观念、生活态度和生产经营模式的一场自上而下的革命,同时也是未来各个国家经济社会发展的一个转折点。

第二节 研 究 价 值

毫无疑问,低碳经济是一种具备创新性的经济转型方向,在可持续发展被日益重视的今天,它能够满足经济发展与环境保护的双赢。基于此,社会经济发展都将其作为自己的战略策略,因此我们必须更清楚地了解它,更准确地摸清其内在逻辑和发展属性。

我国目前的相关研究成果主要涵盖低碳经济的内涵及路径、低碳城市发展、低碳消费方式、低碳经济评价以及政策建议等,定性研究较多、定量研究较少,有关低碳经济发展机理、评价及路径等问题的研究相对欠缺。已有的指标体系的具体衡量主要依赖于可信度不高的调研数据和主观性较强的专家判断,缺乏系统化的理论和方法的支持;研究方法也比较单一,学者较多采用层次分析法(analytic hierarchy process,AHP)或主成分分析法。主要使用的模型是 AHP、物质流分析模型、DPSIR 等,构建指标体系所依据的低碳经济内涵也各不相同,并不能全面反映低碳经济的含义。此外,已有的实证研究也多集中于省域层面或直辖市层面,样本量缺少说服性,也没有将经济发展相对落后的城市考虑进去,一些绝对性的指标不能说明全国经济发展不同的情况。

在低碳经济相关政策研究方面,学者偏重于宏观政策方面的研究,虽然对低碳经济政策的众多方面给予了关注,但存在很多不足,如缺乏统一的国家低碳发展政策和低碳发展水平评价体系,在低碳发展总体战略指导下的区域产业低碳政策及相关机制研究不足,有些低碳政策在不同省市的作用效果相反,试点地区未能结合自身的资源禀赋、能源结构等对低碳政策进行相应的调整。因此,低碳发展政策研究任重道远,需进一步深入。

因此,基于对低碳经济的概念和内涵的深入分析,对我国低碳经济发展水平进行多维评价和可视化具有重要的理论和现实意义。本书在梳理低碳经济内涵和理论研究以及系统分析我国低碳经济发展现状的基础上,从国家、区域、省域和城市四个维度构建了我国低碳经济的多维评价指标体系和评价模型,并以2007~2017年间我国低碳经济发展水平为样本,从国家、区域、省域和城市四个维度进行实证研究。同时构建中国低碳经济发展水平多维评价的可视化平台,借助平台完成我国不同区域的低碳经济的可视化展示及评估。

1)理论意义

(1)建立了低碳经济发展水平的多维评价体系。研究成果兼顾我国低碳经济的区域差异性和横向可比性,从国家、区域、省域和城市四个维度构建了一整套的低碳经济发展水平的多维评价指标体系。国家层面,基于 DPSIR 模型,将人的需求、社会进步、经济发展、能源需求、碳排放等要素纳入低碳经济系统中,从驱动力、压力、状态和响应四个维度构建我国低碳经济发展水平评价指标体系;区域层面,充分考虑不同地域的经济差异、地质环境、发展现状,从区域经济发展、区域能源消耗、区域技术发展、区域环境发展、区域政策发展和公众低碳理念六个维度构建区域低碳经济评价指标体系;省域层面,从系统论的角度出发,将省域维度低碳经济发展分解为三大子系统,即碳排放-经济发展子系统、碳排放-能源消费子系统及碳排放-环境保护子系统,基于三大子系统构建省域低碳经济评价指标体系;城市层面,深入微观的城市层面,以经济发展阶段、低碳技术水平、自然禀赋、低碳消费模式、低碳政策法规五个指数为准则层指标,构建城市低碳经济评价指标体系。构建的多维评价指标体系涉及的评价对象较为全面,极大地丰富了低碳经济系统理论的研究方法和数据,不仅深化了学术界对于低碳经济系统不同维度评价要素的理解,也拓展了低碳经济系统在宏观和微观维度的理论空间,为同行业学者进一步完善和深化低碳经济系统相关领域的研究奠定了有力的基础。

(2)建立了低碳经济发展水平集成评价模型。在构建的多维评价指标体系基础上，综合运用多种评价方法，建立了低碳经济发展水平多维评价模型。国家层面，基于 DPSIR 模型，结合主成分分析的评价方法建立了国家层面低碳经济发展水平评价模型；区域层面，选取了因子分析、熵值法、主成分分析法、层次分析法、灰色关联评价等评价方法作为方法集，建立了基于方法集的区域低碳经济综合评价模型；省域层面，基于构建的省域低碳经济评价指标体系，结合层次分析法得到各指标权重，建立了省域低碳经济发展水平评价模型；城市层面，采用层次分析法与熵值法结合的组合评价法来确定低碳城市评价指标的权重，建立了城市低碳经济发展水平评价模型。这不仅有利于弥补已有研究中评价机制不健全和评价依据模糊的不足，还从理论层面丰富了低碳经济系统的研究方法，为低碳经济发展水平的多维评价提供理论依据。

（3）建立了中国低碳经济发展水平多维评价的可视化平台。在研究建立的国家、区域、省域和城市层面的低碳经济多维评价指标体系基础上，基于地理信息系统（geographic information system，GIS）技术，构建了能够满足指标数据收集整理与存储、数据查询与可视化表达、统计分析、对比分析、趋势分析、仿真模拟等多重功能的可视化平台。借助平台完成我国不同维度下的低碳经济的可视化展示及评价，便于直观表现不同维度的指标数据和评价结果，以及不同评价维度的经济发展的动态变化，为低碳经济的评价及研究提供了可视化的参考和技术上的支撑，为管理者提供了一个全新的、直观的决策支持平台，也为后续实现低碳数据采集和实时动态监测奠定了基础。

2）实践意义

本书在构建的多维评价指标和评价模型基础上，通过广泛搜集我国国家、区域、省域和城市的低碳数据，对我国低碳发展水平进行了横向和纵向的实证研究。国家维度的低碳经济发展水平的评价可以从总体上把握我国的低碳经济发展水平，并与国外进行横向比较，分析我国低碳经济发展的总体趋势。区域维度的低碳经济评价指标体系能够充分考虑不同地域的经济差异、地质环境、发展现状，能更好地指导地方的低碳经济发展。省域维度的低碳经济评价指标体系则进一步深化，进一步把握我国省域低碳经济发展水平之间的差异和特点，在国内的省域之间进行横向比较。城市维度的低碳经济发展水平的评价深入微观的城市层面，目标是促进低碳城市建设。

（1）构建低碳经济发展水平的多维评价体系，能十分有效地帮助相关人员牢牢把握低碳经济的相关规律，以此来保证整个社会的可持续发展。在经过比较系统的量化分析之后，客观的结果便能得出，我们处于什么样的碳排放地位，在当前局势下如何使我们的节能减排任务能够顺利地完成，并承担相应的责任来构建可持续发展的经济模式。

（2）通过量化分析的系统性结论，能够更为清晰地找出我国不同地区的短板所在，进一步明确各个地区下一步需要改进的具体方向，采取相应的配套措施，同时也要为其提供与其他国家和地区开展更具有前瞻性的学术交流与互惠互利的机会；进行了横向和纵向的比较后，我们要更准确地认识当下我国所面临的全球变暖的危机。气候的变化是我们不可推卸的责任，全人类都不可能从中抽身旁观。

（3）研究成果为我国低碳经济的多层次、全方位的评价工作提供了有价值的研究参考，有助于人们认识、掌握和应用低碳经济发展规律，促进社会经济低碳可持续发展。实证研究过程中还充分考虑了不同区域、省域、地域的经济差异、地质环境和发展现状，从国家、区域、省域和城市四个维度提出了具有参考价值的政策建议，有利于政策制定者因地制宜地指导我国低碳经济发展。

第三节　章节安排

一、主要研究内容

鉴于目前在我国，低碳经济如何进行系统和准确的发展评价尚在研究之中，且我国国土面积辽阔，存在着巨大的地区差异，因此，本书以我国低碳经济发展的实际情况为样本，按照低碳经济发展的背景分析、系统分析到实证研究和政策建议的思路，系统、全面、深入地对我国的低碳经济发展水平进行研究。

本书的主要研究内容如下。

1）中国低碳经济发展的现状

从我国的能源结构、产业结构和区域特征等角度对我国发展低碳经济的现状进行分析。其中，重点对我国碳排放量、GDP 和能源消费量之间的关系进行实证研究，时间跨度为 1965~2017 年，分别进行单位根检验、协整分析、格兰杰因果分析，构建三者间的向量自回归（vector autoregressive，VAR）模型并进行平稳性检验和脉冲响应分析，然后进行中国经济社会发展和低碳发展的协调分析。在构建经济社会发展系统和低碳发展系统的基础之上，建立了基于主成分分析法的评价模型，以中国 2007~2017 年为样本区间进行实证研究，利用协调度模型判断两个系统的协调发展状况。研究结果表明：2007~2017 年间，两个系统呈现波动上升趋势，除了 2007 年呈现中度失调状态外都呈现出优质协调状态。

2）国家维度低碳经济发展评价

基于 DPSIR 模型，从驱动力、压力、状态和响应四个维度构建我国低碳经济发展水平评价指标体系,并以 2007~2017 年的中国低碳经济发展水平为样本进行实证研究。发现影响我国低碳经济发展水平的重要指标有:单位 GDP 的 CO_2 排放量、研究与试验发展经费支出占 GDP 的比重、人均公园绿地面积、森林覆盖率、能源消费总量、对外贸易额、GDP、碳排放强度、人均碳排放量、再生资源物流总额、工业固体废物综合利用率、环境污染治理投资总额占 GDP 的比重。然后,将这些重要指标与西方国家进行对比分析,找出差距。

3)区域维度低碳经济发展评价

在中国社会科学院城市发展与环境研究所设计的一套指标体系基础上进行补充和取舍,最终从区域经济发展、区域能源消耗、区域技术发展、区域环境发展、区域政策发展和公众低碳理念六个维度构建区域低碳经济评价体系。然后结合实际情况整理出 2012~2017 年全国各区域低碳经济 15 个指标数据,基于方法集的理论,利用相应软件对区域低碳经济进行集成评价。

4)省域维度低碳经济发展评价

从系统论的角度来看,省域低碳经济是一个涉及经济、能源、技术、消费、生活和环境等各个方面的系统概念,具体分解为以下三个子系统:经济发展子系统、能源消耗子系统和环境保护子系统。在对各子系统分析的基础之上,构建省域维度低碳经济发展水平评价指标体系,以 2007~2016 年的中国各省份低碳数据为样本进行实证研究。

5)城市维度低碳经济发展评价

城市维度低碳经济发展水平的评价深入微观的城市层面,从经济发展阶段、低碳技术水平、自然禀赋、低碳消费模式、低碳政策法规几个维度构建城市维度低碳经济发展水平评价指标体系,对全国 15 个代表城市 2017 年低碳经济发展水平进行实证研究。对每个准则层及综合得分进行排名,其中得分较高的城市主要是经济较为发达的城市,如北京、上海、深圳、广州、杭州等,其他大部分重点城市得分为负。

6)中国低碳经济发展水平多维评价的可视化平台建设

在研究建立的国家、区域、省域、城市层面的低碳经济多维评价指标体系基础上,基于 GIS 技术,构建了一个能够满足指标数据收集整理与存储、数据查询与可视化表达、统计分析、对比分析、趋势分析、仿真模拟等多重功能,其架构为客户端/服务器(client/server,C/S)的可视化平台。借助平台完成我国不同区域的低碳经济的可视化展示及评价,便于直观表现不同维度的指标数据和评价结果,以及不同评价维度的经济发展的动态变化,给低碳经济的评价提供可视化参考,为低碳经济的研究提供技术上的支撑,并在此基础上提出我国低碳经济多维评价可视化平台发展的实施建议和参考政策。

二、研究方法

本书的研究思路是以相关文献资料为指导，结合生态经济学、可持续发展等相关理论以及统计学等理论，运用定性研究与定量研究相结合、实证研究与规范分析相结合、综合分析与比较分析相结合的方法进行研究。目前国内外学者对低碳经济的研究成果较多，而如何在理论指导下对我国的低碳经济发展水平进行实证分析是本书的研究重点。

由于本书的研究方法以实证研究为主，其目的在于实事求是地、客观地对我国的低碳经济发展水平的实际状况进行分析和评价，探索在我国发展低碳经济的过程中各个变量间的关系及存在的问题、各种经济现象出现的客观原因。概括来说，本书就是回答"我国低碳经济发展现状究竟是怎样的"这个问题的。

具体的技术路线如图 1-1 所示。

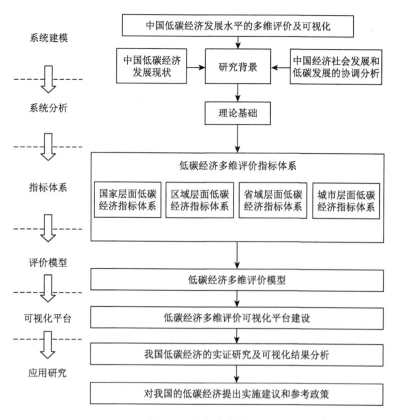

图 1-1　技术路线图

第二章　理论基础与研究综述

第一节　低碳经济的科学内涵

一、低碳经济的概念

"低碳经济"概念自 2003 年于英国能源白皮书《我们能源的未来：创建低碳经济》中被提出以来，受到学术界和政府相关人员的广泛关注。但该能源白皮书对"低碳经济"没有明确定义，学术界和政府相关人员根据自己的理解和研究需要，提出了不同的观点。

英国贸易工业部于 2003 年出版的能源白皮书中对低碳经济的发展道路从技术上进行了分析，认为应该通过能源结构的改善，促进本国低碳经济的繁荣。

世界资源研究所和高盛集团于 2007 年发布《全球稳定温室气体排放技术的规模化研究》，并指出低碳经济发展的关键是技术的发展，而技术发展需要拓展融资渠道，需要多方面的配合和合作。

丁丁和周冏（2008）通过分析认为，目前关于低碳经济的表述被广泛引用的是英国环境专家鲁宾斯德的观点，鲁宾斯德认为低碳经济是一种可持续的良性经济发展模式，它依托政策改进和科技创新，充分发掘可再生能源的潜能，基于成熟的市场机制，实现绿色环保、节能减排等目标，减少二氧化碳等温室气体的排放，推动经济社会由"高污染、高能耗"向"高能效、低能耗"的方向转变，他的观点在国外较有代表性。

早在 1998 年，中国就签署了《京都议定书》，并于 2002 年核准了该议定书；2006 年，我国的多部门进行联合，参与联合系统研究的总共六部委，研究产生了《气候变化国家评估报告》；我国的《中国应对气候变化国家方案》于 2007 年 6 月正式发布；自 2009 年起，中国已经连续多年发布《中国应对气候变化的政策与行动》年度报告，充分表现出中国对气候变化问题的重视和决心，中国在应对气候方面采取了一系列的政策措施。2019 年 11 月，中国发布了《中国应对气候变化的政策与行动 2019 年度报告》，主要展示了中国为减缓气候变化所做出的努力，如调整产业结构、控制非能源活动温室气体排放、低碳试点等，同时也介绍了不同领域适应气候变化的措施，提倡全社会广泛参与，加强与其他国家的合作，为全球气候变化应对方案提供中国方案。"十四五"规划中提出，要实施以碳强度控制为主、碳排放总量控制为辅的制度，争取在 2030 年前碳排放达到峰值，同时推动清洁低碳能源的使用，加快产业低碳转型，争取在 2060 年前实现碳中和。中国环境与发展国际合作委员会从环境和气候角度出发，指出低碳经济是一种经济形态，旨在减少温室气体排放水平，防止气候变暖，保障良好的居住环境和人类的可持续发展。

我国的不少学者，纷纷从其他角度对低碳经济的内涵进行解析：庄贵阳（2005）、鲍健强等（2008）的研究认为低碳经济本质上是一种发展方式，更具体一点，是经济发展角度、能源消费角度和人类生活方式角度等三个角度上的一场发展方式的深化变革。

庄贵阳（2005）认为低碳经济是一种发展模式，依靠科学技术和政策措施来减少温室气体的排放，减缓气候变化，从而促进人类可持续发展；其核心是能源技术创新和制度创新，实质是能源效率和清洁能源结构，并且他认为，从本质上来说，低碳经济和中国一直倡导的建设资源节约型和环境友好型社会的发展路线是一致的。

付允等（2008）指出低碳经济是一种绿色经济发展模式，其突出的特点体现在"高效能、高效益、高效率"以及"低能耗、低排放、低污染"上，其发展方向为低碳发展，发展方式为节能减排，发展方法为碳中和技术，从宏观、中观和微观三个不同层面论述了低碳经济模式。

谢军安等（2008）也提出了与付允等相近的概念，低碳经济在目前这种环境污染、气候变化的背景下有着十分重要的意义，他们认为低碳经济是一种新的发展模式，主要以低能耗、低污染以及低排放等为基础。它以平衡经济发展过程中二氧化碳的人为排放量与人为吸收量，维持碳循环系统和生物圈平衡为目标，只要二氧化碳的排放和吸收达到平衡，经济发展对生态系统中的碳循环的影响就会降低；其关键在于清洁能源技术、建立新的社会发展模式和消费模式，从而达到协调全球气候环境和经济发展的目的；其本质是碳中和经济。

鲍健强等（2008）认为，低碳经济是人类社会向生态经济和生态文明转变的重要发展方式，它将全面改变现代工业文明，改变化石燃料的能源结构，是一次涉及经济发展、人类生活、能源消费等重要方面的大变革。他们认为低碳经济这次新变革，使现代工业文明转向生态文明和生态经济，低碳经济大大加速了变革的速度和进程。

牛文元和冯之浚（2009）认为低碳经济的关键在于加快清洁能源的发展、提高能源的利用效率和促进低碳产品的开发，从而维持全球生态系统的平衡，它全面涵盖了低碳技术、低碳产业、低碳生活和低碳发展等经济形态。

周宏春（2009）认为低碳经济是包括生产、交换、分配和消费的社会再生产过程中的能源消费生态化，从而形成低碳能源或零碳能源的消费体系，保证人类社会的生态、经济和社会这个有机整体的绿色发展、清洁发展和可持续发展。

胡大立和丁帅（2010）认为，低碳经济发展是伫立于"三高""三低"之上的，主要强调政府政策制度对于低碳经济发展的影响，提出正确的低碳消费观念，带领低碳技术创新与低碳居民生活模式改良，从而转变成高级社会经济形态。

潘家华等（2010）认为低碳经济是一种人类文明发展到一定程度的经济形态，是一种全人类的共同愿景，该愿景就是能够控制温室气体的排放。其发展路径就是建立高效、低排的产业链，形成生产方式的低碳化，一方面对生产发展提出碳排放的约束，另一方面主张通过技术革新和采取节能的生产方式，达到节能减排的目的。他们认为低碳经济的愿景肯定能够实现，因为低碳经济是碳生产力和人类文明发展到一定水平的表征。

王宗军和潘文砚（2012）在总结了众多学者的研究后，认为低碳经济的落脚点在于碳排放量，即为了应对气候变化给全球经济、人类生存带来的影响，无论在生产过程中还是在消费环节中，都要对碳排放量进行严格控制。

王韶华（2013）将低碳经济看作一种可持续经济发展模式，这一发展模式主要通过低碳技术创新和调整能源消费结构来减少二氧化碳排放和降低能源消耗来实现。

李沙浪和雷明（2014）认为低碳经济理念很广泛，并不是只要求减少二氧化碳的排放量，更深层次的是如何通过技术创新来协调资源、环境和经济、社会、民生之间的关系。

王明喜等（2017）总结了以往学者对低碳经济概念的描述，主要是从经济形态、发展模式、规则制度、综合体等角度来界定低碳经济，但综合起来看，这些定义都认为目的是实现环境和经济的协调发展，手段是节能减排技术，途径是发展低碳经济。

刘娟（2020）从历史与现状、长远角度分别提出了对低碳经济的认识。从历史角度来看，低碳经济追求的是实现社会经济发展和生态环境保护的动态协调，关键目标是"三低"，即低能耗、低排放和低污染；而从未来的角度来看，发展低碳经济对于实现社会的可持续发展具有重要意义，能够进一步优化产业结构，助力产业转型升级，推动新的清洁、低碳能源的开发和使用。

以上的研究文献为2005年以来比较主流的关于低碳经济内涵的文献，综合前人的研究，可以发现在对温室气体的认识上，国内学者的视角有些局限，其关注点集中在二氧化碳方面，其实不然。在温室气体的定义中，还涉及甲烷、氧化亚氮等气体，因为它们的制热效应也是不容忽视的。关于低碳经济的内涵方面，目前学者的研究主要就是这三个方向：认为低碳经济是一种发展方式的变革、低碳经济是以碳中和技术为主的一种经济发展模式和低碳经济是人类文明的一个阶段等。

综上所述，我们倾向于认为：低碳经济实质上是一种可持续发展经济，通过技术创新、调整产业结构、发展新能源等手段，节能减排，提高能源利用效率，减少资源消耗，减少环境污染，实现经济的发展和环境的改善，促进经济社会和生态环境的协调发展。低碳经济的本质是一种生产力发展的提高和生产方式的变革。变革包括两个方面，一个是技术，还有一个是制度。而通过变革想达到的目的就是节能减排，进而从长远的角度考虑可以给人类塑造更好的生态环境和可持续发展的环境。值得提出的是，低碳经济本质上的变革是一个长久而又艰难的过程。从节能和减排的角度，双管齐下，从技术和制度方面，进行协调统一规划。本书的低碳经济评价对低碳经济的内涵理解就是基于该角度，从而在研究低碳经济发展水平的过程中，指标体系的构建考虑了技术和制度两个方面。通过构建完善的指标体系，构建评价模型，通过实证分析得出中国低碳经济发展存在的问题，并相应地在制度上提出改进的建议。

二、低碳经济的基本特征

低碳经济，这个特定的提法毋庸置疑已经是国际上对于气候变化相关研究的一个固定搭配。低碳的定义从字面上做最简单的解释，就是二氧化碳排放量尽量下降。因此，为了保证地球和全人类的生存环境，整个全球碳循环中的人为升高的碳排放是必须要控制的。通过减排来达到减少碳源、增加碳汇的具体效果。在这样的调控下，自然生态系统就可以恢复到往昔的健康姿态。

面对严峻的气候环境挑战，发展低碳经济已经成为全球各国的共识。低碳是指碳含量的比例较低，气候变化主要体现在全球变暖上面，而大气中二氧化碳含量过高是全球变暖的主要原因，要减少二氧化碳的含量，就是要低碳，减少生态系统中的碳含量，减少碳源，增加碳汇，实现碳循环的自我调节。低碳经济主要有以下三个特点。

（1）低能耗。低碳经济是减少高碳能源消耗的经济发展模式。低碳经济的目标就是要减少高碳的温室气体的排放，减少大气中二氧化碳的含量。而要实现这一目标，需要使用含碳量比较低的能源和减少二氧化碳的排放，从实际碳排放量如何获得这个角度来说，碳排放强度是 GDP 的升高值固定时，随之产生的具体二氧化碳排放量，用来衡量经济增长和碳排放之间的关系。低碳就是要求调整产业结构，发展低能耗、高附加值的第三产业，同时进行技术创新，重点关注低碳技术和节能减排技术等的研发和创新，大力推动低碳能源、清洁能源以及可再生能源等相关产业发展，进一步高效使用能源，减少能源消耗。

（2）低排放。低碳经济这个概念的产生，是针对性地指向新能源的。此外，这也是与传统的化石能源发展范式针锋相对的。未来能源如果还需要获得平稳前进的空间，发展必须紧贴清洁以及低碳的轨道。在这样的背景之下，为使经济增长能够行驶在低碳的发展路径之上，我们必须逐步、全面地采用低碳能源，并最终实现零碳经济。

（3）低污染。低碳经济是相对于当下发展模式中产生的碳通量而言的，是一种人类经过理性的思考之后所做出的行为。低碳能源的广泛使用保证了经济运行能够维持低碳模式，清洁生产同时也是必不可少的。因此，发展低碳经济要从个人的日常行为入手，减少化石能源的消费量，必须加大力度减少碳足迹。

低碳经济本质上要求经济活动始终保持低碳状态。低碳经济的最主要目的是维持生物圈的碳平衡，换句话说，经济发展中人为产生的二氧化碳与做出努力后吸收的二氧化碳要实现动态均衡。

三、几个重要概念的辨析

对于低碳经济的概念，我们必须要与循环经济、绿色经济、可持续发展做一些区分。

英国经济学家皮尔斯于 1989 年出版的《绿色经济蓝图》第一次为我们阐述了何为绿色经济（李兰敏，2007）：是指人们在各自的生产生活中，改善人与自然、人与人之间的关系，让自然资源得到一种较为舒适的可存续的使用方式，使生态环境与我们的生产生活环境同步提高的模式。循环经济是由美国经济学家肯尼斯·鲍尔丁于 20 世纪 60 年代最先提出的，其基本观点是：循环经济是一种发展范式，在多次重复使用资源时，最小化三个事情，其一为自然资源；其二为排放的废料；其三为对环境的危害。1987 年世界环境与发展委员会在《我们共同的未来》中对可持续发展做了如下定义：可持续发展是指在能够满足当代人需求的同时，又不损害后代人满足其需求的能力。

四个相似的概念（低碳经济、循环经济、绿色经济、可持续发展）存在一定关联性，它们的相同点在于：都强调资源节约、环境友好、节能减排，在基本理论、预期目标和技术手段方面是相同的。它们的不同之处在于各自的研究角度、考核指标和实施环节不同：循环经济强调的是物质的循环利用、资源的彻底利用、产生废物量的减少，以期对环境的影响最小、对资源的消耗最少；循环经济相较于低碳经济，各自的重心是完全不同的，循环经济主要着眼于全人类的资源循环利用，强调全社会的资源节制和环境保护的实现；低碳经济的目光则放在碳生产率上。绿色经济强调的是环境修复、污染控制，使空气、水资源等新鲜、洁净，使土壤变得肥沃，从而营造出绿色的生活环境，它包含循环经济和低碳经济；绿色经济的主要目的是维护人类共有的生存环境，适当地平衡能源使用与资源利用，其核心落脚点在于关爱生命；低碳经济则从可持续发展的政策实施上来进一步要求能源和资源具体满足低碳的基本要求。可持续发展强调的是经济发展、环境发展和自然资源利用的可持续性，注重自然社会中各要素的协调共同发展，既考虑当前的发展需要，同时兼顾未来发展，它在上述几个概念中具有最大的包容性；低碳经济和循环经济都是实现可持续发展的生产方式和模式，但是低碳经济的落脚点是碳排放量，即为了应对气候变化给全球经济、人类生存带来的影响，无论在生产过程中还是在消费环节中，都要求对碳排放量进行严格控制。

此外，低碳经济与生态经济也是不同的。生态经济的主要目的是希望能够良好地结合经济系统与生态系统；低碳经济的目标是减少碳排放量。

低碳经济与低碳社会更是不可相提并论。低碳经济如何与低碳社会这一相似的概念区分开呢？这需要结合各个国家的实际情况来看。中国碳排放超过七成来源于不同的产业经济方向；西方各个发达国家与我国的情况相反，超过七成来自居民的具体消费。就这一点来看，中国发展低碳经济的主要方式应根据产业经济的不同进而使产业经济走向低碳经济的正确路子；西方发达国家则更应该把工作重心放在尽量降低自己在平时生活中所造成的碳排放上，来实现整个社会比较平稳地低碳运行。

第二节　低碳经济相关理论

为了应对全球气候变化问题，节约资源、保护环境、发展低碳经济已成为全球各国的共同选择。虽然现在距离英国第一次提出"低碳经济"这一概念才过去十几年，但这十几年间，人类在低碳实践上做了很多有意义的探索，在理论上，学者围绕低碳进行了大量的研究，形成了丰硕的研究成果。

一、可持续发展理论

低碳经济理论最早源于可持续发展理论，而可持续发展最早起源于生态学，最初的意思是对资源实现可持续化的利用，随后被引入经济学和社会学领域，强调的是自然、科技、经济、社会协调发展。在20世纪50年代，经济快速发展、城市化进程加快、人口增长、资源消耗过大，由此带来了一系列社会问题和生态环境问题，人们开始反思自己的行为，反思当前的发展模式是否适合人类的发展，是否可以维持下去，并对此进行了热烈的讨论。

1962年，美国科普作家蕾切尔·卡逊创造并出版了《寂静的春天》。在该书中，作者描述了农民在农作时，因为过度使用农药，造成环境污染，给周围环境带来可怕的灾难，该书呼吁人们思考经济发展给环境带来的负面影响，号召人们保护环境，直接推动了人们的环保观念。1972年，联合国人类环境会议讨论了"可持续发展"这一概念，在此基础上，英国经济学家芭芭拉·沃德和美国微生物学家勒内·杜博斯对会议资料进行了整理，出版了一本著名的讨论环境的书籍——《只有一个地球：对一个小小行星的关怀和维护》，并更进一步阐述了社会、经济、政治和环境之间的关系，呼吁人们保护赖以生存的美好家园。1980 年，国际自然与自然资源保护同盟（现称世界自然保护同盟）在《世界自然资源保护大纲》中，首次使用了"可持续发展"这一字眼。1987 年，世界环境与发展委员会发表了一份报告，题目为《我们共同的未来》，在报告中正式地把可持续发展这一提法作为官方的说法。1992 年，联合国环境与发展大会深化了可持续发展的概念，形成了纲领性的文件。世界环境与发展委员会是这样定义可持续发展的：能够比较完美地完成当代人的物质需要，同时也在可能对现代人构成危害的气候变化的危机进行扼制的同时获得发展。一方面，立足于眼前，当前人要生活、要发展，要满足当前人的物质文化需要；另一方面，向未来展望，当代人不仅要考虑自身的需求和发展，还要考虑子孙后代的生存问题，因此要节约资源，保护环境，给后代留有生存和发展的空间。可持续发展的核心是发展，但是必须能够永久地维持下去，不能只顾眼前，而不考虑未来的需求和发展，真正的可持续发展是能够满足千秋万代发展的方式。可持续发展理论认为实现可持续发展包括以下两个关键点：一是"需要"；二是对需要的"限制"。这两个关键点表明既要满足人类生存和发展的需要、满足人类对美好生活的向往，但同时，也要限制满足这种"需要"所需要付出的沉痛代价，限制资源的浪费，限制生态环境的破坏，尽量保证在人类能够承受的范围之内对需要进行限制，但不影响后代人的需要。

可持续发展涉及自然、科技、经济、社会的协调发展，它要求人类在满足自身经济发展的同时，兼顾自然保护和社会和谐，注重经济效益、社会效益和环境效益的和谐统一，在发展经济的同时，节约资源，保护环境，实现人类的可持续发展。具体来说，它包括以下三个方面。

（1）在经济可持续发展方面，可持续要求实现经济的长久发展，即今天的发展不应该影响未来的发展。在发展当前经济时，不能一味追求经济发展的规模、速度，不顾环境的代价，更重要的是要追求高质量的发展水平，尽可能减少能源和其他自然资源的消耗，在兼顾自然生态环境、资源禀赋的前提下，实现经济可持续发展。

（2）在生态可持续发展方面，人类社会的进步和经济的发展得益于能源的支撑，而能源来自大自然，生态可持续则意味着人类在开采和利用自然时，要懂得适可而止，要在自然可以承受的范围内利用自然资源，维持自然界的平衡。自然环境的承载能力是有限的，自然资源也是有限的，一旦破坏了就很难恢复，因为生态可持续发展要求人们将社会发展和生态环境结合在一起，协调发展，尽量减少对资源的浪费和对环境的破坏，建设资源节约型、环境友好型社会，走可持续发展道路，实现人与自然和谐相处。

（3）在社会可持续发展方面，主要是改善人类社会生存环境，提高人类文化素质。人口问题是人类社会的难题之一，如教育问题、医疗问题等，因此人口综合治理是社会可持续发展的基础；要提高全民文化素质，人是可持续发展最关键的因素，人类可以利用自然，也会破坏自然，如果提高人口素质，使人们意识到生态环境的重要性，人类行为对自然、对子孙后代的重要影响，那么人类就能约束自己，在不影响后代的发展的前提下满足自己的需求；还要改善人类生存环境，随着经济社会的发展，人类对于居住环境的要求也越来越高，通过科学地规划、合理地安排，为人类创造舒适的生存环境，保障人类的基本生存需要，实现人类的长治久安。

可持续发展理论为低碳经济的发展提供了方向，丰富了低碳经济的内涵，促进城市经济、社会、生态的良性循环。因而在诸多论著中，均以该理论作为指导思想来构建低碳经济评价指标体系，从而对低碳经济发展状态做出评价。

二、生态经济理论

第二次世界大战结束后，人类社会进入了快速发展的时期，科技的进步和生产力的发展推动着世界经济加快发展，但是与此同时也出现了一些环境问题，如河流被污染、森林被砍伐、空气质量下降，且浪费现象越来越多，逐渐破坏了人们的生活环境。随着环境污染问题的恶化，这种污染问题越来越向全球范围扩散，环境被破坏了，资源被消耗了，经济发展也逐渐缓慢下来，然而由于社会进步给人类带来的环境问题对人们的负面影响越来越大，开始有越来越多的人担心人类的生存发展问题，学者开始思考怎么解决这些问题，但是他们发现：仅考虑环境问题而不发展经济，是不太现实的；仅考虑经济问题而不保护环境，也是不可持续的。因而，慢慢有学者开始将二者结合起来，既考虑经济问题，又考虑环境问题，逐渐在 20 世纪六七十年代形成了一门新的学科，即生态经济学。生态经济学综合考虑了经济效率和生态效益，能帮助人们找到既发展经济又保护环境的科学方法和路径。在学术界里，美国经济学家肯尼斯·鲍尔丁出版了著名的创作——《一门科学——生态经济学》，该书中首次正式用到"生态经济学"这一概念。美国另一个经济学家列昂捷夫则在其基础上，使用量化的研究方法，将生态经济学当作一门科学，实证检验了发展经济和保护环境之间的关系。在国际上，联合国环境规划署于 1980 年召开了会议，会上讨论了人口、资源、环境和发展之间的关系，大会达成了一致的共识：人类的可持续发展离不开四者每一个的顺利发展，四者之间是紧密相连、相互制约的。各国也明确表明逐渐意识到资源和环境对人类发展的重要性。这次会议之后，联合国环境规划署做出了更加深入、更加严谨的研究，发表了新的《环境状况报告》，在报告中详细描述了生态经济这一概念内涵、核心要点、发展要求。至此，生态经济学终于让全世界开始认识这门学科，得到了快速的发展。

从开始发展至今，生态经济学不断发展，学者对这门学科进行了广泛的研究，形成了丰硕的成果，目前来讲，生态经济学主要包含以下四个方向的研究。

（1）生态经济基本理论。这个研究方向主要是关于生态经济的理论研究，包括生态经济学的起源和经济理论，从理论视角探索生态环境和经济发展之间的关系，从理论层面解决经济和生态之间的矛盾。

（2）生态经济区划、规划与优化模型。这个研究方向主要是运用数学的方法和建模的手段，指导总体经济建设。首先是根据不同地区的气候条件、生态环境、自然资源等，运用数学方法对经济区域进行科学的划分，充分结合各个不同地区的特点，帮助各个地区实现最大化的效益。这种科学划分其实是对城市进行科学的规划，一个城市的容纳面积有限、生存空间有限，能够承载的最大人口数量也是有限的，需要运用科学的方法来规划城市生态经济系统，发展城市。其次，对于农村，也要合理地规划农作物生产，根据当地的具体情况，因地制宜，生产什么、怎么生产也应该有个科学的计划，保持农业稳定，生态平衡，实现城市和农村的共同发展。

（3）生态经济管理。这个研究方向主要是管理生态上、经济上出现的问题，找出解决对策。人类在以往发展的过程中，已经造成了严重的生态环境破坏问题，在未来，如果人们还不提高重视，加以管理，就会面对更加严峻的形势。生态经济管理就是处理生态方面和经济方面综合出现的难题，如经济发展的环境影响、环境治理的经济评价、如何控制和解决环境问题、如何控制和解决资源浪费问题等。通过对生态系统和经济系统运行中出现的问题进行科学、合理的管理，可以形成成熟的经验，以便后来的人更好地处理类似的问题。

（4）生态经济史。这个研究方向主要是研究经济系统和发展系统的过往、现状和将来。通过总结历史的发展，立足未来，预测未来。生态经济问题具有历史普遍性，即在人类以往的发展中就一直存在，人类可以研究过往经济发展所带来的生态问题，总结发展规律，认真分析人类正在面临的生态经济困境，为应对未来可能出现的重大经济生态事件做好准备，同时生态经济问题也具有一定的阶段性，周期性的经济状况也会导致周期性的生态问题，可以总结其出现的规律，指导当下的生态经济建设。

三、清洁生产理论

清洁生产也叫"废物减量化""污染预防"等，其基本内涵都是一致的，都是指对生产过程和产品进行控制，达到清洁的目的。清洁生产最早起源于 20 世纪

60 年代发生在美国化学行业的污染审计事件，其概念内涵则最早出现在 1976 年欧洲共同体举办的"无废工艺和无废生产国际研讨会"上，会上提出要通过清洁生产来解决污染问题。1989 年，联合国环境规划署工业与环境规划中心制定了《清洁生产计划》，认为清洁生产可以通过原料、生产工艺、产品使用、垃圾回收等，真正从源头到最后一个环节的全过程来减少污染。

不同国家和不同组织对于清洁生产的定义有所不同。联合国环境规划署认为清洁生产是一种创造性的思想，主要体现在生产过程中要求原材料是无毒或者毒性较低的，废弃物的处理是科学合理的，在这样一种思想的指导下，产品生产过程就是清洁的，就是干净的，就能减少对环境的污染。

美国国家环境保护局认为，清洁生产就是在生产过程中最大限度地减少生产废料，减少有害物质、污染物和废弃物，减少它们对环境的影响，提高能源效率，在生产过程中尽量使用低碳能源、清洁能源和可再生能源，减少一次性物品的消耗，减少能源的浪费，运用更少的能源或者不变的能源生产更多高附加值的产品。

《中国 21 世纪议程》认为清洁生产是一个可持续的生产手段，既需要满足人们的物质需求，又要保护生态环境不会受到污染。其实质是根据人们的需要，尽可能生产人们需要的产品，但是会结合资源的状况，有意识地控制整个生产过程，在自然资源能够承受的范围内，减少废物排放，减少资源浪费，减少环境污染，在满足人类需求的情况下，竭尽全力减少对环境的影响，实现人与环境的和谐发展。

综合以上不同的定义，我们认为，清洁生产应该是包括原材料的选择，生产工艺、技术和设备的更新改造，生产废弃物的科学处理等的完整的生产过程。首先要对生产过程进行控制，选择无毒的原材料，选择可回收的原材料，选择清洁的原材料，从原材料上保证产品的清洁性；其次在生产过程中，选择更成熟的技术、耗能更少的技术、效率更高的设备，节约人、财、物等资源；在废弃物的处理上，更新节能减排技术和设备，废料、废渣、废气、废水经过处理之后，得到有关部门的批准，才能排放到大自然中，减少对环境的污染。不仅生产的产品是清洁的，生产全过程中也尽量减少对环境、对资源的影响，从点点滴滴处落实清洁生产的模式。

清洁生产的观念主要强调三个重点。

（1）清洁原材料。只有原材料是清洁的、无毒的，才能尽量减少产品的毒性，包括使用无毒的原材料、清洁能源、可再生能源等，在源头上保证产品的清洁度。

（2）清洁生产过程。除了原材料是清洁的，生产过程更是一个关键的环节，只有加快节能减排技术的研发、加快节能减排设备的更新、生产结束后按照规定科学地处理工业废料，生产过程所带来的环境污染才能够得到减少。

（3）清洁产品。通过对生产全过程的监督和把控，确保产品本身的安全性，减少清洁产品的回收过程对环境的影响。

　　清洁生产是可持续发展至关重要的一个环节。清洁生产首先保证了生产产品的清洁，产品对人体是无毒的，即使使用完之后进入降解环节，也能减少对自然界的污染；其次，清洁生产在生产环节上使用清洁能源和可再生能源，使用节能减排技术，能够提高资源利用效率，尽量节约资源，减少人、财、物的浪费，达到自然资源和能源利用的最优化，同时也将对环境的负面影响降到最低。

　　清洁生产的具体改进措施包括以下几种。

　　（1）实施产品绿色设计，即在产品设计过程中，不仅要考虑产品的经济属性是否能够很好地满足人们的需求，同时也要考虑产品的社会属性是否会污染环境，因此在设计之初就应该注意未来的可修改性，产品的节能性、环保性等因素。

　　（2）实施生产全过程控制，不断优化生产工艺和生产技术，改善节能减排技术，采用高效生产设备，更新、改造节能减排设备，建立全面质量管理系统，优化生产过程，减少资源浪费，实现清洁、高效生产。

　　（3）实施材料优化管理。科学地选择原材料，这在很大程度上决定了产品的清洁程度和产品的使用寿命，选择更优质的材料，能够减少产品的生产废料，能够延长产品的生命周期，达到低碳的效果。

四、绿色经济理论

　　绿色经济是在全球气候事件频发的背景下，考虑了环境的因素，基于对传统经济形势的改进，为促进经济与环境和谐发展而产生的一种新的经济形势，其重点在于发展绿色、环保的经济。

　　1989年，英国环境经济学家皮尔斯出版了《绿色经济蓝图》一书，在该书中，皮尔斯首次提出了"绿色经济"一词，他认为经济发展必须考虑环境和人类的承载力，在人类和环境可接受的范围内发展。20世纪90年代，一些学者提出了绿色经济学的思想，他们要求改变现存的经济发展模式，建议一种"可承受经济"，并首次将"社会组织资本"纳入生产函数，即生产由劳动、土地、技术和社会组织资本共同决定。他们认为，社会不是由单个的企业组成的，还包括这些企业之间的联系，社会组织资本有利于组织成员从其他成员那里学习先进知识、技术知识、获取外部信息等，可以将企业外部的资源内化为企业自身的资源，因此可以进一步提高企业的效率，劳动主要指人力资本、人类的聪明智慧，土地主要指土地资源和生态环境，技术是指先进技术、技术创新等。

　　英国绿色经济研究所（Green Research Institute，GRI）是目前国际上唯一一所以"绿色经济"命名的研究机构，该研究所主要是研究绿色经济学，召开与绿色经济相关的学术研讨会，产生了丰硕的学术研究成果，并且还会定期出版期刊，公布研究所的研究成果。GRI认为，绿色经济学是一门研究人与自然和谐发展的学科，主要从经济视角和环境视角研究人与自然的协同发展问题。绿色经济学研究也包含解决人类发展与自然环境之间的矛盾，如何在满足人类需求的前提下实现效率增长、可持续的目标，并且慢慢变成研究的主流，越来越多的学者研究绿色经济学，绿色经济也得到了越来越多人的认可，发展绿色经济成为解决生态问题的主要办法之一。

绿色经济模式与传统经济模式最大的区别在于：传统经济是以资源的消耗为代价的，带来了一系列的环境恶果；而绿色经济则是在传统经济的基础上，本着绿色、环保、低碳的目标，生产低能耗、低污染、高附加值的产品，建设资源节约型和环境友好型发展模式。绿色经济的关键在于发展一大批绿色产业，加快传统产业的转型升级，发展低碳经济、循环经济，改变传统经济粗放的发展模式，转向更加节约的发展模式，促进经济的可持续发展。

五、循环经济理论

循环经济又称为资源循环型经济，其主要思想就是要实现资源的节约，通过对资源进行循环反复的使用，从而实现减少资源消耗的最终目标。传统经济是"资源—产品—废弃物"的单向过程，所有的资源都只利用一次，生产出来的产品使用完了也就变成了垃圾；而循环经济是一个"资源—产品—再生资源"的循环式过程，消耗资源生产了新的产品，产品使用完了可以再进入降解，变成新的资源重新进入生产过程，在这个过程中，所有的物质和资源能够得到重复利用和循环利用，最大化地利用它们的价值，因而可以降低资源的总体消耗。在传统经济中，生产的产品越多，消耗的资源越多，形成的垃圾也越多，对环境的影响也越大。而在循环经济中，因为投入的资源最终可以转化为可以再次使用的资源的形式，浪费很少，对环境的影响也小。

循环经济的思想最早诞生于 20 世纪 60 年代，早期很多思想都来自生态经济学。自肯尼斯·鲍尔丁提出生态经济学的概念和相关理论之后，学者越来越意识到，发展经济就需要消耗资源，经济发展得越快，资源消耗得越多，环境的污染就越大，治理环境污染会产生巨大的经济代价，减缓经济的发展，这是一个贯穿始终的矛盾，人类经济发展仿佛陷入了一种怪圈。循环经济就是要从减少废弃物到利用废弃物，因此循环经济的出现能够在很大程度上减缓这一矛盾，在发展经济的时候，减少资源的消耗，减少环境的污染。早期有许多学者对循环经济进行了探讨，比较典型的是"宇宙飞船经济理论"，其大致内容是：地球就像在宇宙中飞行的飞船，需要燃料的推动，地球的发展也需要资源的推动，如果燃料消耗完了，宇宙飞船会坠毁，如果地球上的资源消耗完了，地球也会灭亡。循环经济理论要求改变传统的消耗型经济，发展休养生息的经济；改变传统单一直线式的经济，建立能够循环、反复使用资源的循环经济。

　　循环经济源于生态经济，在很多方面都与生态经济相一致，如节约资源、减少资源消耗、实现可持续发展等，但是二者之间也有一些不同。生态经济强调的是生态系统和经济系统的协调发展，注重二者之间的交叉融合；而循环经济强调的是要实现物质的循环使用，通过反复、循环使用，最大化物质的价值，减少资源投入，从而达到节约资源、保护环境的效果。践行循环经济要做到以下几点。

　　（1）产品设计上体现循环的理念。在满足人类需求的情况下，从产品的创意、构思、原材料、生产、工艺、包装的整个过程，考虑材料是否能够循环使用、是否能够降解、是否能够满足环境排放标准等。

　　（2）物质资源利用上体现循环的理念。在资源开发过程中，就考虑哪些资源能够重复利用，在产品变成垃圾后，考虑废弃物的回收和再循环，从减少废弃物产生的思路转变为重新再利用这些废弃物。

　　（3）生态环境资源开发利用上体现循环的理念。诚然，人类要发展，就必须开采资源，但是人类开采资源的程度应该是有限的，应该考虑自然的恢复周期和所剩储量，循环利用开采到的资源。要遵循"减量化、再使用、再循环"的基本准则，也称为3R准则，即：①资源利用的减量化（reduce）原则，减少资源浪费是循环经济的目的，通过改善生产技术、生产工艺、包装材料等来减少原材料的使用，尽量减少进入生产和消费过程中的物质；②产品生产的再使用（reuse）原则，在平时生活中，尽可能实现一物多用，发现物品的多种属性和功能，尽量延长产品的使用寿命，减少不需要物品的购买；尽量不使用一次性物品，尽量使用可回收的产品，减少白色污染；③废弃物的再循环（recycle）原则，所有的产品都有生命周期，用完之后可能就当垃圾扔了，循环经济就要求将这些已经变成垃圾的产品回收，进行一定的工艺流程，重新变成可以再次使用的物质，使其再次进入市场或者生产过程，减少垃圾的产生。

　　循环经济作为一种新的发展理念、一种科学的经济发展模式，其科学性和合理性主要体现在以下几个方面。

　　（1）循环经济思想是一种新的系统观。整个社会是一个大的系统，包括人、自然环境和技术等。循环经济要求人将自己置身于这个系统中，是这个系统中唯一具有主观能动性的高级生物，人既然是这个系统的一部分，就必然要考虑这个系统的长久运行，既要考虑自身的因素，又要考虑技术的进步，还要考虑自然环境的保护，在这一整个系统中，实现人类的长治久安。

　　（2）循环经济思想是一种新的经济观。循环经济与以往单线经济发展模式不同，它是一种循环模式，即资源在被使用了之后，还可以经过处理后再次进入生产或消费环境，形成资源的循环。以往是没有这个观念的，一旦资源被使用了，就变成了垃圾，就不能再重新利用了，因此它是一种全新的经济观念。

　　（3）循环经济思想是一种新的价值观。传统观念中，认为垃圾就是垃圾，没有任何用处，而循环经济则实现了垃圾的重新利用，经过处理，垃圾还能再次使用，是一个变废为宝的过程，证明了垃圾也是有价值的，因此它是一种新的价值观念。

（4）循环经济思想是一种新的生产观。传统观念是以牺牲自然环境为代价发展经济的，而循环经济则是要考虑环境的承载能力，尽可能地循环使用物质资源，提高资源使用效率，生产能够满足人们需求的产品，并实现产品的回收再利用，延长产品的使用周期，保护环境，因而它是一种新的生产观念。

（5）循环经济思想是一种新的消费观。传统观念就是拼命生产，促进消费，而循环经济则鼓励一物多用，尽量减少不必要的消费，减少一次性物品的消费，通过减少不必要的消费来减少资源的消耗，减少对环境的破坏。

六、"脱钩"发展理论

"脱钩"一词最初起源于物理领域，20世纪末，OECD 将脱钩理论引入经济管理领域，其中在环境经济领域，脱钩理论认为，经济增长依赖于能源的消耗，但是随着时间的推移，经济的发展就会逐渐减少对能源的依赖，这一关系的转变主要是因为新的政策和技术的出现，导致经济增长和能源消耗之间的脱钩。脱钩理论从数量关系上对二者之间进行数学推导，阐释二者之间的关系，并且可以通过当前状况来预测二者未来的发展趋势，因而得到了人们的广泛认同。随着研究的深入，学者将脱钩更细致地划分为绝对脱钩、相对脱钩、扩张脱钩、衰退脱钩、强脱钩、弱脱钩等不同类型，这些类型代表着经济总量和能源消耗之间变化的不同关系。

过去的几百年间，随着经济的发展，能源的消耗总量越来越多，排放的二氧化碳越来越多，全球变暖的效应也越来越显著。然而，经济的发展必然会带来能源的消耗，必然会排放二氧化碳，影响环境。因此，人们通过测量单位 GDP 二氧化碳排放量就知道每提高一单位 GDP 对应的二氧化碳排放量会增加多少，测量经济增长与二氧化碳排放之间的关系。碳排放脱钩就反映了这样一种情况，如果经济增长了，但是二氧化碳的排放量不变甚至减少，就说明二氧化碳逐渐实现了脱钩，经济增长也就不会给环境带来负面影响，直至最后完全脱钩。碳排放脱钩需要政府采取一些有效的政策，鼓励企业研发新技术，发展低能源产业，改变经济发展模式和结构，鼓励人们形成低碳消费习惯和生活习惯，只有这样，才有可能慢慢实现脱钩。发达国家的发展实践表明了逐步实现二氧化碳排放和经济增长的脱钩是有可能的。发达国家先于发展中国家完成了财富的积累，它们早在20世纪就结束了工业化进程，但是这些发达国家的发展仍然是以环境的破坏为代价的。因此这些国家在减少碳排放上需要承担更多的责任。在具体实践中，发达国家也做出了一些努力，减少经济发展过程中的二氧化碳排放，如英国，积极发展低碳事业，一直表现出强脱钩的状态，其他国家如美国、德国、意大利、加拿大、日本等，也存在强脱钩和弱脱钩的特征。发展中国家的发展落后于发达国家，仍然需要消耗资源来实现本国经济的发展，对于发展中国家来说，承担和发达国家一样的减排任务是不现实的，实现碳排放脱钩更加困难，也是一个更加长期的过程。因此，对于发展中国家来说，需要考虑的是如何在保持经济发展的同时，通过发展低碳技术、低碳产业，逐渐实现碳排放脱钩。

OECD 国家对于碳排放脱钩非常重视，这也是评价各地区低碳状况的主要指标之一。但是从现实情况来看，实现经济增长和减少二氧化碳的排放不能完全站在对立的两面。既不是只要经济增长，不顾二氧化碳排放，也不是只减少二氧化碳排放，不管经济状况。这不是发展资源节约型、环境友好型社会的根本目的。如何实现经济又好又快地发展才是我们要解决的根本问题。同时，碳排放脱钩有助于低碳经济发展绩效的研究。通过对"二氧化碳排放"和"经济增长"的关系以及弹性进行研究，可以明确碳排放脱钩的程度，而脱钩的显著性与其程度正相关，同时脱钩越显著，也就表明低碳经济发展的绩效越好。发展中国家可以向那些实现了碳排放强脱钩的发达国家学习，在提高资源利用效率、生产高附加值产品的同时，减少能源的消耗，减少环境污染，并实现经济的良好发展。

七、生态足迹理论

生态足迹，称为"生态占用"，是指维持一个人的日常生活、一个地区的正常发展、一个国家的顺利运行所需要的资源，可以用生产该资源所需要的土地面积来衡量。在生态足迹内，需要空间生产满足人类正常生活的资源，也需要空间容纳人类生产和生活产生的垃圾，这些都需要在生态足迹的承受范围内，因此生态也被称为"适当的承载力"。生态足迹能够衡量人类消耗资源的能力，也能衡量目前地球上的自然资源和土地资源是否能够承受目前的人口，以当前的消耗能力来计算地球还能承载多长时间等，这是一个测量可持续发展程度的方法，也是一个很直观的指标。

自 20 世纪六七十年代起，全球气候变暖、极端天气事件频发、自然灾害增多，经济发展的负面影响越来越显著，自然环境和经济发展之间的矛盾越来越突出，学者对生态环境和经济发展之间的关系进行了广泛的探讨，但是仅限于定性层面，并没有定量的指标来衡量一个国家的可持续发展能力。慢慢地，学者提出了一些指标，如人文发展指数、绿色国民生产净值等。1992 年，加拿大生态经济学家廉姆·李斯等提出了测量一个国家可持续发展程度的指标，即"生态足迹"，他将生态足迹定义为：在现有技术水平下，要维持一定人口的生存需要多少土地和水域（曹新向等，2003）。例如，人们生存需要一定数量的粮食，而这些粮食需要一定面积的土地来生产，如人们会呼吸，会呼出二氧化碳，呼出的二氧化碳需要一定面积的森林来吸收。人类生存所需要的土地越多，生态足迹的值就越大，说明人类消耗的自然资源也就越多。后来学者对于生态足迹的测量，基本上也是根据这一定义来测量的。因此，我们可以认为，生态足迹理论是基于土地面积计算的可持续发展的量化指标。

人类的生态足迹之所以可以计算，是因为：①人类可以确定自己消耗的资源已经产生废弃物的数量，如人类消耗的粮食、人类生活消耗的氧气、人类生活产生的二氧化碳等，都是可以监测得到的；②人类消耗的资源所产生的废料，大部分都可以进行物质的转换，变成土地所需要的营养成分。例如，消耗的粮食量可以折算出生产这些粮食所需的土地，氧气和二氧化碳总量可以折算出生产这些氧气和吸收这些二氧化碳所需要的树木的面积等。因为人类的活动是可以监测的，且在理论上能够折算成相应的生态生产性土地的面积，所以是可以计算出来的、可以被量化的。

生态足迹的计算一般由生态足迹的需求和能供给的生态生产性土地两部分构成，生态足迹理论可将地球表面的生态生产性土地分为六个部分，主要分为耕地等不同种类，在此不展开叙述。耕地是最典型的生产性土地，耕地可以提供人类生存所需要的大部分食物，没有了耕地，人类很难生存下去。草地相对于耕地，所能提供的生存性物质较少；森林主要是生产人类所需的氧气、吸收二氧化碳等；建筑用地主要用来建造人类所需要的房子、建筑物等；化石能源是社会进步最基本的动力来源；而水域提供了人类生产必不可少的水资源。

由于不同耕地、草地、森林、建筑用地、化石能源和水域的生产能力存在较大的差异，为了更方便、更加容易比较，需要将这些生产性土地进行一定的处理和转化，因为可以在每种生产性土地前乘以不同的权重，可以称为"产量因子"，让这些不同的生产性土地转化成统一的、可以比较的土地面积，例如，1亩（1亩=666.7米^2）耕地等于多少面积的草地、等于多少面积的水域等。除了不同生产性土地的生产能力存在差异以外，不同区域的同种生产性土地也存在差异，如肥沃的土地能生产出更多的粮食，而贫瘠的土地则只能生产出相对较少的粮食，因此不同国家和地区的生产性土地也是不能直接比较的，需要对不同类型的面积进行标准化。"生态公顷"是为了形成各国通用的指标而推出的一个面积单位。

通过计算一个区域内的生态足迹供给和生态足迹需求，将二者进行对比，可以发现这个地区的生态足迹缺口，也可以反映一个区域人口对于自然资源的利用状况。如果一个区域内的生态足迹供给大于这个区域内的生态足迹需求，说明这个区域内的自然资源禀赋能够承受这个区域内人口的需求，人均资源占用量在这个生态承载力范围之内，称为生态盈余。如果一个区域内的生态足迹供给小于这个区域内的生态足迹需求，说明这个区域内的自然资源禀赋不能满足这个区域内人口的需求，人均资源占用量超过了生态承载力，称为生态赤字。

生态足迹既能反映一个地区的资源消耗强度，也能看出一个地区能够提供的可供消耗的资源总量，显示一个区域资源消耗的阈值。根据生态盈余和生态赤字，可以判断一个区域的可持续发展现状，因而可以有针对性地对未来资源的消耗和人类的生活方式、消费方式提出建议，给予人类警示，将人类的资源消耗速度限制在更加可以控制的范围内。因此，生态足迹可以让人类更加清楚地了解自己对所在区域资源的依赖程度，也让人类了解自己所在区域资源的局限程度，如何根据目前所有的资源来调整人类的活动，实现人类的可持续发展，这是生态足迹最重大的意义。

八、"过山车"理论

"过山车"是非常形象的说法，即著名的环境库兹涅茨曲线，因为曲线的形状是一个倒 U 形，因此也被形象地称作"过山车"。1991 年，美国经济学家格罗斯曼和克鲁格因为担心墨西哥环境恶化之后会影响美国的环境，所以通过定量的方法，实证检验了环境质量和人均收入之间的关系，他们发现，当人均收入较低时，污染随着 GDP 的增加而增加；而当人均收入较高时，污染随着 GDP 的增加而减少，即污染与 GDP 之间是倒 U 形关系。

尽管前面的脱钩理论经过严格的数学推导，证明了碳排放脱钩的可能性，但这是一个长期、艰巨的过程，也只有少数发达国家做到了强脱钩或者弱脱钩，更多的是经济的发展离不开二氧化碳的排放。而"过山车"理论再次验证了这一点，即当经济水平一般的时候，经济的发展是以环境的破坏为代价的，而当经济发展到一定水平后，经济的发展不会影响环境，反而会让环境变好，即碳排放脱钩。因此我们可以看出，在经济发展的过程中，不可避免地会伴随着环境的恶化，但是当经济发展到一定水平时，可以通过大规模的生产、产业结构的调整以及技术进步，来减少对环境的影响，甚至可以用技术来改善环境。因此经济增长和环境保护是可以同时存在的，但是前提是，经济水平改善了之后，要用技术来改善环境，同时要配套相应的政策措施，鼓励企业保护环境，经济增长为保护环境提供了重要的基础和保障。对于发达国家来说，它们已经完成了工业化，经济已经发展得很好了，有更多的技术和资金来改善环境；而对于发展中国家来说，经济还处于欠发达水平，经济建设还不够，应将经济发展和保护环境两个目标密切地结合起来，实现两者有机融合、良性互动，探索可持续发展的绿色生态之路。

第三节　国内外研究综述

国外的学者较早开始对低碳经济进行研究，有着丰富的研究成果，不同的学者分别从经济学、哲学、政治学、伦理学和生态学等不同的专业领域通过不同的视角和方法对低碳经济进行了研究。分析发现，近期的研究热点及重点主要从以下几个方面展开。

一、低碳经济评价指标体系研究综述

低碳经济评价指标体系是目前低碳研究的热点问题，对于低碳经济评价指标的提取和筛选，众学者都持有自己的观点。至今，国际上并没有出现对低碳经济评价指标体系比较权威和统一的量表，学术界对低碳经济评价进行的探索也长达20余年。本书选取了 2000 年以后的一些国内外参考文献，以期对低碳经济评价指标体系做一个综述，并在此基础上，构建出国家—区域—省域—城市的低碳经济多维评价指标体系。

1. 国外期刊低碳经济评价研究文献综述

通过对低碳经济领域的文献梳理，列出国外期刊发表的一些代表性文献。Yamaji 等（1993）研究了日本减碳政策的成本和收益，在评价碳排放强度时，首次提出了"碳生产率"，并逐渐得到了广泛的应用。Ramanathan（2005）利用数据包络分析（data envelopment analysis，DEA）方法，分析了非化石能源的投入与 GDP 和能源消耗产出的曲线图，因此指标维度的大类为非化石能源投入、GDP 与能源消耗产出。Sun（2005）认为，低碳就是减少产生/消耗的燃料所产生的二氧化碳排放量，然后提出了二氧化碳强度指标（二氧化碳/能源消耗），因此，低碳就转化成了降低二氧化碳强度指标的数值。Ugur 等（2007）构建计量经济模型考察了碳排放量的影响因素，自变量选取了 GDP、能源消耗总值、二氧化碳排放量，以及劳动力和固定资本总额等，因变量选取了碳排放量，得出的结论是，自变量均对因变量有显著的影响，但是碳排放的格兰杰原因不是 GDP 增长，而是能源消耗，从而进一步提出了要节能减排、降低能源消耗才能控制碳排放，促进低碳经济的发展的观点。Koji 等（2007）构建了城市尺度低碳经济长期发展情景模型，分析了低碳经济的各个维度，如 GDP、能耗、产业结构等，并利用日本滋贺地区的数据，进行了实证分析，并对其目前的发展状况，提出了一些实操性的建议。Kennedy 等（2010）构建了一个包含资源利用、环境负荷、金融和经济、社会、政治 5 个方面的一级指标，资源枯竭、每年二氧化碳排放量、每年二氧化硫排放量、市场成熟度等 17 个二级指标的评价指标体系，并运用基于万维网的层次结构偏好分析，分析并模拟了曼谷 2000～2025 年的低碳发展情况。

Hyh 等（2011）运用成本分析、内在能源分析、情景分析等，选取了一系列反映芬兰电力生产的经济和环境指标，如投资成本、能源使用、能源成本、直接和间接的二氧化碳排放等指标，同时选取了国家层面的电力生产负荷的经济和环境指标，如总发电量、直接和间接的总二氧化碳排放、二氧化碳排放的总货币成本等指标，来研究芬兰发电厂的经济绩效和环境绩效。

Paloheimo 和 Salmi（2013）运用了一种基于消费者角度的分配方法，研究了低碳城市的碳排放问题。将国家温室气体清单转换为投入产出矩阵，即投入产出法，分析了不同行业的能源消耗和产出，评估与生产和消费有关的减缓气候变化的努力，并以芬兰为例进行了说明。

Jia 等（2012）选取了碳排放水平、碳源控制水平、碳获取能力、人类发展指数、低碳化水平 5 个方面的一级指标和 10 个二级指标，构建了国家层面的低碳发展评价指标体系，并结合模糊层次分析法和优劣解距离法（technique for order preference by similarity to an ideal solution，TOPSIS），对 47 个国家和地区的情况进行评价。

Wang 等（2020）建立了低碳经济发展指标体系，该指标体系主要包括经济系统、环境系统、社会系统以及技术系统四个维度，并通过线性加权的方式生成了低碳经济发展的综合指标。

Lin 等（2014）将个人的减排目标，即碳减排强度，引入城市低碳评价指标体系中，参考了国家发展改革委 2010 年发布的指南，构建了包含能源使用排放、工业化工程、农业、林业、损耗、产品使用排放等方面的低碳城市指标体系，最后使用了人均 GDP、产业结构、固体废物填埋率等 16 个指标，并以厦门市为例，进行了评价。该方法为在实现碳减排目标的背景下评估城市的低碳提供了理论基础和参考，从而增强了指标体系的实践价值和应用价值。

Zhou 等（2013）运用了 DPSIR 框架，分析了温室气体排放的社会经济动态及其对环境的压力、环境状况、相关的气候变化影响以及社会的回应，选取了改善绿色经济和就业、改善能源效率、计算温室气体库存、建立温室气体减排目标等 32 个指标，建立了低碳城市评价指标体系，基于全球 36 个城市的数据，进行了分析。

Tan 等（2015）建立了一个三层的自上而下的低碳城市评价指标框架，第一层说明了与城市碳排放有关的指标，即碳迹指标。第二层扩大了第一层的范围，并探究了与碳排放密切相关的因素，即低碳城市发展指标。第三层侧重于实现途径，即未来的低碳发展指标。文献重点在于低碳城市发展指标，选取了经济、能源模式、技术等 7 个一级指标和城镇化率、可再生能源比例等二级指标，构建了低碳城市指标体系，并以全球 10 个城市为样本，对其低碳水平进行排序。

Tan 等（2017）从经济、能源模式、碳和环境等 7 个方面，在每个方面选取了一部分指标，如碳生产力、能源密度、二氧化碳排放等，总共 20 个指标，构建了城市低碳发展评价指标体系，并选取了全球 10 个城市进行评价。

此外，一些政府部门和机构也发布了低碳评价相关指标体系。一类是 20 世纪 80 年代末国际 OECD 提出的压力-状态-响应（pressure-state-response，PSR）框架模型。此后，联合国在此基础上提出了驱动力-状态-响应（driving force-state-response，DSR）框架模型。最后，欧洲环境局（European Environment Agency，EEA）综合前两种评价体系的优点，提出 DPSIR 概念框架模型。可以看出，DPSIR 模型是 PSR 模型的扩展和修正，增加了造成"压力"的影响因素——"驱动力"以及当前所处状态对人类健康和资源环境的"影响"。另一类是相关指数指标，包括低碳改善指数、低碳竞争力指数、低碳差距指数等，主要是由澳大利亚气候研究所和第三代环保主义组织共同发表的《20 国集团低碳竞争力》报告提出的。

2. 国内期刊低碳经济评价研究文献综述

相比西方学者，国内对低碳经济的研究较晚。国内权威机构制定了低碳经济评价指标体系，具有代表性的指标体系有：中国社会科学院城市发展与环境研究所从低碳产出、低碳消费、低碳资源和低碳政策 4 个角度设计的指标体系；中国社会科学院世界经济与政治研究所"具有中国特色的国际竞争力研究"课题组设计的指标体系；清华大学气候政策研究中心设计的低碳发展指标。

其他学者也对指标体系的构建进行了广泛的研究，本书主要从国家、区域、省域、城市层面梳理了一些有代表性的文献。

1）国家层面的低碳经济评价研究

付加锋等（2010）参照联合国可持续发展委员会提出的 DSR 模型，构建了产出、消费、资源、政策和环境五个维度的国家层面的低碳经济评价指标体系，并给出了相应的评价方法，为定量评估低碳经济发展潜力提供参考依据。

张学毅和王建敏（2010）利用物质流分析法的基本原理对我国低碳经济的实现路径进行了分析，并从经济、能源和自然三个维度构建了经济发展、能源消费和自然环境等二级指标。

胡大立和丁帅（2010）分析了低碳经济的内涵，从产业链路径这一角度出发构建了低碳经济三个层次的评价指标体系，从能源、产业产出、消费、废物处理、社会环境、技术六方面选取了 20 个指标。

彭博（2011）考虑了低碳经济绿色、可持续发展的经济形态，参考了国内外比较权威的与低碳相关的评价指标体系，同时考虑了指标的可获得性，最终选取了资源利用、环境保护、经济发展、居民生活四个一级指标，二氧化碳能源排放强度、生活垃圾无害化处理率、单位 GDP 能耗、人均绿地面积等 20 个二级指标，构成了我国低碳经济发展评价指标体系。

王怡（2012）建立了三层的低碳经济 SREE 复杂系统，即包含社会（society）、资源（resource）、经济（economy）、环境（environment）4 个子系统，用来评价国家层面的低碳经济发展。运用了突变级数法，选取了经济总量、产业现状、污染治理资金等 9 个二级指标，选取了人均 GDP、研究与试验发展经费占 GDP 比重、能源消费总量、工业固体废弃物处理率等 36 个三级指标，利用中国 2005～2009 年的数据，进行了评价。

蓝庆新和郑学党（2013）考虑到不同经济体之间经济发展、经济结构等的不同，试图构建能反映国家低碳经济水平的指标体系。选取了低碳环境、产业、效率、创新 4 个准则层指标和 23 个指标层指标，基于 G20 成员国 2001～2011 年的数据，利用层次分析法进行评价，分析我国低碳经济发展的国际地位。

许涤龙和汤智斌（2013）从低碳经济的内涵、目标导向、发展特征、核心要素、实现途径等出发，选取经济水平、经济结构、经济效益作为子指数，选取生产环节、分配环境、结构水平、结构转型等 10 个方面作为因子层指标，最终选取了碳生产力、产业结构系数、人均碳汇密度等 18 个指标作为指标层指标，建立了 4 层低碳经济指数框架，基于中国 2007～2010 年的数据，利用"纵向"拉开档次动态综合评价法，对全国低碳经济发展现状进行了评价。

何跃等（2014）从碳排放、能源消耗、经济、环境 4 个方面，选取了人均碳排放量、碳排放弹性系数等 13 个指标，建立了国家层面的低碳经济发展水平评价指标体系，并利用全球 15 个国家的数据，进行了评价。

刘天森和朱越（2020）考虑到中国低碳经济转型背景和发展特征，认为新常态背景下中国低碳转型的核心要素包括经济、人文、技术和政策，基于此，构建了三层低碳经济发展水平评价指标体系，选取了 38 个指标层指标，给新常态背景下的低碳转型指明了方向。

2）区域层面的低碳经济评价研究

高大伟（2016）提出，以往对于低碳经济评价的研究，很少考虑国际贸易的因素，但是目前我国低碳技术还不够成熟，还需要学习国外的技术，因此他考虑了国际研发资本基础溢出的因素，引入了进口贸易、外商直接投资、国外引进技术合同和技术市场成交额四个新的指标，加上技术创新、碳排放、经济发展指标，构建了中国区域低碳经济发展评价指标体系，并利用省级的数据进行评价。

谢志祥等（2017）基于投入产出法，将交通、绿化、土地、能源等作为投入指标，将环境和经济作为产出指标，选取了人均汽车拥有量、碳排放总量、建成区绿化覆盖率等 8 个指标，利用 DEA 方法，以中国 2000 年、2005 年、2010 年、

2014 年的数据为样本，计算了全要素生产率，动态评价了我国东、中、西三大地区的低碳经济发展绩效水平。

娄厦（2018）认为低碳环境影响低碳经济的发展，低碳投入会影响低碳技术创新，资源利用直接影响能源消耗，低碳产出在一定程度上可以反映低碳经济现状，因此从环境、投入、资源、产出四个方面建立了区域低碳经济发展评价指标体系，并利用灰色多目标决策方法，对区域低碳经济发展水平进行综合排序。

3）省域层面的低碳经济评价研究

李晓燕（2010）认为省域层面的低碳经济评价应该包括经济发展、技术、能耗、社会、环境、理念六个方面，并参照生态环境部颁布的低碳城市建设，结合理论分析，在每个方面选取了 5～8 个指标，构建了省域低碳经济评价指标体系，对四川省的低碳经济发展阶段进行评价，进一步选取了广东、江苏等六个省份进行对比分析。

马军等（2010）从社会发展、产业发展、经济发展和环境保护的角度出发，建立了包含经济发展、产业发展、科技发展、社会支撑和环境支撑五个方面的低碳经济综合发展情况评价体系，并使用德尔菲法综合确定指标层的各指标权重；以东部沿海的 6 个省份为样本对象，具体评价我国东部沿海地区经济发展中的低碳发展情况。

冯碧梅（2011）根据低碳经济的理论内涵，构建了一个五级湖北省低碳经济发展评价指标体系，考虑了低碳经济发展的三个系统：自然、产业、人文生态系统，以及碳排放、碳源控制、碳汇建设、低碳产业的发展变化，设计了一套包含总体层、系统层、状态层、变量层和要素层五个等级共 13 个指数的低碳经济评价指标体系，并以湖北省的数据为例进行了评价。

刘攀（2011）认为，在构建低碳经济评价指标体系时，既需要考虑低碳，又需要考虑发展，还要体现政府的作用，以及不同地区之间的差异和比较。他构建了以低碳经济发展低碳化程度、政府政策支持力度、低碳环境资源禀赋为一级指标，综合低碳增长指标、环境保护与治理指标等 9 个指标为二级指标，人均 GDP、单位 GDP 能耗等 53 个指标为三级指标的省域层面的低碳经济发展评价指标体系，并运用层次分析法对 2008 年中国 30 个省区市（不包括西藏、香港、澳门、台湾）的低碳经济进行计算。

彭博（2011）构建了资源利用、环境保护、经济发展、居民生活四个方面的低碳经济发展评价指标体系。考虑到低碳经济会随着时间的变化而变化，采用了纵向拉开档次的动态综合评价法来评价国家层面的低碳经济发展，还利用模糊层次分析法、变异系数法和指标线性加权法，对省域层面的低碳经济发展进行了评价。

唐笑飞等（2011）从低碳经济的内涵出发，构建了一个包括经济、能源消耗、碳排放、碳吸收、产业发展 5 个一级指标的省域低碳经济评价指标体系，每个一级指标下又包含了 2~9 个二级指标，合计 23 个，并运用层次分析法和聚类分析法对中国省域低碳经济发展综合水平进行了评价。

张传平和高伟（2014）基于可持续发展理论，建立了可持续发展框架下的省域低碳经济评价指标体系，其中包括了低碳产出、低碳能源等 5 个准则层指标以及 18 个指标层指标，并用熵权法确定指标权重，结合灰色关联分析和 TOPSIS 法评价了山东及东部沿海 10 省市的低碳发展水平。

李沙浪和雷明（2014）直接借鉴了以往学者评价区域低碳经济发展的指标体系，即能源-环境-经济系统，这个指标体系将指标分成优势指标和劣势指标，优势指标如二氧化碳生产率、森林覆盖率等，劣势指标包括人均废水排放量、人均二氧化硫排放量等，基于 2004~2011 年中国 30 个省区市（不包括新疆、香港、澳门、台湾）的数据，利用熵权法和 TOPSIS 法，对各个省区市的低碳经济发展水平进行了评价。

孙久文和姚鹏（2014）综合了前人的评价指标，选取了低碳产出、排放、消费、资源、支撑、经济 6 个指标为一级指标，又选取了 16 个二级指标，构建了低碳经济评价指标体系，对新疆低碳经济发展水平进行分析，此外还利用中国 30 个省区市（不包含西藏、香港、澳门、台湾）的数据对中国低碳经济发展水平的区域差异进行了分析。

李献士等（2014）基于 DPSIR 模型，结合了低碳经济的驱动指标、目前的压力指标、现状指标、低碳的影响力指标和发展低碳的关键指标，如人口总量、单位 GDP 能耗、二氧化碳排放总量、天然气比重、森林覆盖率等，构建了三层低碳经济评价指标体系，采用了层次分析法来评价河北省的低碳经济发展水平。

辛玲（2015）从低碳经济、低碳环境、低碳生活三个方面选取了 19 个指标，构建了城市低碳发展水平评价指标体系。基于山西、辽宁、黑龙江等地的数据，结合层次分析法和灰色关联评价，对省域层面的低碳发展进行评价。

易茗（2018）结合低碳经济理论，分析了陕西省经济发展状况、能源使用状况、碳排放状况、碳排放政策法规，进一步构建了以经济发展、社会进步、低碳建设为一级指标，人均 GDP、社会研发支出占 GDP 的比例、能源消耗强度等 13 个二级指标的低碳经济发展评价指标体系。基于陕西省 2006~2015 年的数据，采用主成分分析法确定了指标权重，得到了评价模型公式，对陕西省低碳经济发展水平进行评价，并选择了广东省、辽宁省作为对比省份。

王向英和潘杰义（2019）借鉴了联合国可持续发展委员会提出的 DSR 模型，他们认为，为了更好、更可持续地发展社会经济，低碳是必不可少之路，因此提高经济发展水平会促进低碳经济的发展，也驱动着低碳经济的发展，而通过了解碳排放量、能源消耗、森林覆盖率等指标，可以了解社会的低碳发展状态，而如何抵消发展经济带来的碳排放量上升、环境恶化，则是发展低碳经济必须做出的响应。基于 DSR 模型，他们将经济水平、技术水平、环境水平作为一级指标，选取了制造业增加值、碳生产力等 15 个指标，构建了省域低碳发展水平评价指标体系，并对全国 30 个省区市（不包含西藏、香港、澳门、台湾）的低碳经济发展现状进行了评估。

4）城市层面的低碳经济评价研究

在城市层面，学者从不同角度构建了低碳经济评价指标体系。

朱有志等（2009）在中国社会科学院城市发展与环境研究所的基础上加入了低碳产业这个因素层，构建了四个准则层，包含碳排放、碳源控制、碳汇建设和低碳产业。

付允等（2010）从经济、社会和环境三个方面构建了低碳城市评价指标体系，并提出了低碳城市的五大支撑体系——产业结构体系、基础设施体系、消费支撑体系、政策制度体系和技术支撑体系；谢传胜等（2010）从经济、技术、社会、能耗排放、环境五个方面选取了 23 个指标，构建了城市低碳经济综合评价指标体系。

李晓燕和邓玲（2010）主要对城市的低碳发展进行了综合评价，构建的评价指标体系包含经济、科技、社会、环境四个维度，并在构建的指标体系基础之上运用层次分析法对北京、天津、上海、重庆四个城市的低碳发展进行了评价，旨在寻找城市低碳发展过程中存在的问题，并结合研究成果提出了相应的建议。

梁本凡和朱守先（2010）在生动地刻画了低碳发展的重要性与必然性后，深度地剖析了中国低碳经济发展各种不同指标的制定原则与特点，并别出心裁地给学术界带来了一整套比较完整的中国低碳经济适用的指标体系。它包括六个方面，多达 12 个二级指标，同时也在后续搜集低碳经济数据的过程中起到了很大的帮助作用。在明确指标处理与计算方法的基础上，定量地给出了综合衡量各种指标后，能够获得排名前 100 名的中国城市，并对其进行了较具针对性的分析。

肖翠仙和唐善茂（2011）从能耗、技术、产业、社会、环境、科教六个方面，选取了 51 个指标，构建了城市低碳经济评价指标体系，并利用层次分析法对梧州市低碳经济发展现状进行了评价。

侯卫星和高建中（2012）结合前人的研究，从居民生活水平、经济发展水平、环境污染程度、市政公共设施四个方面确定了 20 个评价指标，构建了城市低碳经济评价指标体系，并选取太原市 2000～2009 年的数据作为样本来进行评价。

杨卫华等（2014）考虑低碳经济发展的复杂性，直接采用了生态环境部颁布的低碳城市建设指标体系，并利用层次分析法，对石家庄、邢台等地区的城市低碳经济发展进行了评价。

张雳（2015）建立了三层包含 22 个指标的低碳经济评价指标体系，并用因子分析法和层次分析法对湖南 14 个市州的具体情况进行了评价。

张福祥等（2017）建立了一个包含经济、能源消耗、碳排放、技术投入、环境五个子系统的城市低碳经济评价指标体系，并从这五个子系统一一评价辽宁省 14 个城市 2004～2014 年的低碳发展情况。

史学飞等（2018）将生态环境部发布的《生态县、生态市、生态省建设指标（试行）》与以往学者建立的指标体系进行对比与综合分析，同时结合天津市的低碳现状，构建了包含人均地区生产总值、人均绿地面积等 19 个指标作为指标层的低碳经济评价指标体系，并运用主成分分析法、熵权法来确定指标的权重，基于天津市 2001～2016 年的数据对天津市低碳经济进行评价。

梁臻（2020）从经济、社会、碳排放、生态环境四个方面分析了陕西省各个城市的低碳发展现状，基于可持续发展理论和宏观碳绩效理论，选取了 13 个指标作为陕西省城市层面的低碳评价指标。

二、低碳经济评价模型相关研究综述

国内外涌现了一大批关于低碳经济评价模型的相关研究。

国外学者通过 DEA 方法构建低碳物流绩效指数模型，并对 104 个国家进行排名，结合 DEA 分析结果，在低碳物流绩效指数方面表现最好的国家是日本、德国、多哥、贝宁和美国，而发展程度更好的国家是卢森堡、爱尔兰、黎巴嫩和洪都拉斯（Mariano et al.，2017）。

在构建了可行的评价指标体系、搜集整理了相关数据之后，可以将国内常用的低碳经济评价模型分为三类。第一类是运用主观的评价方法，即专家根据其知识和经验，主观地对实际问题进行判断赋权，再根据权重综合计算出评价值。此方法的优点在于能充分利用领域内专家丰富的知识和经验，对各个指标的重要性进行比较判断，反映其不同的重要性程度。缺点是赋权过于依赖专家的主观判断，会因人的知识与经验不同而产生很大的差异，具有较大的主观性和随意性。主观的评价方法有层次分析法、专家打分法、平衡计分卡等方法，均可以得到各指标权重，再算出综合评价值。

第二类是运用客观的评价方法，即采用数学方法对评价对象的实际数据本身进行分析并获取权重。指标的重要性通常由指标变异程度或各指标间的相关关系确定，权重设置相对客观，但这种方法未考虑人的因素，其绝对的客观性很可能导致指标权重不能完全体现各指标自身的实际意义和在指标体系中的重要性。较常用的方法有主成分分析法、因子分析法、熵值法、灰色关联评价、模糊评价法等。

第三类是运用集成评价方法（或综合评价方法），包括主观和客观评价方法的组合评价法、神经网络与熵值法和层次分析的集成评价方法、基于各种独立评价方法的方法集评价方法、粗糙集和熵值法的集成评价方法等。通过对低碳经济评价方法的运用，最后得出的结果一般是对一个或者多个区域低碳经济发展状况的定量评估值以及其排序或者分类。

（1）层次分析法。20 世纪 80 年代，美国运筹学家萨蒂正式提出了层次分析法。层次分析法是一种主观的评价方法，是将定性和定量相结合的分析方法。由于层次分析法可以简化复杂的决策问题，且计算步骤简单，也有成熟的层次分析软件，因此层次分析法的应用相当普遍，如经济、管理、环境、规划、系统工程等方面。

（2）主成分分析法。主成分分析法旨在提取主成分变量，在对原始数据进行标准化处理的基础上，通过计算得到变量之间的相关系数，并根据相关系数形成相关系数矩阵。然后需要在计算特征值和特征向量的基础上，来计算贡献率和累计贡献率，一般特征值的累计贡献率达到 85% 以上的即为对应的主成分。接下来需要计算主成分载荷量，最后各变量的主成分得分则是根据特征向量和主成分载荷量计算而来的。在分析实际问题时，可只取前 K 个累计贡献率达 85% 以上的特征值为对应的主成分来代表原变量的变差信息，以减少工作量，这是主成分分析法的优点之一。此外，由于主成分分析法所得到的主成分在对原始指标变量进行变换后可达到彼此相互独立的目的，因而各评价指标之间的相互影响可以得到消除。

（3）因子分析法。因子分析法是一种从研究指标相关矩阵内部的依赖关系出发，把一些信息重叠、具有错综复杂关系的变量归结为少数几个不相关的综合因子的多元统计分析方法。因子分析法的每个研究变量都会被分解为几个影响因素变量，并将每个原始变量分解成两部分因素，一部分是由所有变量共同具有的少数几个公共因子组成的；另一部分是每个变量独自具有的因素，即特殊因子。

（4）熵值法。熵值法是一种客观赋权方法，由信息论的创始人香农于 1948 年提出，当时主要用于解决信息量化度量问题。在信息论中，熵表征信息的不确定性。熵值越高，则信息确定性越低；熵值越低，则信息确定性越高。在综合评价中，熵值越高的指标，在综合评价中起的作用越小，即权重越小；熵值越低的指标，在综合评价中起的作用越大，即权重越大。

（5）灰色关联评价。我国学者邓聚龙教授最早提出灰色系统理论，灰色关联度评价、灰色聚类分析等方法也包含于其中。灰色关联评价的基本思想是通过研究待分析系统的各特征参量序列变化态势的接近程度或者曲线间的几何相似程度，来判断其关联程度的大小。灰色关联评价的优点在于能够对信息部分明确、部分不明确的灰色系统进行处理分析。而低碳经济系统是一个复杂系统，其中的相互关系错综复杂，并且涉及的因素众多，同时有的因素不是很明确，因此使用灰色关联评价模型可以对低碳经济系统进行评价与分析。区域灰色关联模型的基本原理是通过对统计序列几何关系的比较来分清系统中因素间的关联程度，序列曲线的几何形状越接近则关联度越大。

（6）方法集评价方法。基于所确定的评价指标体系，先分别利用独立的评价方法计算出各个评价模型的评价结果，然后对前面各评价方法的评价结果进行事前一致性检验，在事前一致性检验通过的基础上，再进行组合评价。组合评价用到的方法主要包括目前使用广泛的 Borda 组合评价模型、Copeland 组合评价模型以及算术平均组合评价模型等，通过组合评价从而得到最终结果。

从另外一个角度来看，低碳经济评价模型的相关文献还可以分成两类，一类是传统的评价方法，如层次分析法确定各指标权重，获取各个指标的相关数据后，进行标准化处理，再进行加权即可得到不同的评价对象的不同层次上的低碳经济状态数值，该过程可以自己计算处理，也可以利用层次分析软件进行分析处理，操作简单且应用性强，其缺点就是过于简单、主观性过强、模型可靠性不能保证；因此第二类方法诞生了，那就是对传统方法进行改进，融合不同学科的思想，构建升级版的传统评价模型。冯碧梅（2011）继承了模糊综合评价的方法，将评价过程中专家的主观性因素加入评价模型中，克服了单一评价方法的不可靠性；Jia等（2012）则将 TOPSIS 法和模糊层次分析技术集成应用；陈静等（2012）则采用灰色系统理论构建模型；李磊和韩雪莹（2012）则运用聚类分析，首先对地区进行归类，再运用 TOPSIS 法对每个类型的区域低碳经济进行综合评价和排序，得出最后的评价结果可以直接进行对比，便于提出有针对性的政策建议；周莹等（2015）在省域低碳经济评价的基础上，引入了标杆学习的思想，被评价对象不仅可以知道自己的排序，通过建立状态相似矩阵、状态差异矩阵，得到标杆学习矩阵，因而还可以帮助被评价者找到学习的标杆，找到低碳经济发展的方向。王向英和潘杰义（2019）构建了经济、技术、环境水平为一级指标的区域低碳经济发展水平评价指标体系，考虑到单一评价方法的结果可能会互斥，他们首先选择层次分析法、TOPSIS 法、灰色关联投影法三种相容的评价方法，然后考虑单一评价结果和客观实际之间的偏差，来给每种方法的结果赋权重，偏差越小，权重越大，最后将三种方法组合起来评价中国 30 个省区市（不包含西藏、香港、澳门、台湾）的低碳经济发展水平。

王珍（2019）使用了交互式多属性决策方法来评价中国 30 个省区市（不包含西藏、香港、澳门、台湾）的低碳经济发展水平。这种交互式多属性决策方法，既考虑了决策者的风险偏好，也考虑了其他备选方案的指标值，得出横向和纵向的相对优势度矩阵，得出不同省区市低碳经济发展横向比较和纵向比较的情况。

三、低碳经济多维评价的可视化平台构建

人类对可视化图像的应用很早就开始了。1616 年，在研究月相变化时，伽利略在一张图中显示出了月亮的变换过程。1854 年，为研究霍乱的分布，约翰·斯诺在一幅地图上通过点的分布也就是最早的散点图来显示霍乱的分布情况。此外，

折线图、饼状图、柱状图这些统计图表不仅在数学上，在其他领域也被广泛使用。这些图像的一个主要特点就是直观，但当数据量大、数据抽象时，这些常见的图像显示方法就不能直观地表现了。因此，很多研究中心、大学、研究院与公司研发处在可视化技术理论方法研究和应用开发实现这些方面进行了更深一步的研究。

可视化技术是从统计图表开始的，作为一种统计学工具，它能够在数据集与显示的图像之间创建一种映射关系，直观、明晰地展现数据信息。但是面对更复杂的数据集，就需要更高级的图像处理技术和统计学方法来创建这个映射。可视化的实现也有很多方法，如散点图矩阵方法利用散点图来显示数据；星图法沿着轴线，等分出环形来显示数据；平行坐标表示法是将多维数据投影到一个用二维空间中的 n 条垂直等分线表示的二维坐标系中；维数约简是利用动画技术，将高维投影到二维平面内进行显示。

在可视化平台的构建和应用中，一个很大的应用领域为电网调度。为发展鄱阳湖生态经济区、构建低碳智能电网，《鄱阳湖生态经济区"十二五"电网发展规划》一文中指出了构建智能电网的必要性。可视化的智能电网能实现比普通电网更直接、更系统的调度方案和控制措施，主要表现在：对电网运行状况的基础数据的可视化展现，可以提高数据的信息携带水平和表现能力；对电网运行数据的计算过程的可视化，能实时掌握电网的综合运行水平，并发现运算过程中出现的问题；对电网的实时监控和交互，可以在电网发生故障和运行不畅时予以实时的影响和控制，将风险和损失降到可控的最低范围。

目前，可视化技术运用于低碳评价中，是对低碳数据集进行可视化表达的手段，能够生成低碳数据集的图表显示，解构数据集之间的关联，以及显示可视化的动态过程。在低碳可视化评价系统中，低碳评价技术是分析过程，可视化则是对这一过程的图像化显示，是一种映射关系。研究者对可视化技术是否有效的评测有一个最主观的方法，即基于经验。具体在四种尝试上：一是设计对比元素；二是进行可用性评估；三是对比可视化工具；四是实际应用下的案例研究。

师华定等（2010）在建立低碳经济发展水平评价体系和模型的基础上，为实现低碳经济评价的可视化，构建了相关评价平台。在数据库方面，分为基础数据库和模型数据库。其中基础数据库中的数据库又有四种：温室气体排放数据库、社会经济人口数据库、基础地理空间数据库和元数据库。温室气体排放数据库中，主要是各不同产业和居民生活中碳排放的相关指标未经计算的基础原始数据；社会经济人口数据库主要负责存储和调用经济发展水平、人口数量、每万人私家车所有量等社会发展水平相关数据；基础地理空间数据库的作用是对空间地理的经度、纬度等位置指向信息的综合处理；元数据库则是各原始数据的综合与汇聚。

朱启贵（2012）利用相关课题组前期的研究成果，搭建了低碳经济评价的可视化框架结构。其结构主要分为数据处理层、数据整合层、结果显示可视化层三部分。数据处理层负责对低碳经济各个指标的相关原始数据进行录入、计算、存储、可视化和导出，为数据整合层提供数据基础。数据整合层利用数据处理层的数据，通过指标体系的选择、模型方法的选用，对低碳经济发展水平进行综合评价。结果显示可视化层以数据整合层的计算结果为依据，通过各种可视化图像，实现评价结果的可视化显示，并利用敏感性分析、对比分析、趋势分析对评价结果进行更加深入的探讨和应用，最后凭借上述过程的评价所得，结合政策建议模块，提出有针对性的、操作性强的对策方法。

四、小结

如今越来越多的发达国家加入了低碳经济发展的行列，我国也应抓住机遇，跻身到低碳经济发展的队伍中来，不断借鉴发达国家的低碳经济发展经验和理念，借鉴发达国家的相应制度建设和政策措施，更好地促进国内低碳经济的发展。

在比较分析了国内外对低碳经济的各种定义后，可以发现尽管学者研究的角度不同，所提出的概念也有所差异，但是可以发现他们都认同：只有对能源技术进行创新、对碳减排技术进行创新、对产业结构进行创新、对制度进行创新才能从真正意义上发展低碳经济，才能从根本上转变人们在生产和消费过程中的观念，形成低碳的思想。在经济发展和社会发展的过程中，形成低碳社会消费模式和低碳经济发展模式，才能有效地在真正意义上实现资源环境的保护和经济社会发展的协调与可持续性。发展低碳经济的落脚点是碳排放量，也就是说要对气候变化情况进行控制，防范资源的匮乏和环境的持续恶化，要对碳排放量进行严格控制。对碳排放权的确定，不仅要从现实的角度考虑在生产和消费过程中的碳排放量，更要从历史的观点来分析，考虑到各地区发展以来的碳排放总量，使责任和义务对等。这表明，走低碳发展之路并不是目的，而是手段，重要的是要以人为本，保障人文发展目标的全面、协调和可持续性。低碳经济是一种可持续的经济发展模式，是社会经济发展的必然方向。如何在产业结构和消费结构中体现低碳的理念是发展低碳经济时所要思考的重要课题，在发展低碳经济的过程中应具有阶段性特征，其侧重点应该是通过技术跨越式发展和制度政策约束来实现发展模式的转变。我国发展低碳经济起步较晚，但越来越受到关注，因此，在对低碳经济的概念和内涵深入分析的基础上，构建出符合中国国情的低碳经济发展水平的评价体系具有重要的理论和现实意义。

1）现有研究的不足

目前，我国正面临来自国际上相关环境法制定以及国内经济转型的巨大压力，迫切需要一些低碳经济的相关理论作为指导。虽然学者开展相关低碳研究取得了一定成果，但这些研究仍存在许多不足之处，主要体现在以下方面。

（1）目前相关研究成果中，定性研究较多、定量研究较少，有关低碳经济发展机理、评价及路径等问题的研究相对欠缺。具体来说，主要存在以下问题：低碳经济是一个大型、复杂的系统工程，用系统工程模型诠释低碳经济的相关研究还很少；指标体系的具体衡量主要依赖于可信度不高的调研数据和主观性较强的专家判断，缺乏系统化的理论和方法的支持；研究方法比较单一，学者多采用层次分析法或主成分分析法；对低碳经济评价指标体系进行实证检验的研究尚不足，相关实证研究不具有可比性。

（2）针对低碳经济的发展路径及模式展开的研究不够深入。已有研究主要从国家层面提出需要通过节能减排、发展低碳能源、积极开发低碳技术、加强国际交流与合作、加大低碳经济发展的财政与金融支持力度、改变能源消费方式和生活消费方式、建立低碳经济的法律保障体系、加强政府与企业的合作等路径来发展低碳经济，但是未考虑中国区域间低碳经济发展的不均衡性。区域经济发展不平衡是我国发展低碳经济的现实基础。目前，根据不同地区的自然、地理、生态、环境、经济、社会发展情况及其所处的技术发展阶段，探索不同区域的低碳经济发展路径及模式的研究很少见到。

（3）虽然我们在我国低碳经济发展政策方面的研究取得了一些成绩，但也存在如下一些问题：学者偏重于宏观政策方面的研究，虽然对低碳经济政策的众多方面给予了关注，但存在很多不足，如缺乏统一的国家低碳发展政策和低碳发展水平评价体系，缺乏在低碳发展总体战略指导下的区域产业低碳政策及相关机制研究，有些低碳政策在不同地区的作用效果相反，试点地区未能结合自身的资源禀赋、能源结构等对低碳政策进行相应的调整。低碳发展政策研究任重道远，需进一步深入。

（4）在低碳经济综合评价方面，第一，目前国内研究人员主要使用的模型是层次分析模型、物质流分析模型、DPSIR等，构建指标体系所依据的低碳经济内涵也各不相同，所以构建的指标体系不论从子系统来说还是从总系统来说都相差较大。第二，目前的国内学者构建的指标体系还存在一些欠缺，并不能全面反映低碳经济的内涵。第三，目前的低碳经济研究多集中于理论探讨，并没有对构建的评价指标体系进行实证研究，导致其缺乏实践性。第四，现在的实证研究多集中于省域层面或直辖市层面，样本量缺少说服力，也没有将经济发展相对落后的城市考虑进去，一些绝对性的指标不能说明全国经济发展不同的情况。第五，现在构建低碳经济评价指标体系多使用子系统的多元结构，将低碳经济分裂开来，使构建的评价指标体系缺乏系统应具备的完整性与动态性。

（5）现阶段，学者对低碳经济的相关研究还不全面，特别是利用计算机技术直观展示低碳经济数据的研究还刚刚起步。大部分的研究都局限于产业、区域、评价方法等方面，而忽略了以可视化的方法来促进低碳经济更全面的研究和数据的收集展示。

2）未来研究趋势

（1）低碳经济是一个复杂的系统，设置低碳经济发展水平的评价体系，能十分有效地帮助相关人员牢牢把握低碳经济的相关规律，以此来保证整个社会的可持续发展。在经过比较系统的量化分析之后，便能得出客观的结果，我们处于什么样的碳排放地位、在当前局势下如何使我们的节能减排任务能够顺利地完成并承担相应的责任来构建可持续发展的经济模式。针对目前研究存在的研究方法较单一、研究结果较分散等特点，运用系统工程的复杂系统理论分析低碳经济系统已成为未来研究的趋势。在未来的研究中，我们应从多维度的视角，坚持横向与纵向结合——横向分为国家、区域、省域、城市等层次，纵向包括经济发展阶段、资源禀赋、消费模式等方面，对我国低碳经济进行多维度的分析与评估，并结合人工智能理论、粗糙集理论、人工神经网络理论等理论方法，建立多维评价指标体系和评价模型，对低碳经济指标进行筛选和检验，应用计算机仿真技术搭建低碳经济评价的可视化平台，将低碳经济发展评价研究提升到一个新的阶段。

（2）基于区域间、行业间的差异进行研究是未来研究的又一个趋势。目前关于低碳经济转型的研究成果大多集中于借鉴国外低碳经济转型经验方面，而学者对考虑了中国自身状况和具体行业或城市情况的低碳经济转型模式则缺乏足够的关注。低碳经济的区域差异研究较少，根据区域差异和不同区域的特色探索低碳经济发展路径及模式的研究鲜有涉及。另外，我国经济正处于快速推进工业化和城市化发展的阶段，如何有效地协调经济增长与节能减排的关系，也是我们亟待解决的问题。制定国家、区域、省域、城市层面的不同维度的低碳经济发展水平的评价体系有着重要的意义。国家维度的低碳经济发展水平的评价可以从总体上把握我国的低碳经济发展水平，可以与国外进行横向比较，分析我国低碳经济发展的总体趋势。区域维度的低碳经济评价指标体系，能够充分考虑不同地域的经济差异、地质环境、发展现状，能更好地指导地方的低碳经济发展。省域维度的低碳经济评价指标体系则进一步深化，进一步把握我国省域低碳经济发展水平之间的差异和特点，在国内的省域之间进行横向比较。城市维度低碳经济发展水平的评价深入微观的城市层面，目标是促进低碳城市建设。

（3）针对性地提出政策建议与实施对策也是未来研究的一个趋势。应该采用何种模式、何种机制及政策都是值得我们反思的问题，我们在技术创新的激励机制、低碳经济发展的驱动机制及保障机制方面还需进一步深入研究。在政策机制方面，需进一步利用实证数据进行定量分析，并结合案例方法，寻找低碳经济发展的最优路径，使之既符合全国低碳发展的战略要求，又能兼顾各地区资源禀赋和能源结构的特点，在保障经济稳定增长的同时，促进经济、产业结构的低碳化，实现经济与资源、环境的协调共同发展。通过量化分析的系统性的结论，能够更为清晰地找出我国不同地区的短板所在，进一步明确各个地区下一步需要改进的具体方向，采取相应的配套措施，同时也有利于与其他国家和地区开展更具有前瞻性的学术交流；进行了横向和纵向的比较后，我们要更准确地认识当下我国所面临的全球变暖的危机。有效应对气候变化是我们不可推卸的责任，全人类都不可能从中抽身旁观。

（4）积极培育以低碳工业、低碳农业、低碳服务业为核心的新型经济体系，是未来研究的一个趋势。我国是农业大国，农村地区人均商品消耗巨大，其增量相当于我国能源发展中长期规划能源消耗增量的 60%。化肥、农药等农业生产资料的大量使用极大地提高了农产品的数量，同时也加大了二氧化碳、甲烷等温室气体的排放量。因此，大力开展农业技术创新、发展农业低碳技术、寻找可替代的低碳农业生产资料，已成为目前极为严峻的任务。目前低碳农业领域的相关研究较为少见。另外，畜禽粪便是农村主要的污染源，但是它们如果得到很好的利用，则可转化为清洁型沼气能源。农村养殖场和沼气发电厂的合理布局及其循环利用问题等都是关乎农民生活、低碳发展的重大问题，这些都是值得进一步研究的问题。

（5）利用信息可视化技术，将低碳经济评价的基础数据信息图像化、低碳评价的过程动态化，构建一个能够科学地、系统地评价低碳经济的多维度指标的可视化平台，能够为低碳经济的研究提供帮助和参考。

第三章　国际低碳经济发展格局及中国形势

第一节　国外发展低碳经济的现状

应对气候变化问题已经在全球范围内形成共识，各国都采取了一定的行动和措施，从国外发展低碳经济所采取的行动上看，主要从产业、技术、能源、贸易结构和政策上进行了一系列的重大改革，在方式方法上采取了法律、金融、财税等手段，以期促进低碳经济的发展，并取得了成效。下面以部分组织和地区为例进行介绍。

一、欧盟

欧盟作为低碳经济的坚定支持者，自始至终都以一场全新的革命的视角来看待全球低碳经济的转型，视低碳经济为新的工业革命。自《京都议定书》签署以来，欧盟一直走在低碳经济和减少碳排放的世界前列，积极地采取各种不同的政策手段来对本区域的产品做出更为严苛的要求，这么做显而易见地让欧盟赢得了新一轮市场竞争的初步领先，同时也能够以此来间接地带动全球的低碳经济走向一个新的台阶。

为了让自己内部各个成员国的利益获得平衡，早在 2007 年 3 月，欧盟委员会经过缜密的安排，提出了一个全新的战略来平衡各方的利益，旨在促进优良的低碳技术研究与改良，进而实现计划的各项与低碳相关的政策要求；在这么做的同时，也能够带动欧盟经济转型至一个低碳发展的轨道上，并以此来使全球都进入一个低碳为先的时代。在当时，欧盟承诺到 2020 年，可再生能源在全部能源消耗中的占比要达到两成以上；一次能源的消耗量必须减少两成以上，据欧盟统计局最新发布的数据，2020 年欧盟总计可再生能源占到当年能源消耗总量的 22%，比原定占比 20% 的目标多了两个百分点，超额实现了承诺。此外，欧盟也曾向国际社会允诺，到 2020 年，温室气体排放量比 1990 年减少 20%。据国际能源署统计，欧盟 2019 年的温室气体排放量比 1990 年减少了 23%，提前实现了承诺。到 2050 年的时候，相比于 1990 年，欧盟方面希望减排 60%~80%。值得一提的是，根据欧盟统计局最新发布的数据，2019 年可再生能源在欧盟终端能源消费总量中的占比为 19.7%，基本上实现原来设定的目标；同时，根据《世界能源展望特别报告》，2019 年欧盟温室气体排放量比 1990 年下降 23%，也实现了减排 20%的目标。

2007 年 10 月 7 日，欧盟方面就希望能够在未来十年内拿出超过五百亿欧元来进行技术革新。欧盟委员会同时也结合成员国的实际情况，联合了大量专业人士来制定欧盟低碳技术发展"路线图"，希望能够在风能、太阳能等六个未来将会大放异彩的领域大力发展低碳技术。到 2007 年底，欧盟委员会方面又新一次地通过了一个比较完备的技术战略方面的计划，旨在向欧盟范围内的国家和相关部门更大程度地鼓励实现低碳方面新的科学突破，这也将有助于欧盟未来走好可持续发展的道路。欧盟国家同时也积极利用自己现有的技术，积极推动与低碳相关的各种国际交流，欧盟拥有具备先进技术的企业与发展中国家的能源市场，必将通过低碳这座桥梁相互连接。2008 年 12 月，欧盟各成员国之间就能源气候计划达成了共识，基本上形成了欧盟比较完备的低碳经济政策。批准的成套政策包括《碳捕获和储存的法律框架》《可再生能源指令》等六项内容。计划中预期能够达到的目标可以被我们概括为"3 个 20%"：到 2020 年温室气体的排放相较于 1990 年能够减少至少 20%、可再生清洁能源占比可以升高到 20%、相关的化石能源消费量能够减少 20%。

2009 年 3 月 9 日，欧盟加大了资金的投入力度，计划在 2013 年前，投入高达 1050 亿欧元，来为其各个成员国推行"绿色经济计划"：其中的 540 亿欧元的主要目的是督促各个国家的环保法规能够被实际地执行，其中的 280 亿欧元的主要目的是提升废物处理中的技术水平，来有效地提高国内的水源质量。

2009 年 11 月 24 日，欧盟委员会通过多次的会谈和商讨，向全世界正式提出了"绿色知识经济体"这一极具创造性的设想，并广泛征求具体的政策构建意见。官方的初步考虑是，争取能够在 2019 年之前保证经济的三大目标：成为更完备的一个知识经济体；就业状况得以改善；经济发展实现比较完备的绿色经济。回溯历史我们不难发现，自 20 世纪 80 年代开始，失业就是欧盟一直希望能够解决的问题。对此，欧盟方面认为大力发展低碳经济是拯救失业问题的一方良药，低碳的经济转型毫无疑问能够给各个国家带来更具活力的经济增长点，最终有效地解决失业及其带来的相关问题。有相关研究早已阐明，欧盟方面，仅可再生能源这一领域，就已经能够在 2020 年具备高达 280 万的就业缺口。即便我们考虑到传统能源行业的萎缩，但依然存在的事实是，可再生能源行业仍可为欧盟方面提供 40 万个就业机会。

如前面所述，欧盟所制定的 2020 年气候变化目标早就在 2008 年便进入了正轨，时至今日，气候变化的问题依然不容小觑。除此之外我们必须注意到，欧盟本身的经济可持续增长问题依然会被相关政策所涉及。我们以西班牙为例，2018 年 2 月西班牙公共债务规模已经达到 1.16 万亿欧元，占 GDP 的比例高达 98.84%。以小见大，欧盟的经济发展问题亟待解决，这也将会在很大程度上对欧盟在各个国家之间运筹帷幄，以及在进一步推进科学技术的突破上有不太好的影响与作用。2011 年欧盟公共债务平均在各个成员国之间的 GDP 占比超过了八成，甚至在 2014 年上升到 86.7%，完全超出了欧盟之前的预期，即 2015 年占比可以下降到 60% 的这一政策期望。欧盟统计局的研究分析也已经明确指出，2018 年欧盟所持有的公共债务很可能会上升至 12.5 万亿欧元，这基本等同于占生产总值超过八成的比例。经济发展在很大程度上阻碍着欧洲推进气候变化问题解决方案的实施，这也是欧盟一直头疼的问题之一。基于这样严峻的经济问题，欧盟 2030 年气候方面的目标也强调了要把环境保护和经济发展之间的关系梳理清楚，不要顾此失彼。欧盟方面采用了大量的技术创新等手段为经济发展提供坚实的后盾。欧盟方面向全社会公布的《欧洲 2020 战略》的核心要义总结如下。

经济增长采用三大方式：一是加大科学技术的含量，争取能够以理论研究的推荐和具体技术的创新作为铺垫来发展经济；二是可持续发展，发展经济的过程中追求的核心是更高的资源利用与回收效率；三是增长上强调包容，集中力量使就业情况能够得以改善，同时也加大力度促进不同的组织机构和相关政府部门的交流。万变不离其宗，低碳经济是必需的一个元素。而低碳经济三要素包括：减少温室气体排放；寻找更具发展潜力的可再生能源；更切实地提高能源利用率。

这一整套的政策组合拳，深刻展现了欧盟在《里斯本条约》后切实为低碳经济的发展所明显增强的行动力度，这也在很大程度上有助于欧盟在原有条约的基础上利用自己的技术优势来为全世界构建一个我们所期待的政策体系。

发展绿色经济是欧盟转变经济发展方式的着力点，欧盟希望刺激经济增长与降低能耗两者之间能够实现并行，同时加大可再生能源研发和实际投入使用的广度，进而保证整个欧盟运输部门具备极高的现代化水平。欧盟喊出的这个口号"具有资源效率的欧洲"有着极其深远的意义，它意味着整个欧盟向低碳经济的转型，毫无疑问这对于欧盟经济进一步转型和低碳化具有极大的指导意义。在能源的生产上，就 21 世纪的前十年来说，欧盟 27 国总初级能源生产一直在走下坡路，下降了 13%。从能源结构的比例上来看，总量的 28% 来自核能，其后是我们熟悉的可再生能源和固体燃料、天然气，石油排在最后。这十年里，可再生能源产量增长了 72%，而其他种类的能源的生产却都是在走下坡路：降幅最大的是石油，总计减少 44%。

我们可以得出结论，那便是欧盟方面早就在绿色能源的使用上拔得了头筹、抢占了先机。从欧盟统计局给出的数据来看，欧洲许多国家已经就新能源使用采取了适合自己国家的相关战略，风电和水电发展迅速，占比最大，而太阳能是增长最快的新能源。

新能源的使用毫无疑问能够在很大程度上刺激欧盟现下疲软的经济。自 2000 年开始，相关数据就已经为我们展现了一个铁的现实：欧盟生态工业贡献巨大，且每年以七个百分点的高速增长促进着不同岗位数量的提高，2009 年就已经达到 340 万个就业岗位的惊人数字。这么不可小觑的数字的产生，主要还是归功于新能源的广泛利用。新能源对欧盟经济的助推，主要落脚于整体能源中碳排放量的减少。

然而时间的指针拨到 2008 年，经济危机在很大程度上重创了整个欧盟的经济。欧洲的经济在史无前例的下行当中，并带来了巨大的后果，失业率和财政上的缺口都像泄洪一般令国家难以阻挡。银行金融业也受到经济危机的影响，普遍遭遇经营困境，同时风险传导至企业家庭融资，引发了连带效应的雪崩。我们还必须要关注的地方是，一直以来，欧盟为了保持低碳经济的先驱者地位，不惜以牺牲经济为代价。而 2008 年的经济危机更大程度地加剧了这一问题的恶化。欧盟在经济危机之后，重新将经济状况拉回正轨的速度也十分缓慢：平均失业率在 2007 年 10 月为 7.3%，直到 2013 年 2 月，失业率依然没有要好转的迹象。政府公共债务出现的缺口更是雪上加霜，这让欧盟预期目标的实现更加困难。欧盟通过低碳经济的一系列转型来间接地带动就业。2009 年，欧盟的生产总值一共下降了 4 个百分点，工业生产上的破败已经让民众深陷苦海，丝毫感受不到新世纪到来的幸福新气象。2300 万的失业人口对所有的欧洲公民来说都是一场严峻的考验。这场危机对公民来说是一场严重的冲击，同时它也暴露了欧盟经济的一些结构性问题。

因此欧盟只有进一步解决经济问题才能协调气候能源战略。欧盟在 2014 年 1 月 22 日，向全社会正式发布了新一期的《2030 年气候与能源政策框架》，这是基于之前的《欧洲 2020 战略》提出的，是一个更具有时代意义的方案，核心是不变的，依然希望欧盟走好低碳经济这一条路子，能够提高整个低碳能源结构的全球竞争力，同时也能够增强欧盟内部能源供应的安全性，创造新的就业机会。

欧盟委员会公布的《2030 年气候与能源政策框架》的内容主要如下：一是 2030 年前，相较于 1990 年降低 40% 的温室气体排放总量；二是 2030 年前，欧盟可再生能源可以在总能源占比上超过 27%；三是持续努力提高能效，创造新的突破口；四是对欧盟排放交易系统进行系统化的优化与改革；五是利用更可靠的能源系统来促进低碳产业投资。

首先，主要的目标是在 2030 年之前，相较于 1990 年下降 40% 的欧盟内部的温室气体排放总量。在这一目标的完成情况上，截止到 2019 年，欧盟的碳排放量减少 23%，这意味着欧盟已经实现了到 2020 年温室气体排放量减少 20% 的目标。其他十五个被强制减排的国家，整体上来看已经基本能够达到预期目标甚至超出预期。与此同时我们关注新一份的气候能源报告也不难发现：在继续保留并大力推行现有政策的基础上，欧盟逐步推进的低碳成果如果能够顺利实现，在 2030 年实现 32% 的碳排放下降是指日可待的；可再生能源消耗占比在 2019 年达到 19.7%，提前一年接近设定的 2020 年占比 20% 的目标，仅低 0.3 个百分点；欧盟经济的能源强度也取得了显著的成果，从 1995 年开始，经过 16 年时间的沉淀，整体上的减少幅度是二成有余，其中工业的节能占到这两成中的三成。《2030 年气候与能源政策框架》还为我们阐述了，如果欧盟加大行动力度，很有希望在 2030 年实现温室气体排放总量降低 40% 这一目标。

其次是 2030 年前，欧盟在可再生能源这方面的能源贡献比例超过 27%。截止到 2019 年，欧盟在这方面的完成情况比较好，基本上大部分国家都能完成中后期阶段的目标，逻辑上推演，在 2030 年前可再生能源占比提高至 27% 应该也是指日可待的。

可再生能源中，我们绝不能忽视风能的作用。在 2015 年的巴黎气候变化大会上，为了完成对应的指标，风能是一个需要被大家重视的能源种类。依照欧洲风能协会的数据，2015 年，欧盟风能发电量有 12 800 兆瓦，相较于 2014 年增长了6.3%。欧盟目前已部署了 140 吉瓦的容量，风能可能成为第三重要的能源手段，占比接近 16%。2019 年，风电占可再生能源发电总量的 35%，超过三分之一。

不难看出，欧盟倾向于风能的开发应用。受 2011 年福岛核电站事故的影响，欧盟整体上并不是十分倾向于大开大合地随意使用核能。福岛事件发生后，德国政府率先做出表态，对于核能的使用方式有了与之前完全不一样的说法，并有节奏且逐步解构核能在德国的能源地位。未来的核能将要发挥什么样的作用，本身各个成员国之间也存在异议。例如，意大利、瑞士、比利时也都像德国一样对核能的使用趋向保守，但一些国家却依然保持着大范围继续开发使用核能的倾向。

以人们不常见的一些新能源为例，页岩气的逐渐广泛使用给整个能源市场带来了新的变化：由于欧洲能源中化石能源多依靠进口，预计到 2035 年，整体能源价格会呈上升趋势。在现阶段，欧盟也在努力提高新能源的开采量来试图打破这种依赖国外市场的现状。

欧盟早在金融危机爆发之前便开发了欧盟排放交易系统,强制规定其成员国内部企业的碳排放量，来控制整个国家产生的碳排放。碳交易通过总量交易和分权化模式，提高各国对于碳排放量的自主性。由于碳信用额的盈余可能导致整体市场的不稳定，欧盟委员会希望能够针对性地使用"市场稳定储备"形式。欧盟将通过控制交易总额作为基础实施各项改革，这种略显畸形的交易体系很可能在未来被政府的强制力扼杀，很自然地，接下来的碳拍卖的设想也会不复存在。

最新的调查显示，2014 年以来，欧盟的就业环比在曲折中缓慢地回暖，基本上能在经过几年的低迷之后，变成正增长。经济的上升正在发生，就 GDP 增长情况来看，在 2018 年的第一季度，整体的经济增长速度有所提高，能达到两个百分点有余，虽然仍是一个不容乐观的数据，但是自 2014 年以来，在整体趋势上还是上升的态势。

对于《2030 年气候与能源政策框架》，无论是就欧洲内部还是世界范围来说，都还存在着一定的争议。一些环保事业支持者倾向于排斥此政策框架，认为政策框架对内强硬，对外疲软，并且声称这种双重标准对全球的气候治理毫无益处。尽管欧盟 2030 年的计划在 2015 年前就已经被搬上了国际舞台做讨论，但很多人还是十分顾虑这个计划是否是在气候问题上的倒退，且某种意义上也会因此而削弱欧盟作为国际气候政策带头人的主动权。从某种意义上来看，欧盟这一系列的政策组合拳，其实也是为了寻求政治妥协来争取整个欧盟的稳定。

在国际上同样存在不少学者、专家，一致认为如果只是希望总排放下降 40%，那么这对于当前的气候环境来说杯水车薪。40% 的影响力被框定在欧盟的成员国之内，如果欧盟能够推广清洁发展机制等低碳经济相关体系，可以达到的目标一定能够高于 40%。有一部分观点认为，全球温度的上升如果要控制在 2℃ 的标准上，欧盟碳排放的下降水平必须是现在的 50% 以上。哈佛大学这方面权威的学者也明确指出，排放交易体系和新能源授权能够达到的效果是微乎其微的。他表示，在电力方面应用可持续能源是一个比较具有建设性的发展思路，可以让其他领域的碳排放下降压力减轻。

欧盟内部也存在着大量的质疑，由于西欧和东欧的国家存在不容小觑的经济差距，所以对于低碳经济的具体推行政策，国家之间也存在着分歧。例如，一些老牌资本主义国家，希望能够投入更多的精力于减排上，他们自然期待战略的完成更加完美。然而部分中东欧国家则拒绝这一设想。以波兰为例，波兰本身消耗了大量的煤炭，对减排目标始终比较反对。2013 年 11 月波兰举办了一场煤炭行业大会，会议上，许多大型能源企业对于碳减排目标的态度是暧昧的，它们其实并不希望目标值限制自己的企业活动，但同时也承认相较于提高可再生能源的比例，碳减排目标更容易实现。欧盟接下来不能一意孤行而应该听取多方意见，多层治理来确保《2030 年气候与能源政策框架》顺利落地。这个过程本身也是国家博弈的过程，2030 年气候变化战略很有可能成为欧盟发展的新台阶。

欧盟一直以来都积极推动低碳经济的发展，具有长远和详细的目标，各成员国也都分别有自己的低碳发展路线，取得了非常好的成效，欧盟全面、协调、稳步地推进低碳经济发展，逐渐推出了全面的政策和措施，从评价指标的制定到低碳技术研究经费的投入，从碳排放机制的安排到节能标准和环保标准的确定，形成了一个全面的系统。

在 21 世纪的国际竞争格局中，一方面欧盟逐渐失去了与美国和日本竞争的优势，另一方面中国、印度等发展中国家的经济正在迅速崛起，导致欧盟的危机感不断增强，其发展低碳经济一方面是认识到了气候变化所带来的危害，另一方面更是希望通过发展低碳经济，在政策、技术和产业等方面进行革新，提高自己的国际竞争力，《斯特恩报告》更是欧盟为应对气候变化所采取的行动的政策基础。

紧跟着欧盟的步伐，大量的西方国家也分别提出了自己的低碳策略。

1）法国

法国在由 2008 年经济危机造成的严峻经济状况的基础上，越发地重视低碳经济发展。法国政府已经认识到经济发展需要转型以寻求新的增长点，这个过程中不仅需要引导社会和公众改变生产和消费方式，还要逐步降低对自然资源的依赖性，积极主动地在气候变化问题中承担起大国责任。法国最终将目光聚焦在绿色产业和生态技术上，通过分析绿色产业的现状和生态技术的未来需求及趋势，法国可持续发展综合委员会发布了一份综合报告。

法国政府在低碳经济进入全新的快车道的基础上，一共为整个国家切实可靠地提出了大约 17 种发展政策。在评估国家目前的技术水平和未来市场的潜力之后，还明确了六个优先行业：离岸风能，节能建筑，海洋能源，二氧化碳捕获和储存（carbon capture and storage，CCS），第二、三代生物燃料，清洁汽车等。未来五大潜力行业为：光伏技术、智能电网、生物质材料、绿色化工、嵌入式电池。而法国虽然在深层地热、高附加值垃圾的回收、计量领域的卫星应用、生物质能四个领域的技术水平中具有一定的优势，但是这四个领域的近期市场潜力并不大。而储能技术和陆地风能领域虽然并不具备领先的技术水平，但是这两个市场的潜力相对而言较大。此外，在计量领域的卫星应用，第二、三代生物燃料，离岸风能，CCS，电动汽车，海洋能源，高附加值的垃圾回收等绿色产业领域，法国有望在全球成为领头羊。在生物质材料、离岸风能、CCS、计量领域的卫星应用、智能电网等行业，法国也支持和大型外国企业展开合作。

法国政府的最终目标是促进经济的绿色增长，在多维度地比较各绿色行业的优劣势之后，制定利于发挥产业优势的战略规划。要想实现这个目标，占据未来国际市场的有利地位，法国需要对公共研发进行大量的资本投入，建设配套的基础设施，积极扶持创新型中小企业，同时每个产业都需要明确自身的发展路线，制定清晰的路线图。

法国发展低碳经济要能够稳步前进，关键因素还是要将工作着力于一些重点产业。作为法国代表产业之一的葡萄酒业，也通过减轻酒瓶重量来减少企业生产过程中的碳排放。据介绍，法国除香槟酒这一类酒比较特殊不予考虑，其他葡萄酒产品所用酒瓶的重量通常处于 450～500 克的区间之内。不过，由于气体压力不容小觑，所以一般来说，法国香槟酒酒瓶以往的标准重量为 900 克，相关行业协会于 2010 年 3 月 16 日宣布，从即日起，在保证产品质量以及饮酒者安全的前提下，酒瓶重量减少 65 克，即由 900 克减为 835 克。据计算，香槟酒酒瓶重量减轻之后，法国每年的二氧化碳排放量减少 8000 吨，相当于 4000 辆汽车一年的二氧化碳排放量。

2016 年 12 月底法国发布《国家低碳战略》，成为继美国、墨西哥、德国和加拿大之后第 5 个向《联合国气候变化框架公约》提交气候变化发展战略的国家。该战略根据《能源转型法案》从国家层面提出了如何减少温室气体排放并协调各方实行向低碳经济的转型。

法国承诺到 2030 年温室气体排放量比 1990 年减少 40%，到 2050 年减少 75%。《国家低碳战略》提出了交通、建筑、农林业、工业、能源和废弃物等领域的发展战略目标及主要措施。

（1）在交通方面较 2013 年，到第 3 个碳预算期（2024～2028 年）减少 29% 的温室气体排放，到 2050 年减少至少 2/3 的温室气体排放。措施包括：①提高车辆的能源效率；②加速拓展出更具有发展潜力的能源载体；③尽可能地降低车辆的整体流动性；④寻找能够替代私家车的更合适的出行工具；⑤鼓励其他更为绿色的交通模式，减少 29% 的温室气体排放。

（2）在建筑方面较 2013 年，到第 3 个碳预算期（2024～2028 年）减少 54% 的温室气体排放，到 2050 年减少 87%；较之 2010 年，到 2030 年减少 28% 的能源消耗。措施包括：①实施 2012 年热监管；②到 2050 年加强对能源消耗的管理，以高能效标准实现建筑物翻新。

（3）在农林业方面较 2013 年，到第 3 个碳预算期（2024～2028 年）通过生态项目减少 12% 以上的农业排放，到 2050 年减少 50%；存储和保护土壤与生物中的碳，巩固材料和能源替代成果。措施包括：①加强农业整体的生态工程的实施；②促进整体的绿化程度显著提高并以此来支持整个国家的生态资源的发展。

（4）在工业方面到第 3 个碳预算期（2024～2028 年）减少 24% 的温室气体排放，到 2050 年减少 75% 的温室气体排放。措施包括：①提高能源利用效率，控制单个产品对能源和原材料的需求；②大力发展循环经济；③减少温室气体高排放强度能源的份额。

（5）在能源方面，在第 1 个碳预算期（2015～2018 年）保持排放维持在 2013 年的水平，较之 1990 年，至 2050 年相关生产排放减少 96%，措施包括：①努力做出更大的改变，使能源效率有显著改变；②发展可再生能源并减少高碳设施的新增建造；③提高系统的调节能力，进而增加可再生能源在全部能源使用中的份额。

（6）在废弃物方面，到第 3 个碳预算期（2024～2028 年）减少 33% 的碳排放。措施包括：①减少食物浪费以间接减少温室气体排放；②防止生产过剩；③通过废物回收实现资源再利用；④减少垃圾填埋场的甲烷扩散并净化植物；⑤停止焚烧并进行能量回收。

2）德国

德国在发展低碳经济时高度重视低碳技术的研发，采取气候保护的高技术战略，在能源的开发技术和环保技术的研究上处于世界领先地位，并且通过立法和制定具有执行力的制度来确保气候保护和减排节能的时间进度表及各阶段的目标。德国所采取的方法如下。

（1）采取气候保护的高技术战略。德国的高技术战略对各项能源研究计划进行资金支持。自 1977 年开始，德国先后推出了一共分五步走的计划，目的是对能源技术的创新进行专门研究，目标是能源使用效率的提高和对可再生能源进行开发与探索，与此同时，德国政府也非常注重在能源领域内研究与开发费用的投入，计划投入大量资金，企业界也对此做出了积极回应，并且取得了不错的效果。

2007 年，在高技术战略的基础上，德国联邦教育与研究部又发布了气候保护技术战略，不仅通过该战略明确了气候变化后果、气候预测和气候保护的基础研究、气候保护的政策措施研究以及适应气候变化的方法等四个未来研究的重点领域，同时对气候保护以及节能减排的具体目标和详细时间表进行立法和制定具有较强约束性的执行机制。通过立法以及实施监督效能比较强的工作方式，来制定气候保护与节能减排的时间安排。根据这项战略，德国联邦教育与研究部将在之后的十年内，在财政上对气候相关方面的投入进行高达 10 亿欧元的技术资金支持，德国工业界也为技术方面注入了资金用于开发气候保护技术。根据这项战略，德国科技方面的专家将与经济专家紧密沟通，主要就有机光伏材料等四个重点研究方向做出合作，合力促进德国的低碳经济发展。

（2）提倡节约，提高能源效率。德国在提高能源效率上做了大量的努力工作，所采取的主要手段包括税收，分阶段、分部门地对产生高污染、高排放的部门收取生态税，目标是对现有的能源使用结构进行优化，倡导人们生产、生活过程中的能源节约行为，同时，德国政府还投入大量资金对热电联产技术进行研发和对公共基础设施进行节能改造。

①征收生态税。德国建立低碳财政税收政策，目的是促进节能以及提高能源使用效率。政策主要包括以下几个方面：一是从 1999 年对油、气、电征收生态税；二是和工业界达成协议，与企业节能相关的业务能享受税收优惠，同时德国复兴信贷银行和德国联邦经济部为了促进中小企业提高能源使用效率，专门成立了节能专项基金；三是为了减少大排量汽车，达到降低二氧化碳排放的目的，对机动

车税进行了修改，同时修订了征收载重汽车费的相关规定；四是为了减少10%航空领域产生的二氧化碳，对"欧洲航空一体化"的建议表明了支持的态度。生态税的目标对象是能源消耗，这是德国为了开展可持续发展计划和改善生态环境而推行实施的重要政策。而税收收入通过降低社会保险费，从而达到降低德国工资附加费的目的，这样不仅能够优化能源结构，还进一步提升了德国企业的国际竞争力。

②鼓励企业进行现代化能源管理。2022年7月7日，在德国联邦议会开始夏休前的最后一次投票中，通过了《可再生能源法》（EEG2023）修正案等一揽子能源法案。来自绿党、现任联邦副总理兼经济部长的哈贝克提交了500多页的四项法案，详细阐明了未来十余年发展可再生能源的规划，旨在帮助德国摆脱化石能源依赖、加速绿色能源发展。

③推广应用"热电联产"技术。热电联产就是将发电过程中产生的热能用于供暖，不仅能够减少热能损失，还能够增加发电企业的营收。不仅火力发电站在进行节能改造过程中能使用到热电联产技术，制造微型发电机也可以使用该技术，从而在小范围内为用户提供电暖，降低其对发电站的依赖性。德国政府为了大力推广应用热电联产技术，制定了相应的《热电联产法》，规定对那些应用热电联产技术生产出来的电能进行补贴，例如，在2005年底前通过更新的热电联产设备生产出的电能，可以获得每千瓦1.65欧分的补贴。

④实行建筑节能改造。德国政府在挖掘公共设施以及民用建筑的节能潜力上进行了大量投资，为了改造现有的节能计划，每年拨款7亿欧元，同时在地方设施改造上每年另外投资2亿欧元。主要对包括城市社区的可再生能源生产和使用、室内外能源储存和应用、建筑供暖以及制冷系统等进行改造。而新建的房屋需要符合的节能技术要求更加复杂，主要需要改进建筑的热量流失控制和供暖。这些规定可以培养居民的节能意识，在购买电器时可以更多地倾向节能电器。这一规定的实施，极大地提升了节能电器的销量，而不符合节能标准的电器则在竞争中逐步被市场淘汰。

（3）大力发展可再生能源。由于可再生能源的生产成本高，为了促进其发展，德国制定了《可再生能源法》，对其进行补贴。正是由于德国政府的大力支持，德国的相关技术才取得了巨大的进步，取得了不错的碳减排效果。

可再生能源一直存在成本过高的问题，但《可再生能源法》通过一系列补贴政策极大地平衡了这种成本劣势，保证了可再生能源的地位，极大地推动了可再生能源的发展。德国近几年在可再生能源发展方面取得了较好的成效。德国是世界风电领域的领导者，也是全世界风电装机最大的国家之一。德国陆上风电的经验可追溯至20世纪90年代初，但其海上风电仍是一个较为年轻的产业。德国第一个海上风电场Alpha Ventus于2009年开始试运行。此后，德国海上风电行业逐渐进入迅速发展阶段。2017年，德国领海安装的涡轮机装机在全球的占比约为40%，德国成为全世界仅次于英国的第二大海上风电市场。2018年，德国在北海和波罗的海新增涡轮机136台，总装机容量0.96吉瓦。同年，海上风电在德国电力生产中的占比达到3.0%，比5年前的0.1%有显著增长，海上风电成为该国增长最快的可再生能源。德国可再生能源署表示，到2030年，仅海上风电就可以保障全国近12.5%的电力需求。

根据德国能源行业调研机构的初步统计，2018年德国海上风电总装机容量为6.38吉瓦，总发电量超过190亿千瓦·时，较2017年增长约8%，并已超过德国首都、最大城市柏林的电力消费（同年柏林电力消费约140亿千瓦·时）。除了大力推广应用可再生能源，德国还明确了以下几个重点措施。

①促进现有风力设备的更新以及未来的成片化发展。未来风能发展的最大潜力在于海上风能。财联社消息，德国和丹麦政府在2022年8月28日表示，计划在波罗的海建设一个价值90亿欧元（约合90亿美元）的海上风力发电中心，此举将意味着欧洲在摆脱对俄罗斯天然气依赖的过程中迈出重要一步。

②促进其他种类丰富的可再生能源的使用。由于可再生能源发电整体上来看成本还是较高，且没有适配的独立的电力传输网络，而现存的电网几乎都为大型电力集团所有，这就让大量用户难以享受到可再生能源发电。为了解决可再生能源发电的使用问题，德国1991年出台了《可再生能源发电并网法》，发布了能够为发电企业带来利润的收购价格以及可再生能源发电的并网办法。

（4）减少二氧化碳排放。应用清洁煤技术的发电站可以将发电中产生的二氧化碳气体分离出来并加以储存；通过制度和规定降低各种交通工具的二氧化碳排放量；开展排放权交易，并制定了完善的法律体系和管理制度以确保交易的顺利进行，以期通过市场竞争机制使二氧化碳的排放分配得到最优化处理。

主要措施包括以下几个方面。

①发展低碳发电站技术。虽然目前可再生能源具有较好的前景，但德国政府认为，未来中长期内褐煤和石煤发电站将仍然占据重要地位。因此要想减少二氧化碳的排放，只有改进技术，使用具有更高效率、采用CCS技术的发电站。CCS技术能够分离出二氧化碳并进行储存，以此达到降低二氧化碳排放的目的。德国政府为此制定了相应的法律框架，具体包括以下相关措施：为了在欧盟整体层面推动CCS法律框架的形成，德国向欧盟递交了相关建议书；而在本国，则通过一系列环境法规来保障CCS技术的发展。

②促使各种交通工具减少二氧化碳排放。目前德国新售出汽车的平均二氧化碳排放量在164克/千米左右，但根据欧盟的相关规定，该数值到2012年应该降到130克/千米。为了满足这一规定，德国政府计划实施机动车税改的方案，

即汽车根据排量大小分开缴税，大排量车要比小排量车缴纳更高的税款。德国还在规定中纳入能源效率信息的标注，同时依据欧盟指令对标注的方法进行逐步完善，其中二氧化碳的排放量也列入了标注范围。2020年以来，德国大力发展氢能源，氢燃料电池车成为主力，作为对纯电动汽车的补充，以减少二氧化碳的排放。

③排放权交易。早在2002年德国就开始准备排放权交易的相关工作了，当时德国联邦环保局采取了一系列措施，不仅起草了相关法律，还专门成立了排放交易处，在此基础上，目前已经形成了比较完善的排放权交易相关法律体系和管理制度。而在措施实施前，德国还做了事前调查，对所有企业的机器设备进行了研究分析，然后在此基础上进行排放权的发放工作。如果企业在额定量的基础上排放超标，就必须通过交易部门额外购买排放量，否则企业会面临罚款。

德国联邦经济部部长表示，在氢技术的制造和利用方面，德国应该致力于成为相关领域的领导者，在向低碳经济转型的过程中，氢是化石燃料的绿色替代品。

政府一直在推动可再生能源和其他技术的发展，以此来实现德国在2030年之前将碳排放量在1990年的水平上减少55%的目标，同时到2050年之前，要在1990年的水平上减少80%～95%。

德国联邦经济部部长彼得·阿尔特迈尔（Peter Altmaier）在一份声明中说："我们必须制定方针，使德国成为世界上氢技术第一大国。"他在柏林的一次会议后表示："现在是时候开发氢燃料和必要的技术了。"这次会议讨论了德国2030年的目标和氢燃料使用战略。

长期以来，氢气一直被视为化石燃料的潜在替代品，因为它在氧气中燃烧时会排放水，而不是像煤炭、石油和天然气那样排放二氧化碳这种温室气体。但是使用氢气也存在挑战，尽管可以通过电解水来生产天然气，但这需要大量的电力，尽管柏林正在扩大能源来源，但德国的电力大部分来自化石燃料。

德国的目标是在向低碳经济转型的过程中，天然气在其中作为媒介，起到过渡燃料的作用。与传统能源相比，天然气产生的温室气体排放更少。有人分析，如果燃料可以商业化使用，那么目前德国境内已有的天然气基础设施自然也可用于氢气。

管道运营商表示，德国天然气管道网络可能会被缓慢改造，以便在2030年前输送10%的氢，其余为天然气。长期来看，氢的含量将稳步上升到20%～30%，这将对减少天然气燃烧产生的碳排放大有裨益。

德国有试点项目来测试使用电解法从水中产生氢的方法，但这些方法尚无商业可行性。主要行业也一直在研究可以在制造过程中使用氢作为燃料的项目。为了鼓励使用氢，德国联邦经济部已建议创建氢技术的欧洲和国际认证，探索将这些技术推向市场的方法，并寻求合作伙伴。

3）意大利

意大利的能源80%以上依赖进口，因此其发展低碳经济的关键在于大力开发与利用可再生能源和新能源，主要措施包括支持和引导新能源技术的开发、采取促进节能减排的政策措施等。

（1）"绿色证书"制度。1999年后，意大利对"绿色证书"制度立法。"绿色证书"主要用于推动可再生能源的利用，国家电网管理局会对利用可再生能源向国家电网输送电力并得到认可的单位颁发证书，并具体规定，年产量或进口量在10^9千瓦·时以上的相关不可再生能源企业，必须按其企业生产中实际产量的一定比例向电网输送可再生能源，且这个比例只准升不准降。"绿色证书"可用于交易，生产商自己可以花钱购买"绿色证书"。这样的政策十分有效地限制了高碳能源的使用，激励具有低碳潜力企业的可再生能源发展。

（2）"白色证书"制度。"白色证书"制度主要用于能耗效率管理，意大利自2005年1月起实行该制度。它主要通过审核企业最低的节能目标，来对其能源效率进行认证，同时规定企业必须提出认证申请。"白色证书"同样可以买卖，管理部门会根据市场行情对价格进行适当的调整。企业如果达到了设定的节能目标，会得到一定的经济奖励。而如果没有完成目标，则需要购买"白色证书"，否则会受到经济处罚。同时政府还要求，在企业的节能总额中至少要有50%是通过企业采取节能措施完成的。

"白色证书"体系的作用主要体现在以下两方面：第一，它可以对节能过程进行度量，通过最终的证书结算，可以明确一定时间范围内的目标能效提高量，能够明确量化企业完成目标的情况，从而形成节能的市场价格；第二，"白色证书"有助于节能政策的实施和推进，因为"白色证书"为供求双方提供了除双边交易外的另一个交易平台，使节能政策的操作性更强。

（3）能源一揽子计划。意大利政府为了在节能减排的同时刺激经济增长和推动工业进一步发展，在节能以及发展可再生能源方面出台了一系列的财政措施。例如，针对《2007年财政法》规定的优惠政策出台了一系列的具体实施条例、启动了第一个和能源效率与生态工业有关的工业创新计划等。主要包括以下几点。

①财政与税收优惠政策。为了支持和鼓励可再生能源的发展，意大利政府从电价入手，从1992年开始对可再生能源发电厂的电价实行保护价。而在财政与税收政策上，为了推动可再生能源的发展以及鼓励支持节能减排，意大利政府在2007年初，推出能源一揽子计划，同时发布了一系列相关的财政措施。同时启动的工业创新计划，可以对申请企业进行补助，主要包括以下相关投资行为：在可再生能

源领域进行的相关投资；为了开发环境影响小以及节约能源的新产品而进行的投资；为了开发降低能耗的新工艺而进行的投资。

②能源效率行动计划：一是对使用高效率工业电机和家用电器的用户实行税收减免、对农业能源系统进行优惠补助等；二是针对一些正在讨论以及即将实施的相关措施予以落实，如欧盟针对生态设计领域的相关法令，要求所有产品或服务都必须带有满足欧盟规定的能耗标签；三是从 2009 年开始，汽车二氧化碳平均排放量将被限制在 140 克/千米。

二、伞形集团

伞形集团的阵营划分和传统西方发达国家明显不同，主要特指在当前全球气候变暖议题上立场不同的国家利益集团，具体是指除欧盟以外的其他发达国家，包括美国、加拿大等。从地图上看，这些国家的分布很像一把展开的伞，因此将上述国家称为"伞形集团"。同时也因为"伞"象征地球环境"保护"。

1）美国：奥巴马绿色新政计划

美国虽然在国际谈判中没有表现出积极的态度，没有加入《京都议定书》，但是从 20 世纪 90 年代开始，它在国内制定并出台了一系列的环保法案、能源控制法案和低碳经济法案，充分显示出美国在发展低碳经济上也做出了一系列的努力，并且面对国际经济社会新环境，美国也将低碳经济的发展作为促进经济腾飞的重要战略。由于美国 50%的电的生产来自煤炭，且预计到 2030 年，这个比例将达到57%，因此，从 2001 年开始，美国政府投入 22 亿美元用于对先进清洁煤技术的研究和发展；通过"清洁煤发电计划"来着力推动政府和企业合作，共同建设具有极高示范性和可复制性的清洁煤发电厂，对具有市场前景且值得政府带头来做推广的新技术进行验证，并通过税收优惠、税收补贴等具体的政策方式使值得推广的技术具有市场竞争力，进行商业推广，推动清洁煤技术的商业化。2009 年2 月，奥巴马提交的 2010 年财政预算中，用于发展低碳经济、发展可再生能源、摆脱对进口石油的过分依赖、减少温室气体排放量的预算所占的比例相当大。此外，美国政府还运用市场机制和财税手段促进低碳消费，例如，制定免税政策鼓励消费者购买节能汽车等。这些都表明了美国向低碳经济转型及其在战略部署上积极推动低碳经济发展的决心。

（1）页岩气助推能源政策。其实奥巴马从上任初期就开始调整气候变化政策，而通过他的两届任期不难看出，清洁能源政策是气候变化政策中最主要的内容。而清洁能源政策的实施主要有三个目标：一是发展新的经济增长点；二是减少对进口石油和天然气的依赖以保障美国的能源安全；三是应对气候变化。这三个气候变化政策的目标并不是美国独创的，在具体的实施过程中，美国的重点并不在应对气候变化上，而是看中政策在经济发展中发挥的效用以及对能源安全的保障。这反映出，美国在气候变化问题上做出应对的最终目标还是发展经济，而不是解决全球气候问题。

在这样的政策刺激下，近年来美国大量勘探并利用页岩气，大大地提高了美国能源的自给水平，而且在很大程度上降低了美国能源的对外依存度。例如，石油进口量极大地降低，2005年占石油总消费量的比例还高达60%，而2012年这一比例就下降到了42%，其中石油的净进口量得到有效下降，从1300多万桶/天下降到800万桶/天。2019年9月，美国的石油出口量已经超过了进口量，这意味着美国的石油已经可以"自给自足"，成为"石油净出口国"了。除此之外，美国的天然气生产也在2009年实现对俄罗斯的赶超，同时60年来首次成为炼油产品出口国。2012年11月，国际能源署发布了一份十分乐观的预测：到2035年美国将解除对能源进口的依赖性，实现能源自给自足。

美国在页岩气勘探开发上的政策取得了良好的效果，不仅产量剧增，而且价格便宜，极大地降低了对能源进口的依赖性。这些都有利于实现奥巴马2009年提出的能源安全目标。2012年美国碳排放下降效果显著，达到1994年以来的最低水平，在2007年的基础上降低了13%，而在2005年的水平上减少了10.7%，意味着已经实现了提出的减排17%的目标的一大半。能够逐步实现能源的自足是奥巴马做出减排承诺的原因之一，同时也增强了美国政府在面对气候问题方面的信心。2019年，美国的能源相关碳排放为48亿吨，比2000年的峰值下降了近10亿吨，在所有国家中减排最多。

（2）国际政治领域新的主导权。奥巴马的减排承诺使美国在气候问题上重新占据了全球领导地位，而发展中国家在2009年哥本哈根世界气候大会上又将面临更大的挑战。在气候问题的谈判上，美国为了能够减缓行动，一直采取"限额与交易"等措施，同时将中国和印度等新兴发展中大国纳入了讨论的范围，认为这些发展中大国应该一起承担减排的责任。位于华盛顿的世界资源研究所表示，在印度和中国，火力发电站数量在逐年增多，其中在全球计划建设的1200座火力发电站，印度和中国占据了超过3/4的数量。而如果1200座火力发电站全部建成，会给全球碳排放造成巨大的压力，预计全球的碳排放量将会在现有水平上增加80%。

气候变化问题也与国际关系息息相关，未来它将成为国际政治领域的新热点问题，并会逐渐演变成气候政治，因为气候变化相较于是否维护人权问题，会成为"国际共识"，同时更加占据道义制高点。以前的国际政治领域的主导权集中在传统的政治、军事以及经济领域，而随着气候变化问题的持续升温，进入21世纪后，这种主导权逐渐地向环境、能源以及生态领域扩展，并进一步推动新的国际格局的形成。环境保护和经济增长之间的矛盾对于每一个国家而言都至关重要，都不能忽视和回避。对于每个国家而言，能够在气候变化问题上享有主导权，就能够在未来世界话语权和主导权上占据一定的优势地位。当前，气候外交的重要性日益凸显，成为大国关系中的一个主要议题。

（3）新能源政策的立法演进。在美国，政策的支持和鼓励对于推动新能源产业的培育、成长以及发展壮大起到了非常重要的作用。在美国，重视并发挥法律的规划作用，是新能源产业在整个发展进程中最重要的特点。美国新能源产业发展的主线，主要通过联邦能源立法等法律表现的形式体现出来。通过立法，逐步确立低碳经济推进过程中的各个细节。

自20世纪70年代以来，美国国会通过了六部极具指导性的能源法案。最早的一部是1978年11月卡特总统签名通过的《1978年国家能源法案》。该法案出台主要是为了增加美国国内能源的供应量，以此来高效地规避能源安全问题，以成功渡过美国国内的石油危机。

第二部为1980年6月由卡特总统签署的《1980年能源安全法案》。这一法案主要分为六个部分，主要强调的就是发展新能源。同时在财政上引入了贷款担保等机制，为一些小工厂提供贷款担保。

第三部综合性法案是《1992年能源政策法案》，也是美国第一部大型的与能源相关的政策法案。该法案的主要目的是提高能效，共由27章组成。主要是细化了不同措施，为清洁可再生能源提供一定的法律支持，增强建筑的节能效果，降低对进口能源的依存度。这一法案把含有85%以上乙醇的调和燃料设置成交通运输替代燃料，这极大程度地拓展了不同税种的税收减免；此外，还要求联邦和州公务用车必须购买一定比例的替代性燃料汽车。

第四部综合性法案是《2005年能源政策法案》。这一法案在《1992年能源政策法案》基础上补充了一些其他法案经过修改后的内容，综合融汇，一共18章。该法案再次强调了可再生能源在美国未来的重要作用，把"可再生能源"列为第二章，使其地位仅次于第一章的"能效"。该法案对联邦政府新能源电力消费比例做出了明确的规定，要求2007～2009财年的新能源电力消费比例不低于3%，这一比例在2010～2012财年要不低于5%，在2013及其以后财年要不低于7.5%。该法案对于核电的发展也非常重视，要求在2021年9月30日之前要完成核电站建设，同时对原型反应堆进行运行，以期通过这些举措来推动美国核电的复兴之路。

第五部综合性法案是《2007年能源独立和安全法案》，这部法案涉及三项重要的判断标准。一是确立公司平均燃料经济性标准。到2020年，轿车和轻型卡车平均油耗为35英里/加仑（1英里/加仑=0.425千米/升）的预期值必须要达到。二是提高可再生燃料标准：可再生燃料的产量从2008年的90亿加仑（1加仑=3.785 43升）提升到2022年的360亿加仑。且在这其中必须有210亿加仑可再生燃料从特定材料，即纤维素乙醇或者其他高级生物燃料中捕获。三是确立电器和照明效率标准（appliance and lighting efficiency standards，ALES）。对通用服务白炽灯能效标准做出了明确的规定，同时对荧光灯以及白炽反射器灯也划分了能效标准。除此之外，该法案的内容还涉及智能电网，在第十三章中对其概念进行了界定。

第六部综合性法案是《2009年美国清洁能源与安全法》，这部法案的立法目标为：创造数百万新的就业机会来推动美国的经济复苏，减少对国外石油的依存度来实现美国的能源独立，通过减少温室气体排放来减缓全球变暖，最后过渡到清洁的能源经济。

除了上面提到的几个法案外，美国还设有针对性的能源法案。从整体上来讲，美国新能源产业发展的政策立法，这几十年以来一直比较稳定、连续。由于在内容制定上非常详细，从而对具体的实施大有裨益。这些都体现了美国制定能源政策的合理性和严谨性，不仅考虑到了产业发展的特点，也兼顾了市场调控的作用。

而纵观美国新能源产业发展政策的实施历程，它并不是一蹴而就的，也遭遇了巨大的现实阻力。因为传统能源价格存在不确定性和间断性，同时由于政党之争，相关能源集团存在利益冲突，以及社会公众对于相关政策的认同感存在程度变迁，这些都反映出美国新能源产业发展战略确立的渐进主义特征。

实际情况也确实如此，例如，2009年美国众议院虽然通过了《2009年美国清洁能源与安全法》，在国际社会上产生了很大反响，但该法案依然在美国参议院不允许通过。2013年10月1日美国联邦政府的集体罢工，导致能源部等部门因此有超过50%的雇员被迫休假。这些均会对低碳经济进程产生不良的影响。

尽管遇到这么大的阻力，美国新能源发展也一步步地走向世界的前列。美国能源信息署2014年5月的相关资料显示，2013年可再生能源和核电成功供应了美国国内21%的能源，基本能够抵消美国18%的一次能源消费，美国能源整体上的自足率达到84%。新能源的发展对于美国而言至关重要，未来更是要承担起主导能源的角色。

（4）碳交易市场的发展。美国能源企业内部也涵盖了大量的政治因素，美国政府退出《京都议定书》以及其他相关的政策就是受到了这些能源企业的影响。美国各州虽然情况各异，但利益集团控制各州的政治决策的现状却是大同小异。在制定的区域排放交易体系中，有很多反对声音，大多数能源大州并不愿意实施相关政策，但加利福尼亚州是一个例外，因为加利福尼亚州的环保团体有较大的话语权，因此其环保政策和行动一直能够大跨步前进。

随着美国各界环保意识的增强，以及奥巴马政府相应政策的出台，美国开始积极探索市场化减排的新方式。在这种情况下，自愿减排自然有大量的市场发挥空间。例如，计划构建强制性碳总量控制与交易体系的机构——美国区域温室气体减排行动（Regional Greenhouse Gas Initiative，RGGI）、负责碳足迹业务的碳注册机构——美国气候注册组织（The Climate Registry，TCR）等。一些减排机构的背后能看到华尔街金融资本介入的身影，摩根士丹利、高盛等金融机构早已看好二氧化碳排放权这一交易市场蓬勃发展的未来，十多家投资机构成立了气候风险投资者网络。这也积极推动华尔街分析师、评级机构等对投资碳市场的风险进行研究。

就整个美国范围来看，7 个州签订了 RGGI 框架协议，基本上比较完整地形成了美国第一个温室气体排放的贸易体系。RGGI 是一个以州为基础的积极应对气候变化的合作组织。该组织将电力行业定为自己工作的核心，希望能够为该区域 2005 年后所有装机容量不小于 25 兆瓦且化石燃料超过一半的发电企业做出一定的贡献。RGGI 规定了各州温室气体排放必须签约一个上限，即到 2018 年温室气体排放量比 2009 年同比下降 10%。为了让各州有时间对政策做出反应，RGGI 提供了一个缓冲期，允许 2014 年前各州的排放上限可以维持原状，但从 2015 年开始至 2018 年必须逐年减少 21.5%，最终达到预定目标。RGGI 考虑采用这种立法方式的目的有三点：第一，以最符合经济市场思维的方式维持并减少 RGGI 成员在其各个州范围内的碳排放；第二，强制性规定对于以化石燃料为动力且发电量在 25 兆瓦以上的发电企业，各州必须拿出最少四分之一的碳配额拍卖，并将其收益用于战略性的低碳能源项目；第三，为美国其他地区和国际上其他国家带来一定的模板效应。RGGI 通过法律规范，实现区域合作性减排机制的政策协调性和可操作性。RGGI 并不僵化，而是赋予各州自主裁量权，制定符合各州的具体政策。

西部气候倡议（Western Climate Initiative，WCI）是由美国加利福尼亚州等西部 7 个州，以及加拿大中西部 4 个省于 2007 年 2 月签订成立的。在其推动下，建立了多个行业的综合性碳市场，计划到 2015 年能够进入全面运行，且覆盖成员州的 90%碳排放。2019 年 WCI 交易额达 207.38 亿欧元，占世界总额的 10.7%，交易量为 13.80 亿万吨二氧化碳。在这一计划之后，WCI 与 RGGI 实现优势互补，使电力行业和工业部门相互照应，行业部门和交易气体的交易额度不断扩大。出现这样的结果并不难理解：电力行业是碳排放的主要来源且其有很大的减排空间，而且现有监管体系较为完善，能够很好地针对碳排放展开措施，具备良好的基础；此外，电力行业面临的竞争压力较小，国内竞争环境相对温和，而在国际竞争上并不需要其出力，因此对整体经济的影响是基本可控的。以一个单一行业为切入点，WCI 扩大排放交易体系的范围，最终的利好是交易气体从单纯的二氧化碳增加到 6 种温室气体，甚至更多。

2000 年美国便着手创建芝加哥气候交易所（Chicago Climate Exchange，CCX），2003 年其正式开张，会员制运营作为其运营方式。第一批会员包括美国电力公司等在内的 13 家公司，截至 2010 年，CCX 停止交易前约有 400 家参与者，分别来自航空、汽车、电力、环境、交通等数十个不同行业。加入 CCX 的会员必须自愿实行一些具有法律约束力的减排承诺。CCX 会员减排分为两个承诺期。第一个承诺期是三年，时间跨度是 2003~2006 年，在该承诺期内，所有会员要在基准线排放的基础之上，逐年实现减排 1%的目标，到 2006 年能够比基准线降低 4%。在第一个三年内，所有会员共减排 5340 万吨二氧化碳，效果十分理想。第二个承诺期的时间跨度是 2007~2010 年，所有会员必须达到排放量在基准线排放水平上降低超过 6 个百分点的目标。CCX 根据成员的排放基准线以及减排的具体时间安排，来签发每个会员不同的减排配额，如果会员减排量超额完成了任务，则可以把超出的那一部分进行交易或在 CCX 储存，反之则需要在市场上购买碳金融工具合约达到自己的预期目标。同时如果有其他可以减少碳排放量的项目，如植树造林等，CCX 也会投资这样的项目。多年来，CCX 的发展减少了二氧化碳的排放，对改善生态环境起到了一定的作用，且具有法律效力，因此成为美国唯一认可清洁发展机制（clean development mechanism，CDM）项目的交易体系。

我们再次回顾奥巴马的相关政策，会发现当时奥巴马政府为了绕过国会、减少减排政令中的制度障碍、加快减排运动，参考了 1970 年《清洁空气法》中的相关法律条文。这一法律条文主要针对的是发电厂，电力消耗是二氧化碳排放的主要来源，减少了发电厂的发电量，就可以减少二氧化碳的排放量，因此要求将 2030 年发电厂的二氧化碳排放量减少到 2005 年的 30%。但是颁布没过多长时间，这一政令就遭到了共和党相关方面人士的强烈反对，他们认为，如果严格监管发电厂，不仅会提高发电成本，而且会导致相关产业的工人下岗，丧失工作机会，影响国家的就业率和社会稳定。

2）加拿大

加拿大作为世界上第五大能源生产国，一方面源于本国丰富的能源储量，如原油、天然气、铀等，另一方面还源于可再生能源的生产，是世界上第四大绿色能源生产国。除此之外，加拿大也非常注重节约能源，并没有因为丰富的能源储备而浪费资源。加拿大的节能主要体现在绿色建筑上，在设计、建造、选材等一系列流程中尽量节约资源，同时对旧的建筑物进行节能改造，换成现代化节能材料，最大限度地节约资源，非常重视能源的节约和有效使用，同时加拿大也使用了大量的政策来试图解决节能问题。早在 1993 年，加拿大就已经出台《加拿大节能法》，因为联邦政府和地方政府之间的权责问题，该方案保障了联邦政府在节能行动方面的权力，让联邦政府在制定节能措施和发展新能源产业时拥有更多的自主权和主动权。1998 年，为了发展低碳经济、促进低碳社会转型，加拿大政府特地成立了节能办公室，主要职责是对普通人民群众如何在日常生活中做到低碳给予指导。目前，加拿大生物能源等新能源的开发与利用在全球来说是处于"领头羊"地位的。为鼓励发展风力发电，加拿大政府也进行了稳定的风力补贴。

加拿大民众整体上对于低碳的推进有较高的认同度，也为节能工作的开展给予了很多政策上的便利，有时甚至能有民众做优先表率的现象出现。加拿大一直以来的多次民意测验均有着相似的结果，就是民众最为关心的就是环境问题。民众越发响亮的呼声使政府更有信心推进环保政策，推出一系列具有针对性的政策。

加拿大商会于 2018 年 12 月发表报告，对碳排放定价政策（例如，碳税、碳排放控制与交易项目）表示支持，但同时也代表 20 万加拿大企业表达了担忧，并提出了一些建议。报告撰写者之一阿伦·亨利（Aaron Henry）说，加拿大企业相信给碳排放定价是最有效的减排措施，愿意接受碳定价为运营成本的一部分，但是他们也非常担心联邦和省政府继续把减排当作政治谈判筹码，而不是致力于为企业制定出简单可行的政策。

报告说，60%的加拿大人把气候变化看作一个对国家安全的主要威胁，并越来越为此感到担忧。在加拿大，因洪灾、火灾和极端天气造成的经济损失自 20 世纪 80 年代起持续上升，2016 年达到 50 亿加元。另外根据 OECD 的计算，2020 年以前在清洁电力方面每少投资 1 美元，就要在 2021～2035 年期间因碳排放增加多花 4.3 美元。

报告认为，现在我们要讨论的已经不是加拿大是否有必要向低碳经济转型，而是应该怎样转型。

加拿大商会主席佩林·比蒂（Perrin Beatty）在一份声明中说，企业界愿意为对抗气候变化贡献自己的力量，但是相关公共政策必须在减排目标和保持加拿大的经商投资环境吸引力之间寻求平衡。

报告说，转向低碳经济的必要性毋庸置疑，但是指导转型的政策法规必须是"稳定的、可预见的和明确的"。

阿伦·亨利在接受加拿大广播公司（Canadian Broadcasting Corporation，CBC）采访时表示，企业是否能有效减排，政府更迭时政策的持续性和可预见性是一个重要条件。安大略省进步保守党上台后立刻终止碳排放控制与交易项目。但是该项目自 2017 年 1 月实施以来，已经有许多公司投入资金。阿伦·亨利说，这样的"U 形掉头"会损害企业的利益。

另一个令企业头痛的问题是联邦政府和省级政府之间的分歧。阿伦·亨利说，两级政府各行其是，会在全国各地形成气候变化政策的"破碎岛屿"，给企业带来负担。

加拿大商会的这份报告共 34 页，在最后一部分向政府提出了十几条建议，主要内容如下。

　　碳税的目的不是增加政府税收，碳定价政策带来的收入应该全部用于清洁能源投资、能源有效使用和帮助企业，尤其是帮助中小企业克服转型期困难；实施碳定价政策的同时应降低其他减排政策的要求；政府应该帮助企业制定出口战略，让它们的清洁能源技术和产品能够打入国际市场；加强联邦政府和各省政府之间的沟通与合作，为在全国范围内实行碳定价政策继续与各省政府进行谈判；寻求开展以低碳产品换矿物的贸易；不要只盯住能源生产所产生的碳排放，应把消费行为产生的碳排放计算在内；在加拿大北方实行替代性政策，等等。

　　加拿大的人均碳排放量居世界前列，但是总量仅占全球碳排放量的1.6%。报告认为，加拿大政府必须和其他国家"协同作战"，否则减排再有成效也还是要面对气候变暖的后果。

　　报告说，碳定价等气候政策的风险包括增加能源成本，让企业和消费者付出代价，影响企业投资、贸易和个人消费。报告撰写者的另一个担忧是减排政策影响加拿大投资环境和企业的竞争力。

　　但是，"向低碳经济转型并不仅仅带来风险，也带来巨大的机遇。"报告引用麦肯锡公司估算的数据：从现在起到2030年，增强能源和资源使用的有效性将带来价值相当于38 000亿加元的经济潜力。另外，清洁能源技术的市场目前已经达到汽车市场的三分之二，并且还在继续扩大。

　　报告认为，成功地向低碳经济转型意味着降低风险、增加收益，这需要政府做出正确的决策。

三、亚洲

　　1）日本：低碳社会行动计划

　　日本是《京都议定书》的倡导者和发起者，一直以来都大力发展低碳经济，这是由日本的地理位置所决定的，它作为一个岛国，资源比较匮乏，所以它一直以来都重视能源的多样化和提高能源的使用效率。2008年6月，福田首相提出了"福田蓝图"，其内容就是应对全球变暖的对策，计划日本减排的长期目标是到2050年碳排放量减少60%～80%。此外，日本非常重视核电和太阳能的研发使用，具体的例子有：在2011～2015年成功地将家用太阳能的整体发电系统的成本降低一半，将太阳能发电量的总量提高9倍，到2030年达到现在的发电量的40倍，这将很大程度地强化日本作为太阳能使用世界第一的霸主地位。为了实现这一目标，日本制定了一整套比较系统的政策和相关措施，进一步加强了法律保障，日本政府方面先后出台了《建立循环型社会基本法》等多部法律。

　　近年来，日本在不断地提出与时俱进的政策，其目的主要是加快建设低碳社会。

2006 年，日本拟定了《国家能源新战略》，重点在于推行新能源战略，并计划从发展节能技术、降低石油依存度等六个方面开展，其主要目的是提高日本能源使用效率，减少能源损耗，保障能源安全。

2008 年是日本政府出台低碳政策数量最多的一年。1 月，时任首相福田康夫提出了"清凉地球促进构想"。3 月，日本政府重新修订了《京都议定书目标实现计划》，重新确定了目标方向、基本思路、排放和控制目标、实施保障措施等，并在此基础上推出了《循环型社会形成推进基本计划》，确定了日本减少温室气体的目标排放量。5 月，日本召开了综合科学技术会议，会上通过了《环境能源技术创新计划》，这一计划主要是为了实现 2050 年的减排目标，从行业、产业、技术等方面提出一个中长期规划。6 月，福田康夫发表了重要的讲话，提到"日本将进一步加大资金投入，要发展低碳经济，建立全面的低碳社会"。7 月，内阁通过了《低碳社会行动计划》，主要是关于如何发展低碳社会、如何进入低碳社会，从宏观层面和微观层面提出了建立低碳社会的具体而明确的发展规划，包括研发二氧化碳封存技术、降低太阳能发电装置成本等。

为实现上述的预期目标，日本政府用多重政策的组合拳不断地积极推进技术开发，降低太阳能整体的发电系统成本，同时进一步保障和提供一些类似补助金的鼓励措施，推动日本的人民群众使用家用太阳能发电的整体系统。《低碳社会行动计划》还明确提出，日本政府未来 8 年计划财政上拨款投入 300 亿美元，来试图研发高速增殖反应堆燃料循环技术等在国际上具有竞争力的高效技术。还提出，从 2009 年起，日本相关研发部门初步探索碳捕获与封存技术，并且有一定的研究基础，在一些地区开始前期试验，争取在 2020 年之前彻底研发出稳定可靠且能够商用的技术，并且在 2008 年 7 月的 G8 峰会上，日本竭力要求全球各国投入减排行动中来，努力完成《京都议定书》的预期目标。9 月，内阁修订了《新经济成长战略》，承诺放松对农业、劳动力、医疗领域的管制，还提出了《资源生产力战略》，力图让日本成为资源价格高涨时代的弄潮儿以及低碳时代的胜者，以振兴日本经济；同月，经济产业省资源能源政策的一个比较具有代表性的咨询机构"综合资源能源调查会新能源部会"向相关部门提交《构建新能源模范国家》的政策建议预案；9 月 30 日日本也向《联合国气候变化框架公约》的一个合作行动问题特别工作组的相关人员正式地提交了日本方面的国家政策建议文件，来比较系统地给全球介绍其对 2013 年以后国际减排要如何开展的主张。10 月，日本正式决定开始逐步实行国内排放交易制度，经济产业省开始着手修改《石油替代能源促进法》；11 月，为了保证《低碳社会行动计划》能够顺利落地，以经济产业省为首的三个部门联合发布了一份《为扩大利用太阳能发电的行动计划》。

回首历史我们还会发现，日本也是早在 20 世纪 80 年代起，就开始发展风电等极具潜力的新能源。如今，日本对于石油的依存度已经降至 50%。据日本经济产业省相关人士公布的资料显示，2030 年日本对不可再生能源的依存度将仅有40%。日本极具影响力的《选择》月刊在 2008 年 2 月刊登文章，认为日本已经可算"新能源大国"，称日本创造 1 美元 GDP 所消耗的能源少于美国，只有美国的37%，同时这也是发达国家中能耗最低的。日本太阳能发电等在全世界比较流行的一些新能源技术也都居世界较高水平。日本商业思想家大前研一在《追求》周刊宣称，"日本应该抓住原油价格上涨的机会，振兴日本经济"。高碳经济时代处于弱势地位的"资源小国"日本，在低碳经济时代完成了自己的华丽转身，开始有底气称自己为"能源大国"，这与其贯穿始终的低碳发展路线关系密切。

2014 年 7 月，日本国土交通省基于促进城市低碳化的相关法律，通过一系列指标和准则，得到了住宅建筑物碳足迹的测算方法，并且逐步得到了应用。他们要求各个部门依据这一测算方法，准确地测算住宅建筑物碳足迹，以此为依据，制定对应的奖惩措施。该要求向下传导后，到 2015 年 7 月，神奈川、大阪等 7 个县针对性地颁发了低碳相关的税收优惠和财政补贴。2011 年，文部省也首先和一些大学等研究机构合作，利用研究机构的人才、平台和科研成果，大力研究低碳技术，成立了政府和研究机构携手合作的科研平台。2015 年 2 月，该机构基于日本的资源禀赋和全球低碳发展现状，提出了日本未来发展低碳经济的领域，即在太阳能电池和太阳能发电等六大领域实现全面突破。

2）韩国

韩国发布的《低碳绿色增长战略》对低碳绿色增长的总体目标进行了详细的规划，2009～2050 年间要大力发展低碳技术产业，增强韩国的绿色竞争能力，从而达到能源自给自足和能够应对气候变化的目的。

2008 年，韩国政府出台《低碳绿色增长战略》，目的是大力发展清洁能源以及推动绿色技术的开发和应用，从而为韩国带来新的经济增长点，创造更多的就业机会，提升国家在国际上的竞争力，推动韩国经济发展向低碳绿色模式转变。其中确定的长期战略目标是，到 2050 年，韩国要加入世界五大绿色强国的行列当中。

《低碳绿色增长战略》的提出为韩国发展低碳经济提供了方向，也就是要加快经济模式转型，推动制造业等高能耗的传统产业向低能耗的服务业转变，最大限度地降低能耗，以低能耗为主，建立起新的产业经济体系，从而达到推动韩国经济发展的目的。此外韩国希望通过实施长期的低碳绿色增长战略，能够逐渐发展成为"绿色强国"。这一长期战略目标包括以下四个子目标。

（1）建立能源独立的低碳社会，摆脱对能源进口的依赖性。韩国不仅面对环境问题的挑战，还面临着巨大的能源危机。韩国自身资源匮乏，大部分能源需求只能依赖进口，同时其经济发展对能源的需求巨大，因此韩国在能源需求上对于进口的依赖率一度高达 90%。目前全球都在积极发展低碳经济，在此背景下，韩国为了摆脱能源依赖性、解决当前巨大的能源问题，构建了"绿色增长"体系，目的就是希望借此机会推动节能环保和能源独立的行动进程。

（2）推动绿色技术开发及应用，寻找新的经济增长点。2008 年经济危机之后，韩国作为一个发达国家，在本国较强的经济实力基础之上，为了刺激经济增长、寻找新的经济增长点，提出了《低碳绿色增长战略》，以期通过 10～20 年的发展时间，再次创造"汉江奇迹"。同时，由于遭受来自各种组织、国民的重重反对，"大运河计划"及其关键第一步"747 计划"未能顺利实施，即将面临破产，因此为了获得各方的支持和信任，政府也希望通过发展低碳经济，利用低碳经济发展的东风，推动韩国经济的复苏。

（3）建立绿色发展的文化氛围，大力建设绿色低碳相关基础设施。通过推行《低碳绿色增长战略》，韩国希望能够改善居民的居住环境，建设更宜居、更环保、更节能的城市。在城市建设上，一方面，合理安排城市规划，增加绿色建筑物建设，为人们提供健康、环保的办公场地和生活环境，同时更新改造旧的公共设施，节约公共场所的资源。另一方面，要从根本上帮助大众培养绿色低碳的生活理念和消费习惯，从源头上发展低碳生活

（4）发展低碳产业，促进低碳产业就业率。目前来说，韩国一方面发展传统行业，另一方面也在培育新兴高科技产业，如信息技术产业，但是这些行业并没有给韩国劳动力市场提供足够多的工作岗位，且对劳动者素质要求普遍偏高。在韩国，失业率居高不下一直是制约经济发展的重要问题。因此，为了解决失业率问题，韩国提出《低碳绿色增长战略》，就是为了能够为公众提供更多的就业岗位。例如，新能源的发展能够带来巨大的就业机会，据统计，太阳能、风能和沼气能等能源的发展创造的就业机会是普通产业的 8 倍。这也有助于削弱目前悬殊的贫富差距。

韩国的《低碳绿色增长战略》包含以下三个方向。

（1）环境和经济良性循环。要优先开展"核心主力产业的绿色化"，也就是对于优势产业，要鼓励开发使用环保型材料，提高产业的能源利用效率。要加速现有产业结构的转型和再设计，大力发展低碳绿色产业，振兴知识服务产业，使整个产业结构向着低能耗、高附加值的方向发展。

（2）改善国民生活品质，倡导动态绿色生活方式。普及低碳绿色的生活以及消费理念，在国土、城市以及建筑物居民小区当中大力推广绿色生活方式。同时，为了从根本上推动低碳绿色革命，韩国政府在国土开发上就将环保纳入了考量，建立了更加具有活力的低碳绿色交通体系。还在财政税收上加以辅助，对于碳排放量高的企业或家庭征收碳排放税，而对于那些达到一定减排目标的企业或家庭给予相应的奖励，进而改变整个社会的生产、消费行为，使其逐渐向低碳社会转变。

（3）确定低碳绿色大国的国家地位，增强国家竞争力。在全球发展低碳经济的大背景下，对于气候变化等国际社会共同面临的挑战，韩国应积极响应，承担起发达国家的责任。要加快低碳经济的发展，快速进入绿色增长发达国家的行列。

2010年4月，韩国颁布了《低碳绿色增长基本法》来保障绿色新政的顺利实施，这一法案也为韩国《低碳绿色增长战略》发展提供了基本的法律保障。这一法案制定了详细的绿色增长国家战略，同时对绿色经济产业以及能源等相关部门的具体实行计划做了详细的规划；对气候变化和能源实行目标管理制、规划了减排的中长期目标，并建立了低碳交通体系以及建立了温室气体综合信息管理体制。

2010年，韩国对绿色资讯科技以及绿色研究开发相关领域制定了相关的战略以及研究计划。同年，建立了负责绿色发展战略的机构——绿色增长委员会及附属机构——民间协议会，囊括了产业界、学术界、民间组织、普通国民等，覆盖人群十分广泛，主要目的是加强官方和民间的交流，并通过《低碳绿色增长基本法》，该法案主要是承认绿色增长委员会的法律地位，赋予该委员会在绿色政策的制定、资金合理使用等方面的权力，绿色增长委员会还联合其他政府机构和民间组织共同制定了绿色增长五年计划，包括"三大战略"和"十个政策方向"，对于未来实现绿色增长提供了全面综合性的指导，如提升国家能源自给率、提升应对气候变化的能力、发展绿色产业、促进传统产业的绿色化转型等。

3）印度

印度在历次国际谈判中，认为要准确认识自己的立场，那就是遵循"共同但有区别的责任"原则，为建立一个平等、有效的国际合作机制而付出努力。印度认为发达国家应该对累积的碳排放承担责任，《90年代支援最不发达国家行动纲领》中提出，向发展中国家转移技术和资源来协助发展中国家应对气候变化问题，在此基础上，印度也做出将来其人均GDP的碳排放量不会超过发达国家平均水平的承诺。2009年，印度被认为是CDM做得最好的国家，所登记注册的项目最多，有220家科研机构专门对气候变化的方方面面进行研究，例如，印度未来20年气体排放情况的预测；喜马拉雅山的冰川融化速度；对温室气体的检验检测等。

印度大力利用CDM，《京都议定书》建立的三个合作机制就包含CDM，《联合国气候变化框架公约》做出规定，《京都议定书》范围内的国家都承担一定的减排任务，而为了完成任务，发达国家可以通过在发展中国家投资实施温室气体减排项目的方法，获得经核证的减排量。同时CDM项目也是一种双赢的合作机制，因为项目方可以通过这种方法获得额外的资金以及技术。《京都议定书》生效3年后，印度已经成为出售温室气体排放权数量最大的国家。印度通过CDM项目获得了极大的经济效益，同时多个行业如能源、建材、钢铁甚至铁路、林业等都实行了更加利于环境保护的措施。在《京都议定书》还未生效的时候，印度就非常重视 CDM 项目，为了更好地推进 CDM 的实施、规范 CDM 项目的开发，除了出台相关政策措施，还针对性地成立了一个管理机构，专门用来服务 CDM 项目，促进项目的顺利进行。

自 2005 年推出 CDM 项目后，印度结合本国的产业结构，积极参与其中，不仅新兴的可再生能源行业，传统的行业也能在 CDM 项目浪潮中占据一个角落，而且参与方式也各有不同。除此之外，参与的行业还包括建材、钢铁、铁路以及农村边远地区植树造林等。不仅私人企业参与了 CDM 项目，传统的国有企业也试图从 CDM 项目中获取新的赢利方式。可以说，印度整个社会的 CDM 项目环境都十分浓厚，不仅产业界积极参与，连最普通的个人也热烈响应，可以看出来印度对节能减排技术的重视。为了更好地管理和推进相关工作，印度政府内还设立了专门的 CDM 局。目前，印度在规范 CDM 项目、促进 CDM 项目的顺利运行方面，形成了一套十分完整成熟的流程体系，十分值得其他发展中国家学习和借鉴。

印度政府在推行和规范 CDM 项目中发挥了关键作用，主要有几点：一是印度政府非常支持和鼓励 CDM 项目在本国的发展，以期借此寻求适合本国可持续发展的道路；二是在 CDM 管理机制上面，印度政府并没有过多地干涉市场的运行，主要建立了 CDM 主管机构及许多中介咨询机构，来帮助规范市场风气，保证市场顺利运行，还制定了较完善的体制框架，同时积极提升专业水平，加强部门间的合作和联系；三是政府及相关部门对 CDM 项目大力支持，促使相关咨询机构迅速发展。

四、拉丁美洲

目前，拉丁美洲国家对于生物能源的发展非常重视，以相关领域的领先国家巴西为榜样，其他各国都在本国的优势基础上加紧开展生物燃料等石油替代能源的研发工作。除乙醇生产大国阿根廷以及巴西外，乌拉圭、哥伦比亚、智利、厄瓜多尔、哥斯达黎加、牙买加以及古巴和秘鲁等国家都在迫切寻找新的可能发展的能源产业，如生物能源，推动各类研究机构进行了一系列的研发工作。

巴西农业机械化程度高，甘蔗制糖业发达，乙醇生产和利用技术在世界首屈一指，是世界上最大的乙醇生产和出口国，年产量约 160 亿升，其中 1/8 是用来出口的。除了乙醇，巴西也充分利用本国蓖麻、大豆、甜菜、动物脂肪等，用它们来生产制作生物燃料。

随着乙醇产量的升高，用乙醇制成的生物燃料也越来越多，得到了广泛的使用，销售乙醇燃料的加油站就有 400 余个。为了提高生物燃料的应用范围和使用效率，巴西政府于 2006 年出台了新的法令，要求到 2008 年普通柴油中必须包含 2%的生物柴油，车用燃料中必须包含 40%的乙醇。

为了制定生物柴油生产与推广相关的政策措施，巴西政府还专门跨部门成立了一个由总统府牵头、14 个政府部门参加的委员会。同时巴西政府还发布了一系列金融政策来推动低碳产业的发展。例如，为了帮助生物柴油企业融资，国家经济社会开发银行推出了各种信贷优惠政策。而为了鼓励小农庄种植甘蔗、大豆、向日葵等作物来为生物柴油提供原料，巴西中央银行还设立了相应的专项信贷资金。

在风能发电领域，巴西政府也非常重视。在政府的大力支持下，巴西的风电发展迅猛，并取得了较好的成效。2014 年 2 月 18 日，巴西电力交易商会发布了首份风电报告，数据显示，巴西的风电容量系数很高，从而导致发电量的增加。2013 年 12 月，巴西风电容量系数已经超越了西班牙、美国、德国等国，其平均值为 36%（变幅为 24%～47%）。除了重视风能，巴西对核能的开发也加大了推广实行力度，目前已经建设了两座核电站，分别为"安格拉 1 号"和"安格拉 2 号"。2000～2013 年间，巴西可替代能源以及核能的使用比重很高，始终保持在占能源使用总量的 10%以上。通过发展一系列新能源，巴西的温室气体排放问题得到了有效缓解，极大地减轻了环境问题带来的压力。

除了大力发展清洁能源，拉丁美洲国家还建立了交通信息网络共享平台，来实时监测道路交通情况。为了便民利民、提高出行率，交通严重堵塞的路段会及时疏通。同时，为了提升运输效率，整个交通运输市场还实现了网络化以及电子化，信息可以共享，公众也可以上网随时查询换乘信息以及路况信息。最后，推行低碳生活方式，鼓励居民低碳出行。私家车数量增加，使汽车尾气问题更加严重，从而导致城市交通领域的碳排放量巨大。而要想减少交通领域的碳排放，减少私家车的出行是一个有力的方法。因此，为了减少私家车的出行、提升公共交通工具的使用、帮助市民养成低碳出行的习惯，巴西政府进一步完善了交通系统，同时构建了交通信息网络服务平台，增强公共交通运输工具的快捷性。而通过建设低碳综合交通运输体系，巴西也达到了交通领域碳减排的目的。

五、非洲

"2020 水电工程"项目是非洲联盟在水能开发领域重点推行的项目，目标是能够借此提高非洲电力供应能力，从而达到促进非洲社会经济发展的目的。在水能领域，非洲国家间也开展了广泛的合作。2011 年初，水电可持续发展大会在埃塞俄比亚首都亚的斯亚贝巴召开，这次大会主要是为了促进全球各国的水电事业，促进各国之间水电项目的交流和合作，更好地利用水资源。目前各国政府都积极开发和探索流经所在国家的河域，充分利用水能和水资源，大力发展本国的水电事业，发展形势较为迅猛，各国之间的积极友好互动具有一定的外部性和辐射作用，带动了邻国水电行业的发展。

在风能开发领域，非洲国家根据各自的优势都已逐步开展了相应的项目建设，例如，北非国家能够利用沙漠风能、沿海国家能够利用海洋风能。2011 年，世界风能大会在埃及首都开罗举办，这是非洲各国讨论风能发展的最大平台，能够促进各国对风能行业的认识，也能促进各国之间的交流和合作，对于发展非洲地区的风能产业具有十分重大的意义，也会带来新的发展机遇。目前，北非和南非的国家针对风能都开展了大型的开发项目。其中，肯尼亚充分利用印度洋季风，在沿海和图尔卡纳湖地区积极兴建风力电厂，经过一系列的举措，已成为世界第五大风力发电国。

由于地理位置优势，非洲地区拥有十分丰富的太阳能，太阳能是一种清洁能源，发展太阳能产业，不仅能够减少非洲国家对进口能源的依赖，还能发展本国的经济、保障本国的能源安全、保护生态环境，因此非洲国家都十分重视开发太阳能，非洲国家也不断研发太阳能开发和利用技术。例如，北非、西非可以利用沙漠太阳能，东非、东北非可以利用高原太阳能。

为了促进能源来源的多样化，非洲国家还很重视生物质能领域的发展。对于甘蔗、秸秆、玉米以及畜牧业的废弃物中提取的能源也充分地进行利用，还包括甘蔗乙醇和生物柴油等。此外，通过加强和巴西的交流合作，引进了先进的乙醇生产技术，同时也在沼气、垃圾等再利用、再循环等方面做了相关研究。

此外，非洲也启动了核能的开发工作。2011 年，非洲国家和平利用核能的决议由非洲核能委员会提出。目前，除南非已有的两座核电站，埃及、尼日利亚、肯尼亚以及乌干达等非洲国家也在积极建设核电站项目。除了大力发展核能，非洲还充分利用地热能，如大裂谷地区的国家就利用了大裂谷地区的地热能，通过各种技术和手段，将地热能转换成人类可以直接使用的能源。同时，非洲国家还广泛地参与国际合作，积极地学习先进技术，将先进的技术和本国的资源结合起来，更好地发展本国经济，而合作的形式也多种多样，既包括具体能源开发利用项目上的合作，也包括人才培训等方面的合作。

第二节　中国发展低碳经济的现状

我国还处于工业化发展过程中，工业化和城市化正快速发展，资源、环境的保护与经济发展之间的矛盾非常突出：从已经完成了工业化发展过程的西方发达国家来看，经济发展过程中重工业发展的阶段是必然要经历的，重工业的发展需要大量能源资源的支持；同时，以化石能源为基础的重工业的快速发展又不可避免地带来高污染、高能耗和高排放。中国现阶段的高碳化的能源结构非常明显，根据国际能源机构 2018 年的统计数据，1995~2018 年期间，中国的碳排放总量从 8.38 亿吨增加到 100 亿吨，增加了将近 11 倍，化石燃料产生的碳排放量已超过美国，中国成为全球第一大二氧化碳排放国。

一、中国低碳经济发展与能源结构

1）能源需求量逐年增加，煤炭消耗大国的局面难以改变

近年来，我国的能源消费量持续快速增长，从 1975 年到 2019 年，我国的能源消费总量从 45 425 万吨标准煤增加到 487 000 万吨标准煤，平均每年增加约10 036 万吨标准煤，尤其从 2000 年开始，能源消费量呈现出更快的增长趋势，如图 3-1 所示。

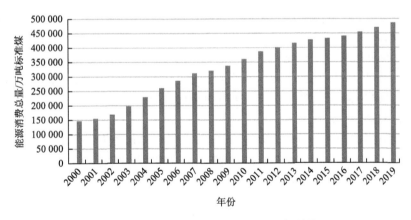

图 3-1　2000~2019 年中国能源消费总量趋势图

资料来源：《中国统计年鉴》。

中国不仅是煤炭资源大国，同时也是煤炭消耗大国。石油、天然气等其他能源都不能替代煤炭在我国能源结构中的头等地位。以 2019 年为例，在世界的平均能源消费结构中，石油的消费比例大约占 33.1%，天然气为 24.2%，而煤炭为 27%，而中国的能源消费结构中，煤炭的消费比例大约为 57.7%，石油为 18.9%，天然气仅为 8.1%，如图 3-2 所示。

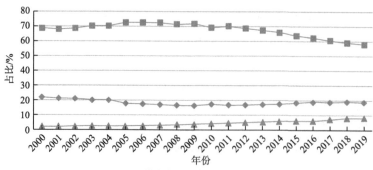

图 3-2　2000～2019 年中国能源消费结构图

资料来源：《中国统计年鉴》。

2）中国经济的增长和二氧化碳排放

减少二氧化碳排放量是发展低碳经济的必然要求，但是我国"富煤、少气、缺油"的自然资源禀赋决定了我国的经济发展过程中所消耗的能源是以煤炭为主的，我国的煤炭储量在一次能源消费中的比例非常高，以 2019 年为例，全球一次能源消费结构中，煤炭占比为 27%，发达国家的煤炭消费比例大多数不到 20%，而中国的能源消费结构中，煤炭消费占比达到了 57.7%。相比于石油和天然气，煤炭的含碳量最高，每吨标准煤的煤炭含碳量是 0.68 吨，排放 2.66 吨二氧化碳；每吨标准煤的石油含碳量约为 0.55 吨，排放约 1.9 吨二氧化碳；而每吨标准煤的天然气排放约 1.4 吨二氧化碳，单位热值的石油和天然气的二氧化碳排放量分别为煤炭的 71.4% 和 52.6%。

根据英国石油公司（British Petroleum，BP）能源统计机构的数据，中国从 2003 年以来经济的快速发展使能源消耗和二氧化碳排放量也快速增长，2017 年，仅中国就贡献了能源消费增量的三分之一，增长超过 3%，几乎是过去几年平均增速的三倍，2017 年中国的二氧化碳排放量占全球的比重已经达到了 27.6%，如表 3-1 所示。

表 3-1　2017 年世界主要国家的二氧化碳排放量

二氧化碳排放情况	美国	英国	日本	印度	中国
二氧化碳排放量/百万吨	5087.7	398.2	1176.6	2344.2	9232.6
占全球二氧化碳排放量比例/%	15.2	1.2	3.5	7	27.6

资料来源：《BP 世界能源统计年鉴》2018 中文版。

但是，我们更应该看到，现在大气中的累积二氧化碳等温室气体大部分是由已经完成了工业化发展过程的发达国家所排放的，从欧洲工业革命的 1750 年前后到 1950 年的两个世纪内，经济发达国家所排放的二氧化碳占到了 95%；从 1950 年到 2000 年一些发展中国家开始进入工业化发展阶段的 50 年内，经济发达国家的二氧化碳排放量仍占到了 77%，在 1999~2000 年间，美国的碳排放量的历史积累所占比重最大，2001~2006 年间，其所占比重才有所下降，有关学者进行了研究，认为 1950~2002 年，中国的二氧化碳排放量只占到世界同期累积二氧化碳排放量的 9.3%。

近年来，中国快速的经济发展速度引起了世界的关注，以高碳能源消耗为主，高消耗、高排放的产业结构也是不争的事实，改变能源消费结构、提高能源使用效率、发展低碳经济是未来发展的必然趋势。

3）能源效率的提高短期内进展缓慢，结构的调整任重道远

中国还处于工业化和城市化进程中，能源消费的主要部门是工业部门，而现阶段我国的工业生产技术水平还相对落后，并且中国粗放式的经济发展方式对化石能源的依赖程度较高，短期内难以改变这个局面。目前我国第三产业增加值超过了第二产业，但是从部门划分的角度来看能源消费结构，2018 年，中国的能源消费总量中的 65.9% 是被工业部门所消耗的，其中制造业就占到了 54.9%，如图 3-3 所示。

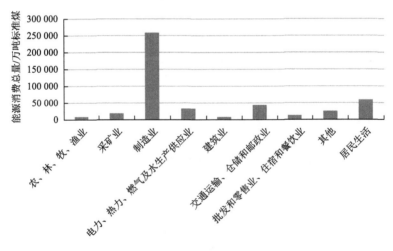

图 3-3　2018 年中国分行业能源消费量

资料来源：《中国统计年鉴》。

二、中国低碳经济发展与产业结构

1）中国处于国际产业分工中的低端位置，阻碍了产业结构调整升级

在全球经济一体化的情况下，各国的产业进行了分工，美国和欧洲等西方发

达国家和地区已经进入了知识经济或者服务经济时期，在全球产业分工体系中持续处于领先地位，而中国在全球产业分工体系中处于低端位置，在知识经济和服务经济的发展上无法与发达国家竞争，因此，只能依靠高能耗、高排放的资源密集型和劳动密集型产业来拉动经济增长。在多年的发展过程中，中国已经成为"世界制造业基地"，在这个过程中，中国付出了环境污染、资源损失的巨大代价。同时，面对 2008 年的全球经济危机，我国采取了扩大内需保增长的发展政策，进一步促进了工业的发展，使中国的能源消耗速度进一步加快。据统计，2000～2018 年，我国能源消费的年均增速接近 12%。

2）中国缺乏完整有效的低碳政策，难以支持产业结构的优化升级

作为全球最大的发展中国家，中国经济要想从高碳经济转变为低碳经济，必须要提高整体的科技发展水平，创新是发展低碳经济的核心，但是我国的技术研发能力非常有限，面临着许多困难。

首先，我国缺乏完整有效的低碳政策体系，尽管我国各级政府部门已经制定了一系列促进低碳技术发展的优惠政策和鼓励政策，但是各政策之间存在缺乏衔接的问题，还存在优惠和鼓励事项难以实现的现象，政策难以落实到实处。其次，我国现阶段的低碳技术研发项目集中体现在大规模的示范性项目上，主要依靠政府的临时拨款、政策性贷款和各国际机构的捐款，没有形成一个稳定的资金投入机制，难以支持企业自主研发。最后，我国的金融体系对于低碳经济产业这个新兴产业了解度不够，采取保守的贷款政策，多数银行不对低碳技术研发项目进行融资，即使放贷，数量也很少，不能满足企业进行低碳技术研发的资金需要。

三、中国低碳经济发展的区域特征

中国地大物博，各区域间的资源分布特点、经济发展程度区别很大，我国的二氧化碳排放量呈现逐年上涨的趋势，但是各区域之间的二氧化碳排放量差异很大，因此，区分各地区的经济发展程度、经济发展特点和能源分布状况，对于发展低碳经济，减少碳排放量，有针对性地制定各省区市的低碳经济发展政策，促进各地区的可持续发展具有重要的意义。

1）中国区域划分及差异分析

综合考虑我国各省的经济发展特点，可将中国（不含港澳台）划分为东、中、西三大地带。

东部地区，包括 3 个直辖市（北京、天津、上海）和 8 个省份（河北、辽宁、江苏、浙江、福建、山东、广东和海南）。其中，北京和上海被视为各方面都发展得最好的地区。东部地区在过去的 30 年经历了最快速的经济增长，其生产总值达

到了中国 GDP 总量的一半左右，这些地区的地理位置优越，交通便捷，科、教、文、卫都有较好的发展。

中部地区，包括 8 个省份（黑龙江、吉林、河南、山西、安徽、湖北、湖南、江西）和 2 个自治区（内蒙古自治区、广西壮族自治区）。相比于东部地区，中部地区的经济增长速度较慢，吸引投资、技术的能力较弱，但相比于西部地区，中部地区的经济增长速度稍快，吸引投资、技术的能力稍强。该地区拥有大量的人口，养殖业及相关行业有较好的发展。其中，湖北、湖南被称为中国的另外两个工业中心，内蒙古和山西是中国两个最大的能源产业区。

西部地区，包括 7 个省份（四川、重庆、甘肃、贵州、青海、陕西、云南）和 3 个自治区（宁夏回族自治区、西藏自治区、新疆维吾尔自治区），其面积占到了我国国土总面积的一半以上。与其他两个地区相比，西部地区的经济发展速度较为缓慢，但是拥有丰富的自然资源，如煤、石油、天然气，以及其他矿物和低人口密度。

2）中国碳排放的区域分布特征

各省区市碳排放量的数据是利用因素分解法估算得出的。具体方法是根据扩展的 Kaya 恒等式，把影响碳排放的因素归纳为规模因素、结构因素和技术因素，其公式可以表达为

$$C = \sum_i \frac{E_i}{E} \times \frac{C_i}{E_i} \times E = \sum_i S_i \times F_i \times E$$

式中，C 为碳排放量；E 为能源消费量；i 表示使用的第 i 种能源；S 表示各种能源在能源消费总量中所占的比重；F 表示各种能源的碳排放系数。目前有多个研究机构发表了不同的碳排放系数。本书利用《IPCC 国家温室气体清单指南》中的各能源消费的碳排放系数计算出各省区市（由于数据可得性，不包含西藏、香港、澳门、台湾）的碳排放量，见表 3-2。

表 3-2　中国各省区市碳排放量　　　　　　　（单位：亿吨）

省区市	2006	2007	2008	2009	2010	2011	2012	2013	2014	2015	2016	平均增速
北京	1.26	1.36	1.43	1.48	1.51	1.49	1.51	1.39	1.44	1.37	1.31	0.003 899
天津	1.27	1.36	1.31	1.39	1.88	2.07	2.01	2.13	2.05	2.01	1.90	0.041 106
河北	4.77	5.49	5.61	6.11	6.51	7.28	7.42	7.53	7.28	7.22	7.21	0.042 177
山西	4.86	5.19	4.99	4.87	5.32	5.97	6.21	6.56	6.69	6.56	6.40	0.027 908
内蒙古	4.15	3.57	4.15	4.46	5.04	6.33	6.73	6.76	7.15	7.24	7.33	0.058 536
辽宁	5.31	5.68	5.83	5.96	6.55	6.89	7.09	6.93	6.89	6.78	7.06	0.028 895
吉林	1.69	1.79	1.96	1.98	2.20	2.50	2.59	2.41	2.41	2.30	2.30	0.031 298
黑龙江	2.54	2.71	2.88	2.99	3.23	3.45	3.55	3.45	3.49	3.49	3.63	0.036 352

省区市	2006	2007	2008	2009	2010	2011	2012	2013	2014	2015	2016	平均增速
上海	2.28	2.31	2.49	2.47	2.75	2.83	2.81	3.03	2.73	2.86	2.88	0.023 637
江苏	5.58	6.16	6.30	6.64	7.50	8.41	8.69	9.13	9.14	9.41	9.91	0.059 117
浙江	3.96	4.47	4.59	4.83	5.34	5.73	5.65	5.86	5.81	5.89	6.07	0.043 637
安徽	1.93	2.15	2.44	2.70	2.91	3.13	3.29	3.61	3.76	3.76	3.82	0.070 658 1
福建	1.57	1.77	1.93	2.23	2.49	2.81	2.88	2.93	3.47	3.46	3.40	0.080 334
江西	1.17	1.29	1.33	1.41	1.61	1.80	1.84	1.97	2.03	2.15	2.29	0.069 461
山东	7.62	8.35	8.93	9.38	10.20	10.79	11.29	11.37	12.20	13.46	14.45	0.066 084
河南	4.43	4.99	5.26	5.51	5.90	6.52	6.22	6.30	6.19	6.18	6.03	0.031 315
湖北	2.44	2.68	2.64	2.87	3.42	3.87	3.89	3.60	3.65	3.64	3.69	0.042 230
湖南	2.26	2.51	2.55	2.69	2.87	3.33	3.30	3.13	3.03	3.12	3.18	0.034 742
广东	5.03	5.60	5.86	6.30	7.29	7.87	7.97	8.16	8.47	8.53	8.76	0.057 045
广西	1.05	1.24	1.29	1.45	1.79	2.29	2.54	2.53	2.55	2.48	2.53	0.091 926
海南	0.23	0.51	0.52	0.55	0.60	0.67	0.72	0.66	0.76	0.86	0.87	0.142 297
重庆	0.98	1.07	1.13	1.23	1.39	1.58	1.52	1.46	1.54	1.54	1.52	0.044 869
四川	2.13	2.36	2.47	2.78	3.01	3.31	3.40	3.33	3.54	3.32	3.29	0.044 436
贵州	1.78	1.96	2.01	2.24	2.17	2.41	2.67	2.77	2.73	2.69	2.86	0.048 563
云南	1.54	1.64	1.74	1.92	2.07	2.27	2.38	2.36	2.37	2.17	2.11	0.031 992
陕西	2.17	2.35	2.59	2.73	3.23	3.56	4.04	4.30	4.53	4.46	4.70	0.080 348
甘肃	1.54	1.72	1.78	1.80	1.98	2.30	2.35	2.43	2.42	2.39	2.31	0.041 380
青海	0.39	0.45	0.48	0.48	0.59	0.71	0.79	0.88	0.88	0.79	0.84	0.079 746
宁夏	0.86	0.98	1.02	1.11	1.31	1.71	1.89	2.01	2.08	2.13	2.15	0.095 958
新疆	1.71	1.86	2.04	2.36	2.68	3.18	3.74	4.38	4.95	5.24	5.58	0.125 547

从表 3-2 中可以看出，我国各省区市的碳排放量存在很大的差异，但整体上来看，2006～2016 年间，各省区市的碳排放量是在逐年增加的。海南省的平均增速最快，约为 14.23%，但是碳排放量的绝对值比较小，2006 年为 0.23 亿吨，2016 年为 0.87 亿吨。北京的平均增速最为缓慢，约为 0.3899%。2016 年，碳排放量最多的省份是山东省，达到了 14.45 亿吨。

由于各省区市的地域大小、人口总量、经济发展能力各不相同，为了便于进行区域间的比较，以碳排放强度（万元 GDP 的二氧化碳排放量）为例，进行分析研究，见表 3-3。可以看出，我国的碳排放强度呈现出西高东低、逐渐过渡的特点。2016 年碳排放强度最低的是北京，约为 0.65 吨/万元，而宁夏则达到了约 9.44 吨/万元，是北京的约 14.52 倍。东部地区的碳排放强度多为 0～3 吨/万元，中部地区的碳排放强度大多在 1～2 吨/万元，西部地区的碳排放强度多为 1～9 吨/万元不等。

表 3-3　2016 年中国各省区市碳排放强度

省区市	碳排放强度/（吨/万元）	省区市	碳排放强度/（吨/万元）	省区市	碳排放强度/（吨/万元）
北京	0.653 043	浙江	1.515 941	海南	2.859 173
天津	1.161 697	安徽	1.961 275	重庆	1.046 112
河北	2.432 097	福建	1.408 484	四川	1.186 196
山西	5.323 591	江西	1.505 959	贵州	3.561 004
内蒙古	4.165 259	山东	2.356 498	云南	1.728 299
辽宁	3.043 867	河南	1.678 21	陕西	2.965 77
吉林	1.735 272	湖北	1.483 954	甘肃	3.537 354
黑龙江	2.306 862	湖南	1.279 956	青海	4.051 848
上海	1.150 383	广东	1.252 926	宁夏	9.444 152
江苏	1.566 683	广西	1.708 748	新疆	6.650 979

在区域低碳经济发展的过程中，碳排放强度指标应结合未来的中长期发展目标作为约束条件加以重视。我国的五年规划目标中明确了碳排放量减排目标，"十二五"规划中的减排目标到 2015 年基本完成，它是以 2010 年的不变价度量 GDP 指标，以 2010 年作为基数，界定单位 GDP 能耗降低 16% 的发展目标，对于不同的省区市来说，"十二五"规划中的减排目标是不同的，广东、浙江、江苏、上海、天津节能减排目标是 18%，新疆、西藏、青海、海南节能减排目标是 10%，其他大部分省区市的减排目标都为 15%～18%。2009 年召开的哥本哈根世界气候大会上，中国承诺到 2020 年碳排放强度将比 2005 年下降 40%～45%，为了实现这一目标，"十二五"期间应该降低 25%～30%，"十三五"期间应该降低 15%～20%。为了完成这一承诺，应该充分了解各省区市的发展特点，分配相应的减排目标。

第三节　中国碳排放量、GDP 和能源消费量之间的关系

国内外众多学者在对低碳经济发展情况进行研究时，都离不开碳排放量、GDP 和能源消费量这三个变量，它们分别代表了碳排放、经济增长以及能源消费状况，因此，在对中国低碳经济发展的情况进行介绍时，有必要对我国历年来这三者间的关系进行分析和梳理。本节分别以中国历年的碳排放量、GDP、能源消费量作为碳排放、经济增长以及能源消费状况的测量指标。对于气候分析指标工具（climate analysis indicators tool，CAIT）数据库，本节也进行了充分的利用，

大量使用了其中的碳排放相关数据。而经济增长数据则取自国家统计局这些年以来的《中国统计年鉴》，为了让量化分析的过程中各个数据能够进行对比，将各年的名义 GDP 除以 GDP 指数折算成实际 GDP。能源消费量数据来源于国家统计局历年的《中国统计年鉴》。本节分析的时间跨度为 1965～2017 年。为了使数据标准化，本节将碳排放量、GDP 和能源消费量取对数，分别用 LNCO₂、LNGDP 和 LNEN 表示，这样能够有效地减少三种不同数据之间相互影响产生的结果的剧烈波动，自然也能够很明显地消除时间序列中存在的异方差现象。本节的所有计算过程借助 EViews 8.0 完成。

一、单位根检验

单位根检验是检验时序平稳性的一种正式的方法。对序列做单位根的平稳性检验是为了避免时间序列的"伪回归"，它是测度变量能否进行协整检验的前提条件。常用的单位根检验有迪基-富勒检验（Dickey-Fuller test），在 DF 检验中，经常因为序列存在高阶滞后相关而破坏了随机扰动项 ε_t 是白噪声的假设，而增广迪基-富勒检验（augmented Dickey-Fuller test）对此做出了改进。而针对 DF 检验中序列可能存在高阶相关的情况，菲利普斯（Phillips）和佩龙（Perron）在 1988 年提出了一种非参数方法，称为 PP 检验。本书运用 ADF 和 PP 两种检验方法进行单位根检验，结果如表 3-4 所示。

表 3-4 中国碳排放量、GDP、能源消费量的单位根检验结果

LNCO₂	值		一阶差分	
	ADF	PP	ADF	PP
(C, T)	−4.219 578*** (0.008 4)	−2.093 161（0.537 3）	−6.274 088*** (0.000)	−3.169 956（0.102）
结论	平稳		平稳	
LNGDP	值		一阶差分	
	ADF	PP	ADF	PP
(C, T)	−3.202 695*（0.095 4）	−2.709 246（0.237 4）	−3.258 308*（0.085）	−3.253 578*（0.085 8）
结论	平稳		平稳	
LNEN	值		一阶差分	
	ADF	PP	ADF	PP
(C, T)	−2.948 208（0.156 6）	−3.061 484（0.126 3）	−7.604 401***（0.000）	−13.220 47***（0.000）
结论	非平稳		平稳	

注：表中数值为 t 统计量，括号内为对应 p 值；*、***分别表示 0.05 和 0.001 的显著性水平，C 表示截距项，T 表示时间趋势项。

对中国 1965~2017 年碳排放量、经济增长（实际 GDP）和能源消费量三个变量进行单位根检验。表 3-4 显示：原序列 $LNCO_2$、LNGDP 是平稳序列，且它们的一阶差分序列也都通过了 ADF 检验和 PP 检验，而 LNEN 是非平稳序列，但它的一阶差分序列同时通过了 ADF 检验和 PP 检验，均在 0.01 的水平上显著。

二、协整分析

根据前面的内容可知，序列 $LNCO_2$、LNGDP 和 LNEN 都是一阶单整，满足进行协整检验的条件。本书选用 Johansen 协整检验方法。

首先需要确定最大滞后阶数，如表 3-5 所示，根据 0~4 阶的 VAR 模型的似然比（likelihood ratio，LR）检验、最终预测误差（final prediction error，FPE）、赤池信息量准则（Akaike information criterion，AIC）、施瓦茨信息准则（Schwarz information criterion，SC）和汉南-奎因（Hannan-Quinn，HQ）准则，在表中用"*"标记出依据相应准则选择出来的滞后阶数。从表 3-5 中发现，有超过一半的准则选出来的滞后阶数为 2 阶，因此可以将 VAR 模型的滞后阶数定义为 2 阶。

表 3-5 滞后阶数判断结果

滞后阶数 Lag	似然函数的对数	LR	FPE	AIC	SC	HQ
0	−19.764 4	NA	0.000 508	0.929 158	1.044 984	0.973 102
1	216.853 8	434.604 8	4.70×10^{-8}	−8.361 38	−7.898 08	−8.185 6
2	254.231 3	64.075 72*	1.48×10^{-8}	−9.519 64	−8.708 864*	−9.212 035*
3	264.291 7	16.014 51	1.44×10^{-8}*	−9.562 926*	−8.404 67	−9.123 49
4	269.288	7.3415 19	1.73×10^{-8}	−9.399 51	−7.893 78	−8.828 24

注：LR 为连续改进的 LR 检验统计量（每次都在 5%的水平检验）；NA 表示数据分析软件报告的缺失值，无统计学意义。

在此基础上，运用 Johansen 协整检验方法的结果如表 3-6 和表 3-7 所示，迹检验和最大特征值检验都表明在 0.05 显著性水平下有一个协整向量关系。所以，三者存在稳定的协整关系，短期内的任何波动都不能冲击这种关系，从而在统计上表现得很显著。

表 3-6 协整的特征根迹检验结果

最大协整方程个数	特征值	迹统计量	显著性水平 0.05 的临界值	伴随概率 p 值
0*	0.365 289	34.660 14	29.797 07	0.0127
1	0.201 482	11.476 29	15.494 71	0.1838
2	2.71×10^{-5}	0.001 381	3.841 466	0.9691

*代表在 0.05 的显著性水平上拒绝原假设。

表 3-7　最大特征值检验结果

最大协整方程个数	特征值	最大特征值统计量	显著性水平 0.05 的临界值	伴随概率 p 值
0*	0.365 289	23.183 85	21.131 62	0.025 4
1	0.201 482	11.474 91	14.264 6	0.132
2	$2.71×10^{-5}$	0.001 381	3.841 466	0.969 1

*代表在 0.05 的显著性水平上拒绝原假设。

然后建立向量误差修正模型（vector error correction model，VECM），本书使用序列有线性趋势且协整方差仅有截距的形式。将估计结果写成矩阵形式，得到

$$LT_t = \begin{pmatrix} 0.5343 & 0.065 & -0.187 \\ -0.042 & 0.200 & 0.081 \\ -0.051 & -0.023 & 0.727 \end{pmatrix} × LT_{t-1} + \begin{bmatrix} 0.071 \\ 0.986 \\ 0.103 \end{bmatrix} × vecm_t + \begin{bmatrix} 0.044 \\ 0.044 \\ 0.038 \end{bmatrix}$$

式中，$LT_t = [LNCO_2 \quad LNEN \quad LNGDP]$；$vcem_t = [1 \quad -0.9049 \quad 0.0005] × LT_t + 2.5703$。

对序列 vcem 做单位根检验，发现它是平稳序列，同时取值在 0 附近上下波动，因此验证了协整关系的正确性。变量 vcem 是向量误差修正模型中最核心的部分，能够反映三个时间序列之间的某种长期均衡关系。

三、格兰杰因果分析

根据格兰杰因果分析的定义，如果变量间有协整关系，则至少存在一个方向上的格兰杰原因。前面的 Johansen 协整检验结果表明在碳排放量、GDP 和能源消费总量之间是两两协整的，存在着长期均衡关系，而三组不同的变量之间一般来说，肯定至少有一个单向的因果关系依存在其中，格兰杰检验对变量滞后项的选择很敏感，因此我们更加需要检验不同的滞后数，来保证结论兼具稳健性与精确性。本节分别列出了各个变量滞后 5 期的检验结果，如表 3-8 所示。

表 3-8　$LNCO_2$、LNGDP 和 LNEN 的格兰杰因果检验结果

原假设	滞后 1 期	滞后 2 期	滞后 3 期	滞后 4 期	滞后 5 期
LNEN 不是 LNGDP 的格兰杰原因	8.065 16 (0.006 6)	1.071 06 (0.351)	2.483 12 (0.073 6)	1.508 76 (0.218)	2.079 8 (0.09)
LNGDP 不是 LNEN 的格兰杰原因	0.927 57 (0.340 2)	0.773 13 (0.467 5)	2.873 2 (0.047 2)	3.089 4 (0.026 2)	2.208 34 (0.074 1)
$LNCO_2$ 不是 LNGDP 的格兰杰原因	7.915 33 (0.007)	1.166 67 (0.320 4)	0.628 08 (0.600 8)	0.403 46 (0.805)	1.356 92 (0.262 7)
LNGDP 不是 $LNCO_2$ 的格兰杰原因	0.250 67 (0.618 8)	1.498 68 (0.234 1)	3.535 18 (0.022 4)	2.005 28 (0.112 2)	1.051 43 (0.402 6)
$LNCO_2$ 不是 LNEN 的格兰杰原因	19.489 3 (0.000 06)	9.234 28 (0.000 4)	10.404 4 (0.000 03)	6.976 68 (0.000 2)	7.150 29 (0.000 09)
LNEN 不是 $LNCO_2$ 的格兰杰原因	0.482 83 (0.490 4)	0.438 84 (0.647 5)	2.071 37 (0.118 1)	2.218 86 (0.084 2)	3.099 3 (0.019 5)

注：表中数值为 F 统计量，括号内为对应的 p 值。

在对原假设"LNEN 不是 LNGDP 的格兰杰原因"进行检验时，滞后 1、3、5 期的 F 统计量分别为 8.065 16、2.483 12、2.079 8，对应的概率 p 值分别为 0.0066、0.0736、0.09，均小于 0.1，当其滞后 2、4 期时，F 统计量为 1.071 06、1.508 76，概率分别为 0.351、0.218，大于 0.1，所以基本上可以判断拒绝原假设，结论为"LNEN 是 LNGDP 的格兰杰原因"；而对原假设"LNGDP 不是 LNEN 的格兰杰原因"，滞后 1、2 期时，F 统计量分别为 0.927 57、0.773 13，对应的概率分别为 0.3402、0.4675，大于 0.1，不能拒绝原假设，其滞后 3、4、5 期时，F 统计量分别为 2.8732、3.0894、2.208 34，对应的概率分别为 0.0472、0.0262、0.0741，均小于 0.1，所以基本上可以判断拒绝原假设，结论为"LNGDP 是 LNEN 的格兰杰原因"。检验结果表明"LNEN 和 LNGDP 互为格兰杰原因"。与中国的实际情况是吻合的，1965～2016 年间，正是中国经济高速发展的阶段，工业化、城市化的特征明显，能源消费量巨大。能源的消耗能促进经济的发展，而保持经济的发展速度又需要能源的支撑。

在对原假设"$LNCO_2$ 不是 LNGDP 的格兰杰原因"进行检验时，滞后 1 期的 F 统计量为 7.915 33，概率为 0.007，而滞后 2、3、4、5 期的 F 统计量分别为 1.166 67、0.628 08、0.403 46、1.356 92，对应的概率分别为 0.3204、0.6008、0.805、0.2627，均大于 0.1，所以，不能拒绝原假设，结论为"$LNCO_2$ 不是 LNGDP 的格兰杰原因"；而对原假设"LNGDP 不是 $LNCO_2$ 的格兰杰原因"，滞后 3 期的 F 统计量为 3.535 18，概率为 0.0224，而滞后 1、2、4、5 期的 F 统计量分别为 0.250 67、1.498 68、2.005 28、1.051 43，对应的概率分别为 0.6188、0.2341、0.1122、0.4026，均大于 0.1，所以，不能拒绝原假设，结论为"LNGDP 不是 $LNCO_2$ 的格兰杰原因"。检验结果表明"LNGDP 和 $LNCO_2$ 互不为格兰杰原因"。这是由于在长期的发展过程中，我国的能源结构是以煤炭消费为主的，这个基本格局在未来很长一段时间内是无法改变的，这导致了中国短期内在绝对量上降低碳排放是非常困难的，"LNGDP 和 $LNCO_2$ 互不为格兰杰原因"在一定程度上也验证了，我国政府所提出的相对性地降低碳排放的政策目标是合理的。

在对原假设"$LNCO_2$ 不是 LNEN 的格兰杰原因"进行检验时，滞后 1、2、3、4、5 期的 F 统计量分别为 19.4893、9.234 28、10.4044、6.976 68、7.150 29，对应的概率分别为 0.000 06、0.0004、0.000 03、0.0002、0.000 09，均小于 0.1，所以，可以基本上拒绝原假设，结论为"$LNCO_2$ 是 LNEN 的格兰杰原因"；而对原假设"LNEN 不是 $LNCO_2$ 的格兰杰原因"，滞后 1、2、3 期的 F 统计量为 0.482 83、0.438 84、2.071 37，概率为 0.4904、0.6475、0.1181，大于 0.1，所以不能拒绝原假设，当其滞后 4、5 期时，F 统计量分别为 2.218 86、3.0993，对应的概率分别为 0.0842、0.0195，小于 0.1，所以，从长期来看，拒绝原假设，结论为"长期来看 LNEN 是 $LNCO_2$ 的格兰杰原因"。检验结果表明"长期上 $LNCO_2$ 和 LNEN 互为格兰

杰原因"。这表明长期上能源消耗量的增加必然会导致碳排放量的增加,所以转变能源消费结构是降低碳排放量的有效手段之一。

四、VAR 模型平稳性检验和脉冲响应分析

从图 3-4 中可以看出,VAR 模型有特征根在单位圆外,表明序列是平稳的,可以建立 VAR 模型。

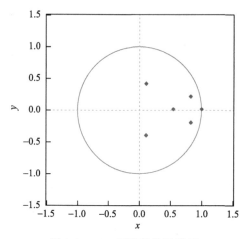

图 3-4　VAR 平稳性检验结果

本节选择构建非约束向量自回归(unrestricted VAR)模型,将常数项作为外生变量,由于滞后期为 2,我们建立了 VAR(2)模型,结果如表 3-9 所示。

表 3-9　$LNCO_2$、LNEN、LNGDP 的 VAR(2)模型

项目	$LNCO_2$	LNEN	LNGDP
$LNCO_2$(−1)	1.547 559	0.883 091	0.136 51
	−0.170 21	−0.336 17	−0.182 32
	[9.091 80]	[2.626 93]	[0.748 75]
$LNCO_2$(−2)	−0.502 44	0.075 828	0.003 298
	−0.178 33	−0.352 2	−0.191 01
	[−2.817 44]	[0.215 30]	[0.017 27]
LNEN(−1)	−0.003 35	0.303 405	−0.111 16
	−0.102 27	−0.201 99	−0.109 55
	[−0.032 71]	[1.502 10]	[−1.014 74]
LNEN(−2)	−0.077 73	−0.214 03	0.041 199
	−0.094 81	−0.187 25	−0.101 55
	[−0.819 83]	[−1.143 02]	[0.405 69]

续表

项目	LNCO₂	LNEN	LNGDP
LNGDP（−1）	−0.109 84	0.163 307	1.605 355
	−0.135 24	−0.267 1	−0.144 86
	[−0.812 20]	[0.611 41]	[11.082 4]
LNGDP（−2）	0.127 115	−0.144 43	−0.629 22
	−0.129 62	−0.256	−0.138 84
	[0.980 64]	[−0.564 18]	[−4.531 96]
C	0.440 426	2.808 036	0.000 352
	−0.378 37	−0.747 27	−0.405 27
	[1.164 00]	[3.757 73]	[0.000 87]
拟合优度	0.996 944	0.990 617	0.999 388
调整后的拟合优度	0.996 527	0.989 338	0.999 304
残差平方和	0.111 22	0.433 811	0.127 597
标准误差	0.050 277	0.099 294	0.053 851
F 值	2 391.978	774.231 8	11 967.43
对数似然值	83.899 94	49.191 91	80.397 1
AIC 值	−3.015 68	−1.654 59	−2.878 32
SC 值	−2.750 53	−1.389 43	−2.613 17
因变量均值	7.898 611	11.576 47	10.346 77
因变量标准差	0.853 098	0.961 606	2.041 352
可决性残差调节值	1.83×10^{-8}		
可决性残差	1.17×10^{-8}		
对数似然值	248.520 4		
AIC 值	−8.922 367		
SC 值	−8.126 91		

注：表中各变量的参数估计结果下方的方括号内是 t 检验统计量值。

由于参数是否显著不为零不是 VAR 模型最为关注的，所以在建立 VAR 模型时可以保留各滞后变量，写出该 VAR（2）模型为

$$LT_t = \begin{pmatrix} 1.548 & -0.003 & -0.110 \\ 0.883 & 0.303 & 0.163 \\ 0.137 & -0.111 & 1.605 \end{pmatrix} \times LT_{t-1} + \begin{bmatrix} -0.502 & -0.078 & 0.127 \\ 0.076 & -0.214 & -0.144 \\ 0.003 & 0.041 & -0.629 \end{bmatrix} \times LT_{t-2} + \begin{bmatrix} 0.4404 \\ 2.8080 \\ 0.0003 \end{bmatrix}$$

式中

$$LT = [LNCO_2 \quad LNEN \quad LNGDP]$$

在 VAR 模型中，值得研究的是模型系统的动态特征，也就是说在模型内，每个内生变量的变动或者冲击会对自己以及其他的内生变量产生一定的影响，如何反映这个影响的大小及程度，脉冲响应函数（impulse response function，IRF）是一个很好的方法。其基本原理是，第 i 个内生变量的一个冲击不仅直接影响到第 i 个变量，而且通过 VAR 模型的动态结构传递给其他的内生变量，脉冲响应函数能够将这些影响的轨迹画出来，直观地显示任意一个变量的扰动是如何通过模型影响所有其他变量并对自身形成反馈的。

图 3-5 的第一列是 LNGDP 对一个标准差信息的响应。从图中可以看出，LNGDP 对 LNCO$_2$ 的一个标准差冲击后，LNCO$_2$ 的当期开始缓慢下降，略有上升，这也说明了从长期来看，经济的增长和碳排放量的关系是比较复杂的。LNGDP 对 LNEN 的一个标准差冲击后，LNEN 的当期有正的反应，从第 3 期开始 LNEN 又略有下降，第 5、6 期为最低值–0.013，从第 6 期之后又开始上升，这说明我国的能源消费长期趋势是上涨的；LNGDP 在受到单位冲击后，在第 4、5 期达到最大，为 0.078，然后开始下降，下降的速度非常缓慢。

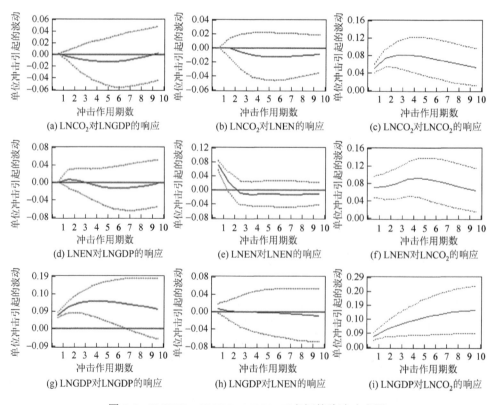

图 3-5　LNGDP、LNEN、LNCO$_2$ 三者间的脉冲响应图

图中的实线代表脉冲响应函数，两条虚线代表正负两倍标准差偏离带

图 3-5 的第二列是 LNEN 对一个标准差信息的响应。从图中可以看出 LNEN 的一个标准差冲击会对 $LNCO_2$ 产生影响，从脉冲反应图可以看出，在前 7 期，能源消费量的冲击对碳排放量是负向的影响，但是影响程度不大；LNEN 对自身的标准差信息过程在刚开始也是比较敏感的，对自身的一个标准差冲击迅速做出反应，在第三期达到最小，为 −0.014，之后呈现比较平稳的趋势，接近于 0；LNEN 对 LNGDP 的一个标准差冲击后，LNGDP 做出反应，一直呈现下降趋势。

图 3-5 的第三列是 $LNCO_2$ 对一个标准差信息的响应。从图中可以看出 $LNCO_2$ 对自身的标准差信息过程也是有所反应的，刚开始上升，到第 4 期达到最大，为 0.082，然后开始下降；$LNCO_2$ 对 LNEN 的一个标准差冲击后，能源消费量反应迅速，立即增加，并且缓慢下降；$LNCO_2$ 对 LNGDP 的一个标准差冲击后，迅速反应，大幅度增加，表现出长期增长趋势。

第四节　中国经济社会发展和低碳发展的协调分析

由于低碳经济强调的是通过降低碳排放量，应对气候变化给经济社会和人类生存带来的影响，使经济社会和资源环境协调共同发展，那么在对低碳经济的发展进行研究时，就有必要对经济社会发展水平和低碳发展水平的协调性进行分析。

根据"脱钩"理论，在工业发展过程中，物质消耗总量在工业化之初随着经济总量的增长而一同增长，但是这种情况将在以后的某个特定阶段出现反向变化，从而实现经济增长的同时物质消耗下降。减少物质消耗、降低碳排放量是发展低碳经济的核心要求。对于处于不同发展阶段的国家来说，降低碳排放量应当有不同的路径与选择。已完成工业化发展、实现高人文发展目标的发达国家，应实现碳排放量的绝对降低；对于尚处于工业化进程中的发展中国家而言，因为其人口增长较快、基本人文发展目标尚未实现，所以未来的碳排放量必然会继续增长，这些国家在保持社会发展和经济总量增速不变的同时，相对地降低碳排放量应被视为发展低碳经济。我国 GDP 从 1996 年的 71 176.6 亿元增长到 2018 年的 900 309 亿元的同时，二氧化碳排放量也从 1996 年的 33.93 亿吨增长到 2018 年的 100 亿吨。因此，在保持社会发展和经济总量增速不变的同时，相对地降低碳排放量应被视为发展低碳经济，着力点应该在于努力加强我国经济社会发展和低碳发展的协调能力。

一、指标体系的构建及变量描述

经济社会发展和低碳发展都是受到多方面的因素影响的，可以看成两个复杂系统。基于此，本节分别构建了经济社会发展系统和低碳发展系统，并对两者之间的协调程度进行了分析。经济社会发展系统包含能反映该国经济程度、社会发展程度和低碳科技投入程度的指标。低碳发展系统反映该国目前低碳经济转型的成果，该系统内应包含能反映该国能源结构、碳排放量和碳汇建设程度的指标。

指标体系的构建如表 3-10 所示。所选指标数据来自国家统计局网站、国际能源署网站、世界银行网站、《中国统计年鉴 2018》、国际可再生能源经济论坛。

表 3-10　经济社会发展和低碳发展指标体系

目标层	指标层	指标方向
经济社会发展系统	对外贸易额 A_1/百亿元	正向
	第三产业占 GDP 的比重 A_2/%	正向
	人均 GDP A_3/百元	正向
	工业固体废物综合利用率 A_4/%	正向
	生活垃圾无害化处理 A_5/%	正向
	环境污染治理投资总额占 GDP 的比重 A_6/‰	正向
	研究与试验发展经费支出占 GDP 的比重 A_7/‰	正向
	城镇居民家庭恩格尔系数 A_8/%	负向
	人口自然增长率 A_9/‰	负向
低碳发展系统	单位 GDP 能耗 B_1/（吨标准煤/十万元）	负向
	再生资源物流总额 B_2/百亿元	正向
	煤炭占能源消费总量的比重 B_3/%	负向
	能源消费总量 B_4/万吨标准煤	负向
	CO_2 排放总量 B_5/十亿吨	负向
	CO_2 排放强度 B_6/（吨/万元）	负向
	人均 CO_2 排放量 B_7/吨	负向
	森林覆盖率 B_8/%	正向
	自然保护区面积 B_9/千万公顷	正向
	人均公园绿地面积 B_{10}/米 ^{2}	正向

样本区间内各指标的描述性统计如图 3-6 所示。

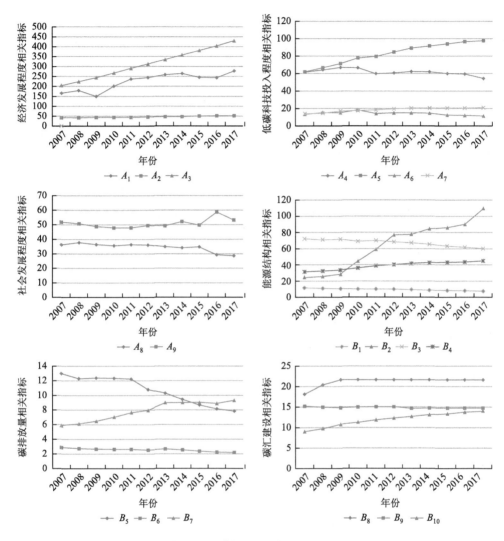

图 3-6　两系统所选指标的运动轨迹

由图 3-6 可以明显看出，所选正向指标的趋势是波动且上升的，负向指标整体呈现下降趋势。正向指标中对外贸易额（A_1）、人均 GDP（A_3）和生活垃圾无害化处理（A_5）上升幅度较大；其他正向指标均呈现逐渐上升态势。

由图 3-6 中低碳发展系统所选指标的运动轨迹可以看出，所选正向指标中再生资源物流总额（B_2）和人均公园绿地面积（B_{10}）在 2009 年后均呈现大幅上升趋势，负向指标单位 GDP 能耗（B_1）呈现下降趋势；能源消费总量（B_4）呈现上升趋势但是幅度较小；自然保护区面积（B_9）基本上保持稳定；其他正向指标都保持稳中有升的态势。负向指标中煤炭占能源消费总量的比重（B_3）和 CO_2 排放强度（B_6）在样本区间内呈现下降趋势；CO_2 排放总量（B_5）总体上呈现下降趋势，且在 2011 年之后下降幅度较大；人均 CO_2 排放量（B_7）在 2013 年之前上升幅度较大，2013 年之后虽然也呈现上升态势但是幅度相对较小。

二、两系统综合发展指数的计算

在研究经济社会中的实际问题时，经常会遇到多个变量的问题，而且这些变量之间经常会存在一定的相关性，前面所构建的经济社会发展系统和低碳发展系统中所包含的指标也存在这样的问题。主成分分析法旨在将多个变量综合为少数几个具有代表性的变量，使之能够代表原有变量所要表示的信息，且互相之间不具有相关性，从而可以进行进一步的统计分析。

主成分的概念最早由卡尔·帕森（Karl Parson）在 1901 年对非随机变量进行研究时提出，后来霍特林（Hotelling）在 1933 年对其进行改进，推广到随机变量的研究领域。主成分分析法是用于系统评估的一个很好的研究方法，系统评估最早是指对系统性的营运状态做出评估，其对象往往是：某一类企业的经济效益、某个地区的经济发展水平和某地区居民的生活质量等。对这些对象进行评估时往往涉及很多变量，难以直接进行比较，所以解决评估问题的焦点是希望客观、科学地将一个多变量问题综合成一个单变量形式，换句话说，只有在一维空间中才能使排序评估成为可能，这就是主成分分析法的基本思想。

数学上的处理方法就是将原始变量进行线性组合，将所选取的第一个线性组合作为第一个综合变量 F_1（第一主成分），它的方差 $\text{Var}(F_1)$ 越大，则 F_1 所包含的信息量越大；如果 F_1 不能够代表所有原始变量的信息，则再选择第二个线性组合 F_2（第二主成分），此时要注意 F_1 中已经包含的信息就不再包含在 F_2 中，即 $\text{Cov}(F_1, F_2) = 0$。

对于一个研究对象，假设有 p 个原始变量 $x_1, x_2, \cdots, x_p$，n 个样本，可以表示为

$$X = \begin{pmatrix} x_{11} & x_{12} & \cdots & x_{1p} \\ x_{21} & x_{22} & \cdots & x_{2p} \\ \vdots & \vdots & & \vdots \\ x_{n1} & x_{n2} & \cdots & x_{np} \end{pmatrix} = (x_1, x_2, \cdots, x_p)$$

式中，$x_j = \begin{pmatrix} x_{1j} \\ x_{2j} \\ \vdots \\ x_{nj} \end{pmatrix}$，$j = 1, 2, \cdots, p$。

主成分分析法就是将 p 个原始变量变成 p 个可以用线性方程表达的新的变量：

$$\begin{cases} F_1 = a_{11}x_1 + a_{12}x_2 + \cdots + a_{1p}x_p \\ F_2 = a_{21}x_1 + a_{22}x_2 + \cdots + a_{2p}x_p \\ \qquad\qquad\qquad \vdots \\ F_p = a_{p1}x_1 + a_{p2}x_2 + \cdots + a_{pp}x_p \end{cases}$$

同时满足条件：

$$\begin{cases} \text{Cov}(F_1, F_2) = 0 \\ a_{k1}^2 + a_{k2}^2 + \cdots + a_{kp}^2 = 1, \quad k = 1, 2, \cdots, p \end{cases}$$

因此，F_1 被称为第一主成分，F_2 被称为第二主成分，一共有 p 个主成分，其中 F_1 的方差最大，a_{ij} 为主成分系数。

为了从几何意义上对主成分分析法进行解释，假设某个研究对象的每个样本包含两个原始变量 $(x_1、x_2)$，它们大致分布在一个椭圆内，如图 3-7 所示。

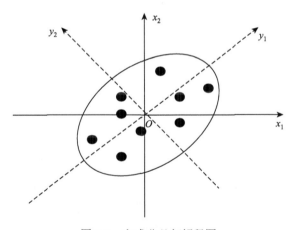

图 3-7 主成分几何解释图

如果将坐标系 x_1Ox_2 进行正交旋转某个角度，变成一个新的坐标系 y_1Oy_2，使椭圆形的长轴为 y_1，短轴为 y_2，旋转公式为

$$\begin{cases} y_1 = x_1\cos\theta + x_2\sin\theta \\ y_2 = -x_1\sin\theta + x_2\cos\theta \end{cases}$$

可以看出，在新的坐标系 y_1Oy_2 中，所有样本所代表的点的坐标 y_1 和 y_2 几乎没有相关性，所有样本所代表的点的方差大部分在 y_1 轴上达到最大。因此，y_1 和 y_2 可以称为原始变量的综合变量，所以，y_1 轴被称为第一主成分，y_2 轴被称为第

二主成分。可以发现椭圆的形状越扁平，长轴越长，第一主成分所代表的信息越多。对于原始变量数大于两个的情况，可以以此类推。

本书采用主成分分析法对经济社会发展系统和低碳发展系统进行评价的过程可以分为以下几步。

（1）评价指标评分原则。

①正向指标评分。正向指标即数值越大表明低碳经济发展状况越好的指标。设 x_{ki} 为第 i 年第 k 个指标规范化处理后的分值；v_{ki} 为第 i 年第 k 个指标的值；n 为被评价的年份数。则正向指标的评分公式为

$$x_{ki} = \frac{v_{ki} - \min_{1 \leqslant i \leqslant n}(v_{ki})}{\max_{1 \leqslant i \leqslant n}(v_{ki}) - \min_{1 \leqslant i \leqslant n}(v_{ki})}$$

②负向指标评分。负向指标即数值越小表明低碳经济发展状况越好的指标。设 x_{ki} 为第 i 年第 k 个指标规范化处理后的分值；v_{ki} 为第 i 年第 k 个指标的值；n 为被评价的年份数。则负向指标的评分公式为

$$x_{ki} = \frac{\max_{1 \leqslant i \leqslant n}(v_{ki}) - v_{ki}}{\max_{1 \leqslant i \leqslant n}(v_{ki}) - \min_{1 \leqslant i \leqslant n}(v_{ki})}$$

（2）对数据进行标准化处理。标准化处理的公式如下：

$$x_{ij}^* = \frac{x_{ij} - \overline{x}_j}{\sqrt{\mathrm{D}x_j}}, \quad i = 1, 2, \cdots n; \, j = 1, 2, \cdots, p$$

式中

$$\overline{x}_j = \frac{1}{n}\sum_{i=1}^{n} x_{ij}, \quad \mathrm{D}x_j = \frac{1}{n-1}\sum_{i=1}^{n}(x_{ij} - \overline{x}_j)^2$$

（3）计算相关系数矩阵。假设经过标准化处理后的数据仍然用 x 来表示，则 x_i 和 x_j 之间的相关系数为

$$r_{ij} = \frac{\mathrm{Cov}(x_i, x_j)}{\sqrt{\mathrm{D}x_i \cdot \mathrm{D}x_j}}$$

可以得到相关系数矩阵：

$$R = \begin{pmatrix} r_{11} & r_{12} & \cdots & r_{1p} \\ r_{21} & r_{22} & \cdots & r_{2p} \\ \vdots & \vdots & & \vdots \\ r_{p1} & r_{p2} & \cdots & r_{pp} \end{pmatrix}$$

（4）计算相关系数矩阵的特征向量。建立特征方程 $|R - \lambda_i I| = 0$，I 为单位矩阵，可以得到 p 个特征值 $(\lambda_1, \lambda_2, \cdots, \lambda_p)$，则对应于特征值 λ_i 的特征向量为

$$B_i = (B_{1i}, B_{2i}, \cdots, B_{pi})^{\mathrm{T}}$$

可以看出 $B_i^{\mathrm{T}} B_i = 1$，得到特征向量矩阵：

$$B = \begin{pmatrix} B_{11} & B_{12} & \cdots & B_{1p} \\ B_{21} & B_{22} & \cdots & B_{2p} \\ \vdots & \vdots & & \vdots \\ B_{p1} & B_{p2} & \cdots & B_{pp} \end{pmatrix}$$

（5）计算主成分。由于 B 为正交矩阵，所以有

$$\frac{1}{n-1} X^{\mathrm{T}} X = B \begin{pmatrix} \lambda_1 & & & \\ & \lambda_2 & & \\ & & \ddots & \\ & & & \lambda_p \end{pmatrix}$$

可得

$$B^{\mathrm{T}} X^{\mathrm{T}} B X = (n-1) \begin{pmatrix} \lambda_1 & & & \\ & \lambda_2 & & \\ & & \ddots & \\ & & & \lambda_p \end{pmatrix}$$

令 $F = BX$，则有

$$F^{\mathrm{T}} F = (n-1) \begin{pmatrix} \lambda_1 & & & \\ & \lambda_2 & & \\ & & \ddots & \\ & & & \lambda_p \end{pmatrix}$$

可以得到 p 个主成分为 $(F_1 = XB_1, F_2 = XB_2, \cdots, F_p = XB_p)$。

由于各个主成分的方差是递减的，包含的信息量也是递减的，所以在实际分析时，就可以达到降维的效果，可以根据从大到小的顺序，取累计贡献率达到90%以上的 m 个主成分，贡献率可以根据特征值占全部特征值合计的比重来计算：

$$贡献率 = \frac{\lambda_i}{\sum_{i=1}^{p} \lambda_i}$$

了解了主成分分析法的基本原理，可以借用 SPSS 20.0 for Windows（社会科学用统计软件包）来进行实证分析。对标准化处理后的数据进行 KMO（Kaiser-Meyer-Olkin）检验和 Bartlett 球形检验（表3-11），从结果可知，经济社会发展系统和低碳发展系统的 KMO 检验值分别为 0.624、0.656，均大于 0.5，满足进行分析的条件，Bartlett 球形检验的显著性水平值均小于 0.01，因此，否定相关矩阵为单位阵的零假设，可以认为变量间存在显著的相关性。

表 3-11　KMO 检验和 Bartlett 球形检验

类别		经济社会发展系统各指标	低碳发展系统各指标
KMO 检验		0.624	0.656
Bartlett 球形检验	近似卡方	148.736	250.294
	df	36	45
	显著性	0.000	0.000

在进行主成分分析时，通过方差分解主成分提取分析表（表 3-12）发现经济社会发展系统所提取的主成分个数是 2，低碳发展系统所提取的主成分个数是 1。主成分个数提取原则为主成分对应的特征值大于 1 的前 m 个主成分。特征值在某种程度上可以看成表示主成分影响力大小的指标，当一个成分的初始特征值小于 1 的时候，说明它的影响力小于原变量的平均影响力。通过观察发现经济社会发展系统前两个成分的特征值都大于 1，两个成分累计反映全部指标 88.342%的信息；低碳发展系统只有第一个成分的特征值大于 1，单独反映全部指标 85.533%的信息。

表 3-12　方差分解主成分提取分析表

经济社会发展系统				低碳发展系统			
成分	初始特征值			成分	初始特征值		
	合计	方差贡献率/%	累计贡献率/%		合计	方差贡献率/%	累计贡献率/%
1	6.635	73.724	73.724	1	8.553	85.533	85.533
2	1.316	14.618	88.342	2	0.769	7.688	93.221
3	0.617	6.856	95.198	3	0.349	3.486	96.707
4	0.245	2.726	97.924	4	0.295	2.954	99.660
5	0.139	1.541	99.465	5	0.016	0.160	99.820
6	0.035	0.387	99.852	6	0.011	0.108	99.928
7	0.012	0.129	99.981	7	0.006	0.064	99.992
8	0.001	0.016	99.996	8	0.001	0.007	99.999
9	0.000	0.004	100.000	9	0.000	0.001	100.000
				10	4.229×10^{-6}	4.229×10^{-5}	100.000

用主成分载荷矩阵中的数据除以主成分相对应的特征值开方根就可以得到两个主成分中每个指标对应的系数。经济社会发展系统的初始因子载荷矩阵如表 3-13 所示。

表 3-13　经济社会发展系统初始因子载荷矩阵

指标	第一主成分载荷	第二主成分载荷
对外贸易额 A_1/百亿元	0.853	0.405
第三产业占 GDP 的比重 A_2/%	0.966	−0.020
人均 GDP A_3/百元	0.980	0.170
工业固体废物综合利用率 A_4/%	−0.824	0.204
生活垃圾无害化处理 A_5/%	0.936	0.327
环境污染治理投资总额占 GDP 比重 A_6/‰	−0.710	0.562
研究与试验发展经费支出占 GDP 的比重 A_7/‰	0.877	0.441
城镇居民家庭恩格尔系数 A_8/%	−0.895	0.255
人口自然增长率 A_9/‰	0.620	−0.631

经济社会发展系统中的两个主成分的表达式如下:

$$F_1 = 0.33A_1 + 0.38A_2 + 0.38A_3 - 0.32A_4 + 0.36A_5 - 0.28A_6 + 0.34A_7 - 0.35A_8 + 0.24A_9$$

$$F_2 = 0.35A_1 + 0.02A_2 + 0.15A_3 + 0.18A_4 + 0.29A_5 - 0.49A_6 + 0.38A_7 - 0.22A_8 + 0.55A_9$$

以每个主成分所对应的特征值占所提取主成分的特征值之和的比例为权重计算主成分综合模型:

$$F = 0.33ZA_1 + 0.31ZA_2 + 0.34ZA_3 - 0.24ZA_4 + 0.35ZA_5 - 0.15ZA_6 - 0.35ZA_7$$
$$- 0.25ZA_8 + 0.11ZA_9$$

式中, ZA_i 为标准化后的原始变量。

同理,低碳发展系统的初始因子载荷矩阵如表 3-14 所示。

表 3-14　低碳发展系统初始因子载荷矩阵

指标	第一主成分载荷
单位 GDP 能耗 B_1/（吨标准煤/十万元）	−0.996
再生资源物流总额 B_2/百亿元	0.964
煤炭占能源消费总量的比重 B_3/%	0.955
能源消费总量 B_4/万吨标准煤	−0.977
CO_2 排放总量 B_5/十亿吨	0.956
CO_2 排放强度 B_6/（吨/万元）	0.915
人均 CO_2 排放量 B_7/吨	−0.964
森林覆盖率 B_8/%	0.706
自然保护区面积 B_9/千万公顷	−0.778
人均公园绿地面积 B_{10}/米^2	0.991

低碳发展系统中的主成分综合模型如下：

$$F = 0.34ZB_1 + 0.33ZB_2 + 0.33ZB_3 - 0.33ZB_4 + 0.33ZB_5 + 0.31ZB_6 - 0.33ZB_7$$
$$+ 0.24ZB_8 - 0.27ZB_9 + 0.34ZB_{10}$$

将标准化后的数据代入主成分综合模型，可得到样本区间内各年经济社会发展系统和低碳发展系统的综合发展指数，在样本区间内两系统的综合发展指数总体上都呈现波动上升趋势。

三、协调度的计算及结果分析

度量系统与系统间是否有协调关系以及协调质量高低的一个重要指标就是协调度。协调度是指系统之间或系统要素之间在发展过程中彼此和谐一致的程度，体现系统由无序走向有序的趋势。协调度的理论基础来自协同论。协同论认为系统是否发生相变是由系统中的控制参量决定的，系统相变过程是通过系统内部各个组织来实现的，系统以何种结构构成取决于系统在临界区域时内部变量的协同作用，协调度用来度量这种协同作用，协调度模型就是对系统的协调程度进行测算的一种数量模型。

协调度的区间为（0，1]，在该区间取值范围内，本节借鉴国际上通行的协调发展状态等级标准，将区间内的协调状态分为 7 个等级，具体见表 3-15。

表 3-15　协调度等级划分标准

协调程度	协调度区间	协调程度	协调度区间
极度失调	[0，0.4)	弱度协调	[0.7，0.8)
严重失调	[0.4，0.5)	比较协调	[0.8，0.9)
中度失调	[0.5，0.6)	优质协调	[0.9，1)
轻度失调	[0.6，0.7)		

资料来源：IEA/OECD. The Environmental Implications of Renewable. Paris：Publishing House of DIDOT，1998：75.

本书分别采用静态协调度和动态协调度模型进行对比分析，静态协调度的计算公式为

$$c_s(i, j) = \frac{\min\{u(i/j), u(j/i)\}}{\max\{u(i/j), u(j/i)\}}, \quad 0 < c_s(i, j) \leqslant 1$$

式中，i 代表经济社会发展指数；j 代表低碳发展指数；$c_s(i, j)$ 为经济、低碳协调发展状况每一时期的静态协调度；$u(i/j)$ 为经济社会发展系统对低碳发展系统协调

发展的适应度；$u(j/i)$ 为低碳发展系统对经济社会发展系统协调发展的适应度，其计算公式为

$$u(i/j) = \exp\left[-\frac{(x-x')^2}{s^2}\right]$$

式中，x 为经济社会发展指数；x' 为 x 的回归值；s^2 为经济社会发展指数的均方差。

同样有

$$u(j/i) = \exp\left[-\frac{(y-y')^2}{s^2}\right]$$

式中，y 为低碳发展指数；s^2 为低碳发展指数的均方差。

动态协调度的计算公式为

$$c_d(t) = \frac{1}{t}\sum_{i=0}^{t-1} c_s(t-i), \quad 0 < c_d(t) \leqslant 1$$

式中，$c_d(t)$ 为经济、低碳协调发展状况中每一时期的动态协调度；$c_s(t-T+1)$，$c_s(t-T+2), \cdots, c_s(t-1), c_s(t)$ 为系统在各个年份的静态协调度，其中 T 代表进行求值的年份与初始年份的间隔年数。假设 $t_2 > t_1$（任意两个不同时期），若 $c_d(t_2) \geqslant c_d(t_1)$，则表明 t_2 时期系统协调度是要比 t_1 时期高的；若 t_1 时期系统已经进入了协调状态，则表明 t_2 时期系统也一直处在协调发展中，且未来可能进入更好的协调状态；若 t_1 时期系统依然未进入协调状态，则表明 t_2 时期系统会自发地协调状态收敛。

分别利用静态协调度公式和动态协调度公式计算出 2007～2017 年经济社会发展与低碳发展两个子系统整体间的静态协调度和动态协调度，具体结果见表 3-16。

表 3-16 2007～2017 年经济社会发展与低碳发展指数和两系统整体间的协调度

年份	经济社会发展指数	低碳发展指数	静态协调度	静态协调状态判断	动态协调度	动态协调状态判断
2007	−2.585 472 544	−5.142 974 788	0.592 770 872	中度失调	0.592 770 872	中度失调
2008	−2.639 558 868	−3.314 687 431	0.972 430 161	优质协调	0.782 600 517	弱度协调
2009	−2.306 666 227	−2.216 991 23	0.981 293 518	优质协调	0.848 831 517	比较协调
2010	−1.750 003 653	−1.558 494 867	0.998 201 021	优质协调	0.886 173 893	比较协调
2011	−0.472 907 893	−0.974 829 034	0.979 469 922	优质协调	0.904 833 099	优质协调
2012	0.057 521 863	0.078 122 461	0.999 998 937	优质协调	0.920 694 072	优质协调

续表

年份	经济社会 发展指数	低碳发展指数	静态协调度	静态协调 状态判断	动态协调度	动态协调 状态判断
2013	0.673 784 676	1.147 133 617	0.985 613 164	优质协调	0.929 968 228	优质协调
2014	1.169 101 211	1.925 828 837	0.966 296 413	优质协调	0.934 509 251	优质协调
2015	1.567 474 478	2.654 880 519	0.927 146 616	优质协调	0.933 691 181	优质协调
2016	2.783 413 901	3.294 680 914	0.956 994 611	优质协调	0.936 021 524	优质协调
2017	3.503 313 057	4.107 331 002	0.930 951 279	优质协调	0.935 560 592	优质协调

　　由表 3-16 中样本区间内经济社会发展系统与低碳发展系统静态协调度与动态协调度的变动轨迹来看,在静态协调度的判断上:以协调度 0.5 上下作为协调和失调的临界点,对照表 3-15 划分的协调度等级区间,结果显示,2007~2017 年间的多数年份我国经济社会发展系统与低碳发展系统间处于协调状态,静态协调度的平均值达到了 0.935 560 592,处于优质协调状态。除 2007 年经济社会发展系统与低碳发展系统间呈现中度失调状态以外,2008~2017 年均呈现优质协调状态。结合图 3-8 的静态协调度轨迹来看,我国经济社会发展系统与低碳发展系统间呈现波动状态。

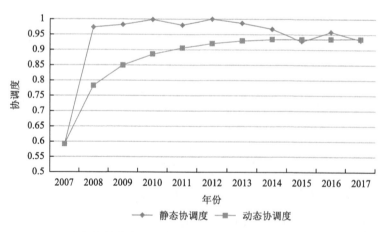

图 3-8　2007~2017 年经济社会发展系统与低碳发展系统整体间的静态与动态协调度轨迹

　　在动态协调度判断上:这一指标能够显示整个系统运行一段时间内的整体协调状态,从表 3-16 可以看出,样本区间内我国经济社会发展系统和低碳发展系统的协调度由中度失调逐渐过渡到优质协调状态。从图 3-8 可看出,对比静态协调度轨迹,动态协调度明显具有平滑的特征,且具有滞后性。

我国经济社会发展系统与低碳发展系统二者会出现如表3-16和图3-8所示协调状况的原因如下。

（1）2007年两系统间呈现中等程度的不协调状态。这是由于我国处于工业化进程中，为了满足和支持经济与社会发展的能源需求，从20世纪80年代以来，我国一次能源的生产能力大幅上升，从1999年到2007年，中国能源的消费从122 000万吨标准煤增加到了311 442万吨标准煤，增长率达到了155%。2002年之后，全球经济形势经历了金融危机之后的回暖，虽然我国经济还在持续增长，但是增长幅度明显放缓，为了刺激经济的发展，国家采取了扩大内需和刺激投资的方式，建设大批基础设施，建设"铁、公、机"等基础交通设施，这些措施在当时发挥了一定的作用，但就能源消耗、二氧化碳排放来说，和经济增长速度并不匹配，严重超过了经济增长速度。而且由于产业结构不合理、技术落后、研究资金缺乏等因素的限制，能源利用效率只有发达国家的50%左右，所以会出现中等程度的不协调状态，而且从动态协调度轨迹上来看，这种失调状态有延续的趋势。

（2）从2008年开始，两系统间逐渐呈现出优质协调状态。通过观察发现，这主要是由于低碳发展系统综合发展指数下降。在我国经济的增长逐渐趋于平稳后，碳排放强度开始回落。在样本区间内 CO_2 排放量指标呈现出明显的下降趋势，2007~2008年，CO_2 排放量开始下降，仅一年就下降了5.23%；2008~2011年，CO_2 排放量基本上保持稳定；2011~2017年 CO_2 排放量继续下降，从2011年的122亿吨标准煤，减少到2017的78亿吨标准煤，且每年以较大幅度下降。

第五节 本 章 小 结

本章首先对国外发展低碳经济的现状进行了分析，可以看出，积极地应对气候变化问题在全球范围内形成共识，从国外发展低碳经济的经验来看，主要从产业、技术、能源结构等方面进行改革。在此格局下，大力发展低碳经济是我国的战略趋势。本章分别从我国的能源结构、产业结构和区域特征等角度对我国发展低碳经济的现状进行了分析。其中，重点对我国碳排放量、GDP和能源消费量之间的关系进行了实证研究，时间跨度为1965~2017年，分别进行了单位根检验、协整分析、格兰杰因果分析，构建了三者间的VAR模型并进行了平稳性检验和脉冲响应分析，结果表明：三者之间存在着稳定的协整关系，短期内的任何波动都不能冲击这种关系，能源消费与GDP互为格兰杰原因，虽然GDP和碳排放互不为格兰杰原因，但是能源消费是碳排放的格兰杰原因，因此，中国存在着"GDP→能源消费→碳排放"的关系链，而且从弹性系数上来看，能源消费和碳排放是支撑GDP的重要因素，如果实行碳排放量的减排幅度过大、步伐过快，必然会影响到中国的GDP，要求中国等发展中国家承担和发达国家相同的减排责任是不现实的，结合我国的具体国情，在保证经济社会发展速度的前提下，实现碳排放量的相对降低，才是我国发展低碳经济的正确选择。此外，从第二章对低碳经济发展水平评价的相关理论进行的梳理可以看出，低碳经济与生态经济学、循环经济学和绿色经济学有着密切的联系，但是又有所区别，从低碳经济的内涵上来看，低碳经济是一个综合性问题，它强调的是通过降低碳排放量，应对气候变化给经济社会和人类生存带来的影响，使经济社会和资源环境协调共同发展，因此，本章构建了经济社会发展系统和低碳发展系统，建立了基于主成分分析法的评价模型，以2007～2017年为样本区间进行实证研究，利用协调度模型判断了两个系统的协调发展状况，分析认为：2007～2017年间，从静态协调状况来看，两个系统呈现波动上升趋势，除了2007年呈现中度失调状态外，其余呈现出优质协调状态。从动态协调状况来看，未来两个系统的协调趋势仍向好。分析表明，我国经济社会发展系统和低碳发展系统间互相影响，互为因果。我国在发展低碳经济时可以稳中求进，保持经济社会和低碳的同步发展。

第四章　国家维度低碳经济发展水平评价
指标体系及模型建立

第一节　国家维度低碳经济发展水平评价系统分析

一、DPSIR 模型

前面对我国低碳经济发展现状进行了分析，那么如何对整个低碳经济系统进行评价呢？相关学者在对环境和资源问题进行研究时，探讨了一系列的研究框架或者称为概念模型，用来对环境和资源问题进行评价，进而进行监测和分析，为政策的制定提供依据。这一类模型不仅要求决策者参与，还要求群众提供广泛意见，强调对问题进行广泛的讨论从而达成共识，提高政策制定的可执行度。

20 世纪 80 年代末，OECD 提出了 PSR 框架模型，其基本思想是：人们的生产和消费行为会给生态环境和自然资源带来"压力"，从而造成资源的耗竭和环境的破坏，改变了自然环境原有的"状态"，人们就会相应地做出"响应"，表现为对环境资源问题制定相关政策、采取行动，对生态环境和自然资源进行保护并维持人和自然的协调可持续发展。简单来说，PSR 模型用来对现有的环境问题进行解释，回答"发生了什么""为什么会发生""应该如何应对"这三个问题。

在此之后，众多学者对此进行了深入研究，对其进行改进，修正模型陆续被提出，例如，联合国在之前研究的基础上提出了 DSR 模型；20 世纪 90 年代初，澳大利亚西悉尼地区委员会（Western Sydney Regional State of Councils，WSROC）则在它的基础上增加了能够反映"在当前社会技术水平下，人们对环境进行改进的潜力"的指标，提出了压力-状态-响应-潜力模型。同时还提出了评价-调整-诊断-改变（assess-coordinate-diagnose-change，ACDC）框架。

最后，欧洲环境署综合之前相关研究中的优点，提出 DPSIR 概念框架模型。可以看出，DPSIR 模型是在 PSR 模型的基础上进行了扩展，增加了"驱动力"和"影响"指标，历年来，它被广泛地应用于对环境问题的研究中。

Borja 等（2006）运用 DPSIR 模型对巴斯克河口（西班牙北部）和沿海水域进行了实证研究，认为在进行压力和影响因素的分析时必须考虑如何使压力得到缓解，以期在 2015 年能使水体实现"良好生态质量状况"的目标。

Maxim 等（2009）等运用复杂系统论方法对 DPSIR 模型进行了补充，并运用该模型，基于可持续发展的角度，从环境、经济、社会和政治四个方面以及它们之间的关系对生物多样化的风险进行了分析。

Ness 等（2010）认为 DPSIR 模型符合可持续的科学发展观的要求，能够反映可持续发展领域所研究的问题的因果关系及社会反应，并运用该模型研究瑞典的农业发展所带来的波罗的海的富营养化问题。

Atkins 等（2011）整合了 DPSIR 模型，认为海洋环境政策的制定需要考虑多方面的因素，重点包括生态系统服务和社会福利，创建了能够实现海洋资源管理的决策模型。

Cheng 等（2011）结合 DPSIR 模型和模糊层次分析法（fuzzy analytical hierarchy process，FAHP）对城市绿色电力进行了评价。

Lin 等（2013）运用 DPSIR 模型和空间能值分析法，结合 GIS 研究了中国台湾高海拔农业的问题。

Cooper（2013）构建了 DPSIR 概念框架模型，称为社会生态核算，并将其应用到海洋生态系统中。

可以看出，近年来，西方国家的学者运用该框架模型，对各种资源、环境和经济社会之间的关系进行了研究，说明它具有很强的实用性，能够帮助现实问题的分析和研究，具有很强的实践意义。DPSIR 模型所强调的是人类为了促进经济社会的发展而进行生产和消费的过程中对资源和环境所造成的影响及自然环境对此所做出的回应，以及两者之间的联系。在该模型中，"驱动力"所包含的指标是会造成环境变化的具体因素，包含经济社会发展过程中人们的生产活动和消费活动以及它们的发展趋势；"压力"是指人类活动对自然资源环境的影响；"状态"是指环境对人类的生产活动和消费活动所做出的回应，体现为该地区的资源消费现状和当前的环境污染程度；"影响"是指系统所处状态对环境及社会经济结构的影响；"响应"表明人类在应对环境的各种影响时所采取的对策和制定的积极政策。

二、基于 DPSIR 模型的低碳经济系统的构建

从以上对相关研究的分析可以看出，低碳经济与生态经济学、循环经济学和绿色经济学有着密切的联系，但是又有所区别，例如，生态经济学的研究对象主要是经济系统和自然生态系统两者之间的关系，而低碳经济的研究对象是如何使经济、社会发展与整个环境、资源系统和谐统一的问题；循环经济强调的是物质的循环利用，提倡资源的节约和使用效率，绿色经济强调的是环境修复、污染控制，而低碳经济强调的是转变经济发展模式和人们的消费观念，建立低能耗、低污染的经济社会发展形态。从对低碳经济内涵的分析上看，低碳经济就是要实现

可持续发展的生产方式和模式，应该符合科学发展观的基本要求，它涉及经济和人口、资源、环境等众多方面的协调发展，因此它是一个复杂系统。

发展低碳经济的目标是应对能源、环境和气候变化的挑战，低碳经济的实现途径是技术创新、提高能效和能源结构清洁化等，低碳经济是在一定的碳排放约束下碳生产力和人文发展均达到一定水平的一种经济形态，发展低碳经济旨在实现控制温室气体排放的全球共同愿景（global shared vision）。研究低碳经济时应将资源科学、环境科学和社会科学有效结合，这就需要一个既能将复杂问题明确化，又能将分解的各部分有效结合的指导方法。DPSIR 模型为低碳经济评价提供了较好的研究工具。

基于此，本书构建了低碳经济系统，运用 DPSIR 模型将人的需求、社会进步、经济发展、能源需求、碳排放等要素纳入低碳经济系统中，从而克服以前低碳经济评价片面关注资源状况与低碳消费或经济发展与碳排放的不足，反映了低碳经济系统是一个人与环境相互作用的系统，体现了低碳经济综合评价应以人为本、各方面协调发展的科学发展观的内涵。基于 DPSIR 模型的低碳经济系统分析框架见图 4-1。通过社会发展驱动力和经济发展驱动力反映"驱动力"内涵，体现以人的需求、社会发展为本质的科学发展观；通过资源压力和环境压力反映"压力"内涵，体现社会进步和人类发展对资源的损耗和对环境的破坏；通过低碳消费状态和低碳资源状态来反映当前低碳资源存量和低碳消费速度，让人们更清楚地了解低碳发展现状；通过设置科技响应、人文响应和政策响应反映"响应"内涵，

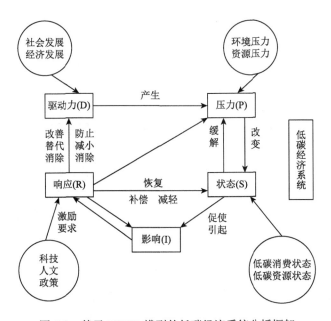

图 4-1　基于 DPSIR 模型的低碳经济系统分析框架

体现各国对环境污染、资源消费和生态破坏等问题的积极回应，反映可持续发展的本质思想。DPSIR 模型中的"影响"难以衡量，这是由于"影响"准则层下的指标具有很强的特殊性，如空气污染造成的经济损失、自然灾害对经济社会的影响程度等，这些指标难以统计，相关指标数据现阶段难以获取，因此，本书不对"影响"准则层进行分析。

第二节　国家维度低碳经济发展水平评价指标体系构建

一、评价指标体系的构建原则

本书的"多维度分析"体现在"横向上分为国家、区域、省域、城市四个跨度，纵向上分为驱动力、压力、状态、响应四个准则层，对我国的低碳经济发展水平进行多维度的实证分析"，要建立一个多维度的、科学的低碳经济评价指标体系，使之既能横向比较各地区的低碳经济发展水平，又能纵向反映各地区向低碳经济转型的努力成果，需要遵循以下原则。

（1）系统化与层次化相结合的原则。对低碳经济进行评价，不仅要全面反映低碳经济发展的各方面，较客观地反映各地区的低碳转型成果，而且要避免指标和指标之间出现重叠现象。所以，应在系统分析的基础上，分出层次性，对具体指标进行分类，使系统整体的结构清晰明了。

（2）科学性与可行性相结合的原则。低碳经济评价指标不仅要能科学地揭示低碳经济的性质和其转型特点，而且要简繁适中，各项评价指标及其相应的计算要标准化、规范化、有明确的释义。即便有些指标数据无法从现有的统计源中获取，但只要它们能反映低碳经济现象、体现其特征，也应适当将之纳入指标体系。

（3）代表性和全局性相结合的原则。低碳经济发展系统是一个有机的整体，包括多方面的具体指标，虽然做不到包含所有的相关指标，但在指标的选取上应该能够从大体上反映出当前社会经济对低碳经济的发展有影响的各个方面。同时，在对指标进行选择时，还应注意指标是否具有代表性、是否具有典型性。

（4）规范性和导向性相结合的原则。在对指标体系中的指标进行选择的时候，应该具有一定的规范性，尽量运用国内外公布使用并且在相关学术研究中经常使用的指标，才能有利于与国内外相似城市或地区进行比较。另外，低碳经济评价指标体系的构建是一项具有全局性、前瞻性、导向性的工作，所以，在对指标体系进行设计的时候，还要考虑到整个低碳经济系统未来的发展趋势以及动态变化，要素的流入、流出等因素，以期能够进一步反映出低碳经济的发展趋势。

二、评价指标评分原则

正向指标评分和负向指标评分的原则前面已经介绍过，这里不再赘述，主要对适中指标评分的原则进行介绍。适中指标即越接近某一个理想值越好的指标。通过适中指标理想值的确定，解决了因理想值不能确定而无法对适中指标进行评分的问题。

设 x_{ki} 为第 i 年第 k 个指标规范化处理后的分值；v_{ki}^0 为第 i 年第 k 个指标的理想值；v_{ki} 为第 i 年第 k 个指标的值；n 为被评价的年份数。则适中指标的评分公式为

$$
x_{ki} = \begin{cases} 1 - \dfrac{v_{ki}^0 - v_{ki}}{\max\left[v_{ki}^0 - \min\limits_{1 \leqslant i \leqslant n}(v_{ki}), \max\limits_{1 \leqslant i \leqslant n}(v_{ki}) - v_{ki}^0\right]}, & \min\limits_{1 \leqslant i \leqslant n}(v_{ki}) \leqslant v_{ki} \leqslant v_{ki}^0 \\[4mm] 1 - \dfrac{v_{ki} - v_{ki}^0}{\max\left[v_{ki}^0 - \min\limits_{1 \leqslant i \leqslant n}(v_{ki}), \max\limits_{1 \leqslant i \leqslant n}(v_{ki}) - v_{ki}^0\right]}, & v_{ki}^0 \leqslant v_{ki} \leqslant \max\limits_{1 \leqslant i \leqslant n}(v_{ki}) \end{cases}
$$

低碳经济涉及经济、人口、资源和环境等多方面的因素，因此它是一个复杂系统。基于此，本章从系统论的角度出发，将低碳经济发展体系作为一个复杂系统，对低碳经济进行了分析，而 DPSIR 模型可以作为研究低碳经济的一个有力工具。因此，本章采用 DPSIR 模型构建了低碳经济系统。

三、评价指标体系的构建

前面已经分析了 DPSIR 模型能够为低碳经济评价提供较好的研究工具。在此基础之上，根据权威机构典型研究的高频出现率和数据的可获取性原则筛选出低碳经济发展水平评价指标体系的指标层，如表 4-1 所示。其中，本章采用"十五"期间国家人口自然增长率的规划目标 $V_1 = 6‰$ 作为适中指标 D_{11}（人口自然增长率）的理想值。

表 4-1　低碳经济发展水平评价指标体系

目标层	准则层	因素层	指标层
低碳经济发展水平	驱动力 D	社会发展驱动力 D_1	D_{11} 人口自然增长率
			D_{12} 城镇居民家庭恩格尔系数
		经济发展驱动力 D_2	D_{21} GDP
			D_{22} 对外贸易额

目标层	准则层	因素层	指标层
低碳经济 发展水平	压力 P	资源压力 P_1	P_{11} 单位 GDP 能耗
			P_{12} 能源消费总量
		环境压力 P_2	P_{21} 单位 GDP 工业废气排放总量
			P_{22} 单位 GDP 的 SO_2 排放量
	状态 S	低碳消费状态 S_1	S_{11} 人均碳排放量
			S_{12} 碳排放强度
			S_{13} 原煤消费量占比
		低碳资源状态 S_2	S_{21} 自然保护区面积
			S_{22} 城市绿化覆盖面积
			S_{23} 森林覆盖率
			S_{24} 人均公园绿地面积
	响应 R	科技响应 R_1	R_{11} 研究与试验发展经费支出占 GDP 比重
			R_{12} 环境污染治理投资总额占 GDP 比重
			R_{13} 工业固体废物综合利用率
			R_{14} 生活垃圾无害化处理率
		政策响应 R_2	R_{21} 第三产业产值占 GDP 的比重
			R_{22} 高新技术产品出口额
			R_{23} 再生资源物流总额
			R_{24} 低碳经济发展产业规划
			R_{25} 碳税政策
			R_{26} 碳排放监测、统计和监管体系

第三节 基于 DPSIR 的国家维度低碳经济发展水平评价模型建立

　　基于 DPSIR 模型的低碳经济系统分析，结合层次分析的评价方法构建国家层面低碳经济发展评价模型。评价指标的权重是衡量各评价指标在整个评价指标体系中的重要性的数量表示，科学合理地确定指标权重非常重要。层次分析法能够将复杂问题分解成若干个层次，结合德尔菲法，由专家对指标层的指标进行两两比较，对重要程度逐层打分，再利用判断矩阵的特征向量确定下一层指标对上层指标的贡献度，从而得到各指标对总目标而言的重要性的数量表示。本章根据指标体系设计了专家打分表，对几十位高校、科研机构和政府决策单位的专家进行了调查，得到各项评价指标权重，如表 4-2 所示。

表 4-2　低碳经济发展水平评价指标体系及指标权重

目标层	准则层	准则层对目标层权重	因素层	因素层对准则层权重	指标层	指标层对因素层权重	指标层对目标层权重	指标方向
低碳经济发展水平	驱动力 D	0.1186	社会发展驱动力 D_1	0.5	D_{11} 人口自然增长率	0.6667	0.0395	适中
					D_{12} 城镇居民家庭恩格尔系数	0.3333	0.0198	负向
			经济发展驱动力 D_2	0.5	D_{21} GDP	0.75	0.0445	正向
					D_{22} 对外贸易额	0.25	0.0148	正向
	压力 P	0.2162	资源压力 P_1	0.4	P_{11} 单位 GDP 耗能	0.7	0.0605	负向
					P_{12} 能源消费总量	0.3	0.0259	负向
			环境压力 P_2	0.6	P_{21} 单位 GDP 工业废气排放总量	0.6667	0.0865	负向
					P_{22} 单位 GDP 的 SO_2 排放量	0.3333	0.0432	负向
	状态 S	0.4141	低碳消费状态 S_1	0.5	S_{11} 人均碳排放量	0.309	0.064	负向
					S_{12} 碳排放强度	0.5816	0.1204	负向
					S_{13} 原煤消费量占比	0.1095	0.0227	负向
			低碳资源状态 S_2	0.5	S_{21} 自然保护区面积	0.218	0.0451	正向
					S_{22} 城市绿化覆盖面积	0.218	0.0451	正向
					S_{23} 森林覆盖率	0.461	0.0955	正向
					S_{24} 人均公园绿地面积	0.1031	0.0213	正向
	响应 R	0.2511	科技响应 R_1	0.7	R_{11} 研究与试验发展经费支出占 GDP 比重	0.515	0.0905	正向
					R_{12} 环境污染治理投资总额占 GDP 比重	0.19	0.0334	正向
					R_{13} 工业固体废物综合利用率	0.19	0.0334	正向
					R_{14} 生活垃圾无害化处理率	0.1051	0.0185	正向
			政策响应 R_2	0.3	R_{21} 第三产业产值占 GDP 的比重	0.4063	0.0306	正向
					R_{22} 高新技术产品出口额	0.0907	0.0068	正向
					R_{23} 再生资源物流总额	0.0484	0.0036	正向
					R_{24} 低碳经济发展产业规划	0.0987	0.0074	有无
					R_{25} 碳税政策	0.1677	0.0126	有无
					R_{26} 碳排放监测、统计和监管体系	0.1882	0.0142	有无

注: 人均碳排放量的计算如下, 全球二氧化碳年均排放量已从 20 世纪 90 年代的 235 亿吨增加到 2000 年的约 264 亿吨, 限制二氧化碳排放是发展低碳经济的首要目标。鉴于目前没有官方公布的碳排放量统计数据, 本书基于已有的其他统计量来估算化石能源 (煤炭、石油和天然气) 使用所产生的碳排放量, 碳排放总量 =∑ (每种能源消费量×分品种单位能耗碳排放因子), 人均碳排放量 = 碳排放总量/人口数。

第四节　本 章 小 结

　　本章在国家维度低碳经济发展评价系统分析的基础之上，基于 DPSIR 模型，将人的需求、社会进步、经济发展、能源需求、碳排放等要素纳入低碳经济系统中，从驱动力、压力、状态和响应四个维度构建我国低碳经济发展水平评价指标体系。然后基于 DPSIR 模型，结合层次分析的评价方法建立了国家维度低碳经济发展水平评价模型。构建的指标体系有助于从宏观层面把握低碳经济内涵及指标，而评价模型的建立则为后续国家层面的可视化展示及实证研究奠定了基础。

第五章 区域维度低碳经济发展水平评价指标体系及模型建立

第一节 区域维度低碳经济发展水平评价系统分析

一、区域划分

一般意义上,区域是基于空间的概念,主要是一种地域结构形式,其主要对象是属性各不相同的各种物质客体。简单一些来说,区域首先必须是范围并不算特别小且具备连续性的空间单位,它的划分基准是某个指标,或者是某几个特定指标的组合。在地理学中,普遍观点认为区域是以地理以及相关经济特征为基础的某一范围的地区。

区域在一般情况下被认为是空间的、地域的或者是以不同物质客体为对象的一种结构形式。地理学上,普遍观点认为区域的基础是地理地貌以及经济特征。所以区域具备两层含义,也就是土地界线和土地范围。在划分土地界线和土地范围的同时,会有各种各样的指标、各种各样的标准,划分出来的区域也是可大可小的,通过不同的标准或指标,相同的一个地区可以划分为不同数量的小的区域。

但是,一般意义上,区域包含以下性质:第一种类似干旱区、余量区以及亚热带气候区等具有某种天然性质的区域;第二种是类似经开区、高新区以及贸易区等具有某种非天然的吸引辐射能力以及范围的区域。中国各个省基本都会建立经开区或者高新区,因为经开区或高新区对于带动一个地区的经济发展有着重大的作用和意义。在如今这个互联网时代,只要有了经开区或者高新区,颁布了相关政策引导,打出了自己的个性招牌,就会有大量相关的资源朝经开区或者高新区集聚,而高新区或者经开区的建设在经济、教育、医疗等方面,又会辐射到周边的地区,这也是一种正向的外部效应。因此,高新区、经开区算是某种非天然的吸引辐射能力的区域;还有一种是有共同职能作用的功能区,如居住区等。由于城市建设规划或者相关城建理论,居住区和商贸区一般都是建设在城市中心地带的,是在规划初期就规划好的土地性质,因此行使着不同的功能;最后一种是人为决定的,如行政区等。

从以上内容来看,我们不难发现,区域本身包含了两层含义:一个是基于土地的划分,另一个是指界限和范围。而区域的范围也会随着划分指标或者标准的变更而发生改变。但一般地，区域在学术界一般会分为以下几种：第一种，是类似雨量区、气候区等，内部具备均质性的区域；第二种，是像贸易区以及经济区等类型的具有一定吸引辐射范围的区域；第三种，是像居住区以及工业区等具有共同职能作用的内部功能区；第四种，是像行政区等人为决定的管理区。

本书所研究的区域对象是上述提到的第四种，也就是人为决定的管理区。放眼全球，符合第四类划分的区域，从大到小，首先表现为国家，其次是区域，再次是省份，最后是城市。很容易理解，概念越小的区域，其节能减排所能发挥的空间就越小，同时可持续前进的潜力也会越小。例如，在产业结构方面，不同地区的各个省的第一产业、第二产业以及第三产业各占一定比例，但从产业结构的调整空间上进行对比，地区就要比各个相对应的省会城市的第一产业、第二产业、第三产业的可调整空间大；除此之外，第三产业在一些大城市往往占据绝大比重。而第三产业比重本身的共识也很清晰，就是可以用来评价低碳经济的发展程度。又如，如果从能源情况来评价，许多种类的能源都可以消费，如石油、煤炭、天然气、新能源以及可再生能源等。但电能是绝大多数城市的主要消费能源。可见，地区和城市差距较大，那么以"区域"来研究低碳经济，易于产生更显著的结果及相应结论。

因此，本书所研究的区域，如果要精确地说，应该是指"省"的加总。一方面，不同的区域包含着不同的省的加总，体现在经济社会发展这一层面的共性较为明显。另一方面，为了更加科学地反映我国不同区域的社会经济发展状况，参考《中共中央国务院关于促进中部地区崛起的若干意见》《国务院关于西部大开发若干政策措施的通知》以及党的十六大报告的精神，根据国家统计局 2011 年 6 月 13 号的划分办法，本章将我国区域（不包含港澳台）整体上划分为四大经济区域：东部地区（包括北京、天津、河北、上海、江苏、浙江、福建、山东、广东和海南 10 个省、直辖市）、中部地区（包括山西、安徽、江西、河南、湖北和湖南 6 个省）、西部地区（包括内蒙古、广西、重庆、四川、贵州、云南、西藏、陕西、甘肃、青海、宁夏和新疆 12 个省、自治区、直辖市）、东北部地区（黑龙江、吉林、辽宁 3 个省）。

二、相关考量

区域低碳经济建设目标是具有层次性的，所以我们以此为指导，建立了包含三个指标的指标体系：目标层、准则层、指标层。以此为基础，我们希望能够全面地反映区域的低碳经济发展情况。这其中的难点主要在于准则层如何建立。它起着承上统下的作用，设计的水平紧密联系着整个指标体系的质量。区域低碳经济评价的准则层，主要基于以下考虑。

（1）国内研究中具有代表性的是中国社会科学院城市发展与环境研究所设计

的一套指标体系，该体系从低碳产出、低碳消费、低碳资源、低碳政策四个角度构建了低碳经济的评价指标体系，为构建区域低碳经济指标体系提供了很好的框架，本书经过进一步的分析对已有研究进行了取舍和补充。

（2）低碳能源消耗系统是最有力的可以反映节能减排效果的量化指标层。而发展低碳经济显然是为了减少排向大气层的温室气体，尤其是近年来国家陆续出台了不同侧重点的发展生态文明的政策，更进一步显示出低能耗在国家发展中的重要性，因此本书把能源消耗系统放在准则层。

（3）低碳技术发展系统处于一个很重要的位置，我们应从层次上给予体现。低碳技术本身涵盖的范围也十分广泛，电力、交通、建筑、冶金、化工、石化这些传统的大中型部门都有涉及，同时，可再生能源及新能源、城市垃圾无害化处理等众多新领域也是有所包含的。

（4）区域低碳经济发展水平的衡量并不单纯地反映在经济指标上，还要综合考虑社会效应以及地区性的生态水平，因此，低碳环境发展系统在低碳经济建设中占据着较重要的地位，同样也是低碳经济发展水平的重要表征，因此将其放入准则层，主要体现在三废处理效率以及区域绿化程度上。

（5）政策支持是低碳经济持久发展的强大助力。碳税政策、环保节能标准执行以及低碳法律制度建设等，都体现了低碳政策发展系统对低碳经济的重要贡献，因此，政策支持系统在准则层中必不可缺。

（6）公众低碳理念系统的加入是为了全面体现人们对低碳经济的重视程度和对低碳经济发展的影响。

第二节　区域维度低碳经济发展水平评价指标体系构建

一、评价指标体系的构建

根据上述区域划分，在低碳经济发展目标层下，构建如下综合评价指标体系，见表 5-1。

表 5-1　区域低碳经济发展指标体系

目标层	准则层	指标层	指标方向	计算说明
区域低碳经济发展	区域经济发展 B_1	区域人均生产总值 C_1	正向	区域生产总值/区域人口总数
		第三产业比重 C_2	正向	区域第三产业生产总值/区域生产总值
	区域能源消耗 B_2	人均 CO_2 排放量（碳足迹）C_3	负向	区域碳排放总量/区域总人数
		单位生产总值能耗 C_4	负向	区域能源消费总量（吨标准煤）/区域生产总值总量

续表

目标层	准则层	指标层	指标方向	计算说明
区域低碳经济发展	区域能源消耗 B_2	碳生产率（碳生产力）C_5	正向	区域生产总值总量/区域碳排放量
		能源加工转化效率 C_6	正向	能源加工转化投入量/能源加工转化产出量
		碳能源排放强度 C_7	负向	碳排放量/能源消费量
		新能源占总能源的比例 C_8	正向	水电、核电、风电能源生产总量/能源生产总量
		万人拥有公共汽车、电车数 C_9	正向	区域公共汽车、电车数/万人
	区域技术发展 B_3	人均规模以上工业企业研究与试验发展经费内部支出 C_{10}	正向	区域规模以上工业企业研究与试验发展经费内部支出/区域总人口
		城市垃圾无害化处理率 C_{11}	正向	垃圾无害处理量/垃圾生产量
		环境污染治理投资总额占区域生产总值比重 C_{12}	正向	区域环境污染治理投资总额/区域生产总值
		工业废气治理完成投资占区域生产总值比重 C_{13}	正向	区域工业废气治理完成投资/区域生产总值
	区域环境发展 B_4	工业固体废物综合利用率 C_{14}	正向	区域工业固体废物综合利用量/产生量
		碳汇密度（森林覆盖率）C_{15}	正向	区域森林面积/区域土地总面积
		人均绿地面积 C_{16}	正向	区域绿地面积/区域总人数
	区域政策发展 B_5	碳税政策 C_{17}	正向	有或无
		环保节能标准执行率 C_{18}	正向	执行率
		低碳法律制度建设 C_{19}	正向	有或无
	公众低碳理念 B_6	低碳经济知识普及程度 C_{20}	正向	普及率
		公众对环境保护的满意率 C_{21}	正向	满意率

二、指标解读及内涵分析

1）区域经济发展指标

区域人均生产总值是排除人口扰动后宏观地、较为全面地判定一个国家或者地区的经济运行状况的有效工具，同时也是衡量经济发展与人民生活水平的宏观经济的指标。第三产业比重是第三产业在区域生产总值中所占的规模，用以测评区域低碳经济产业发展状况的重要参数。

2）区域能源消耗指标

人均 CO_2 排放量（又称碳足迹），是去除不同区域人口密度对 CO_2 总排放量的影响后使 CO_2 排放的地域差异更具有可比性的指标。发展低碳经济，监控碳排放量并抑制碳排放是首要目标。单位生产总值能耗反映了经济增长过程中的 CO_2 排放强度，即经济增长在多大程度上依赖于高能耗产业。碳生产率（又称碳生产力）是指单位碳排放所创造的生产总值，被认为是衡量低碳化的最核心的指标。能源加工转化效率，具体指的是一次能源投入量与二次能源产出量的比值。这个指标的优势在于，它能够很生动地展现出区域低碳经济发展中合理利用能源并进行再生产的程度。碳能源排放强度即为碳排放量与能源消费量之比，反映消费能源的碳排放强度。新能源占总能源的比例是使用较多的指标，因为研究发展区域低碳经济需要探索新能源的使用情况，新能源具体是指风能、水能和在未来很可能会再一次腾飞的能源，如太阳能、天然气等。每万人拥有公共汽车、电车数也是衡量能源消耗指标，因为在节能减排和控制污染上，机动车是很重要的一环，倡导绿色出行的理念、控制机动车的数量，能有效实现节能减排、安全环保。

３）区域技术发展指标

选用人均规模以上工业企业研究与试验发展经费内部支出来度量各地实现碳减排的科学技术发展能力，是因为我国碳排放和碳减排的主力均在工业企业。低碳经济的发展离不开新能源技术的研究和应用。我国各地人均规模以上工业企业的研究与试验发展经费投入以及科研经费的投资量可以初步窥探该地区对创新能力的支持。城市垃圾无害化处理率指将城市垃圾减量化、资源化，加速物质循环和能量回收并对残留的不可利用部分进行最终处置的能力，可以反映一个区域中城市生活垃圾处理设施数量和能力。环境污染治理投资总额占区域生产总值比重指对城市环境基础设施建设投资、老工业污染源治理投资、建设项目竣工验收环保投资三个部分的投资总额在区域生产总值中的占比，反映了低碳技术应用在环境污染治理中的程度。工业废气治理完成投资占区域生产总值比重指的是以国家废气对外排放标准为依据，专门针对工业场所如工厂、车间产生的废气在对外排放前进行预处理所进行的投资占区域生产总值的比重，反映了低碳技术在废弃治理中的应用程度。

４）区域环境发展指标

工业固体废物综合利用率反映了工业污染物的治理水平。工业废水、废气及废渣，如果不加以处理就直接排放到环境中，毫无疑问将对生态系统造成非常大的压力，低碳经济的一项重要任务是建立以低污染为基础的经济发展体系，对其进行监控是低碳经济实现资源环境保护所要求的。碳汇密度（森林覆盖率）表示为区域森林面积与区域土地总面积之比，反映了区域森林的碳汇强度。人均绿地面积这一重要的指标，代表了一个区域对于环境保护所采取的力度大小。在保障经济稳步发展的同时，除了要采取措施节能减排，从技术上实现创新进而减少污染物排放，我们也必须毫无保留地用尽全力，为区域中的居民创造一个适宜的居住环境，尽可能地扩大区域中适合的土壤的绿化造林面积，这也是很重要的衡量低碳经济发展水平的因素。

5）区域政策发展指标

碳税政策即碳税，是指针对二氧化碳的排放量大小来确定所征收的税，这一指标能够生动地反映出在某一个区域内，是否配有低碳发展的税收政策，要注意的是这其实是一个定性分析指标，不具有量化的可能性。但我们在计算时可以将其视作虚拟变量，1表示有，0表示无。环保节能标准执行率，是区域对环保标准的执行力度和政策实施中管理力度的反映。低碳法律制度建设，是衡量一个区域在法律体系构建上，是否符合执行低碳经济的相对应的法律执行能力。这是一个定性来做具体分析的指标，但同理，我们依然可以在计算时将其作为虚拟变量。

6）公众低碳理念指标

低碳经济知识普及程度指的是广大群众对低碳的了解、认识和执行程度。该指标衡量了区域范围内是否有更广泛的人群试图加入支持低碳经济发展的队伍当中，并身体力行地大力支持其所属区域内的低碳经济的发展。公众对环境保护的满意率，反映区域内公众对环境保护的满意程度，能在一定程度上体现政府以及社会对环境保护的执行力度以及公众的参与度。

第三节　基于方法集的区域维度低碳经济发展水平评价模型建立

一、基于方法集的集成评价概述

基于方法集的集成评价模型是我们希望采取的方案，它是指在评价的基本原则指导下，采取能独立完成对象进行综合评价的方法来作为整个评价的基石，再根据我们可以接受的准则来抽取若干具有操作性的方法，运用它们来做出综合的评价。最后采取合理的组合算法，将得出的评价结果进行优化组合，做出一个比较系统的评价模型。

综合整个区域范围研究中的一些实际情况，本节选取了因子分析法、熵值法、主成分分析法、层次分析法、灰色关联评价等作为我们的方法集，根据复旦大学管理学院王刚等（2009）的基于方法集的综合评价模型，并进行适当调整后，将各种模型评价的结果进行了整合处理，从而得到最终的我国各区域低碳经济集成评价的结果。整个模型的步骤如下。

（1）通过查阅相关文献，初步确定评价指标体系。

（2）分别运用给出的几种不同的评价模型：因子分析法、熵值法、主成分分析法、层次分析法、灰色关联评价等对我国各区域的低碳经济情况试图给出评价，并得到了经过各种方法处理之后的排序结果。

（3）利用 Kendall-W 系数进行具体的操作一致性检验，这样做的目的是保证每个排序结果的可靠性。一致性检验这个过程，如果按一般的检验流程来走，会考虑放在我们所进行的组合评价之前来做，因此学术界同意将其称为事前检验。在这一步流程之后，如果排序结果能够体现出我们所追求的一致性，则直接进入步骤（4）；如果出现不一致情况，则进入步骤（3）。

（4）对各种方法进行一对一的、两两比较的一致性检验，再组合并集聚具备一致性的方法，再一次对样本资料、评价结果中所展示的各种方法的特点进行分析，以选取我们满意的方法。

（5）我们将各种方法经过缜密的计算后，得出其最终的得分，并进行标准化处理，运用各种组合评价方法对独立评价结果进行组合，得到几组组合评价结果。

（6）利用 Spearman 等级相关系数，针对组合排序结果相较于原始的评价数值的关联程度再做一次检验，这个检验应该放在组合评价之后再操作，因此学术界一般将它称为事后检验。

（7）根据 Spearman 等级相关系数的大小，我们倾向于选择最好的一个组合评价的数值，进而将其视作整个评价的最终结果，如图 5-1 所示。

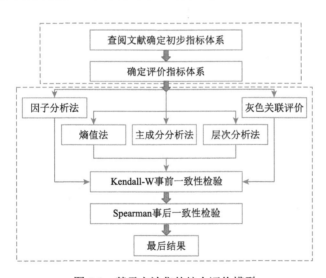

图 5-1　基于方法集的综合评价模型

二、独立评价方法分别评价

根据以上所确定的区域低碳经济评价指标体系及在实际操作中的需要，基于方法集的区域低碳经济集成评价模型的第一步就是要分别利用独立的评价方法计算出各个评价模型的评价结果，为下面的集成评价方法打下基础。一般而言，综合评价方法可以被我们有意识地划分成主观评价法、客观评价法和组合评价法三类。

主观评价法的主要特点是专家根据他们大脑中所储备的知识和经验，主观地对实际面临的相关问题进行判断并给出其心目中的赋权，再根据权重综合计算出评价值。此方法的优点在于能充分调动并发挥领域内相关专家丰富的知识与他们对于领域的各种实际运用的经验，在经过他们对各个指标的重要性排序和互相比对之后，得出一个比较令人信服的结果，来反映其不同的重要性程度。当然，这种方法也是存在弊端的：主要是赋权会过分依靠专家的判断，但专家的个人判断在很多时候都会因人的知识、经验的背景不同而产生不容小觑的差异。例如，德尔菲法、层次分析法等，均可以得到各指标权重，再算出综合评价值。

客观评价法是一种采用数学方法对评价对象数据做出具体而深入的分析，进而获取各个指标权重的方法。指标的重要性在这种方法中，一般来说是由指标变异的程度大小或者各指标间存在的相对关系来具体加以确定的，权重设置相较于主观评价法来说是比较客观的，但这种方法并没有试图考虑人在评价中起的作用，其客观性过分单一，也很可能会导致指标权重的失真，因为它失去了体现各指标自身的实际意义的机会。较常用的有熵值法。

组合评价法，通常情况下是多种评价方法的组合，一般既含有单纯主观评价法和单纯客观评价法来克服主观或者客观上过犹不及的弊端，并尝试着综合两类评价方法各自的长处，来保证最后的结果不仅能够展现主观评价法的指标价值量，又不落下客观评价法所独有的指标信息量的这一优势。

目前学术界对低碳经济评价的主要方法有主成分分析法、层次分析法等。主成分分析法能在保留变量信息尽可能多的基础上尝试把多个变量进行降维处理，但是这种方法在面对评价指标体系中存在一些变量高度相关但一部分变量低相关的特殊情境时，有一定的概率会强化指标中的重叠信息，导致的直接结果就是权重分配有很明显的集聚现象，进而使评价结果失真以及丧失准确性。层次分析法对此就有独特的优势，它能兼顾定性与定量两个方面，但其具有较大的主观性，这也使权重结果会出现明显的不确定性。德尔菲法也称为专家咨询法，寻找相关领域的专家来做具体的咨询，并充分地运用其知识和相关领域的经验，来给予各指标一个较为准确的分数，从而让我们有机会可以确定权重。这是一种定性评价方法，具备较强的主观性。神经网络评价方法主要的劣势体现为运行的速度较慢，为了能够实现评价的准确性，需要提前搜寻数量巨大的评价对象作为训练样本；除此之外，这种方法的结果特别容易陷入局部最优值且无法逃离。DEA法虽然具备比较充分的客观性，能够比较有效地避免主观因素对结果做出干扰，但是其计算量实在过于庞大，复杂程度很多时候太高以至于我们不能接受。

很显然上述评价方法或多或少都有缺陷，多种综合评价方法对同一总体的评价结果存在很大的差异，因此本书选用基于方法集的集成评价方法，最大限度地在各种评价方法之间取长补短，以期得出最科学、最有效的结论。首先，我们需要分别使用独立的评价方法进行评价，然后对结果进行一致性检验。一致性得以通过之后，我们再进行组合评价，能够满足一致性条件的组合评价结果才能作为最终的评价结果。在独立评价中，通常采用因子分析法、熵值法、主成分分析法、层次分析法、灰色关联评价模型等评价方法。

1）因子分析法

因子分析法是指从研究指标相关矩阵内部的依赖关系出发，把一些信息重叠、具有错综复杂关系的变量归结为少数几个不相关的综合因子的一种多元统计分析方法。它把每个研究变量分解为几个影响因素的变量，将每个原始变量分解成两部分因素，一部分是由所有变量共同具有的少数几个公共因子组成的，另一部分是每个变量独自具有的因素即特殊因子。

2）熵值法

在信息论中，熵表征信息的不确定性。熵值越高，信息确定性越低；熵值越低，信息确定性越高。在综合评价中，熵值越高的指标在综合评价中起的作用越小，即权重越小；熵值越低的指标，在综合评价中起的作用越大，即权重越大。

3）主成分分析法

运用主成分分析法的过程之中，我们要做的第一件事是必须对原始数据进行标准化处理，进而可以得出变量之间的相关系数，通过这样的方法我们便可以比较顺利地构造出相关系数矩阵。其次是对原始数据进行处理来得出特征值和特征向量，进而分析出贡献率以及累计贡献率。若累计贡献率可以超过85%，那么该特征值就是我们所需要的主成分。主成分载荷量需要经过我们的繁复计算，才能与特征向量相结合，进而得出各变量的主成分得分。在实际处理的过程中，为了减少工作量，取前 K 个累计贡献率达85%以上的特征值为对应的主成分来代表原变量的变差信息，这也是主成分分析法的重要优势所在。同时，主成分分析法在成功地完成变换后，各个主成分之间并不相关，而是相互独立，所以毫无疑问可以顺利地消除评价指标之间的相互作用，得到一个我们比较满意的结果。

4）层次分析法

层次分析法第一次被人正式提出是在20世纪70年代中期。美国的运筹学家萨蒂第一次创造性地提出了层次分析法。这一方法的主要特征是能够形成一种定性和定量紧密结合、兼具系统性和层次性的分析方法。实用且有效地处理复杂的决策问题是其强项，因此它很快在全世界得到了广泛的使用。它的应用领域遍及经济计划和管理、能源政策和分配、行为科学、军事指挥、运输、农业、教育、人才、医疗和环境等。

层次分析法的具体步骤如下。

（1）建立一个比较可靠的层次结构模型。经过对实际问题的深入分析之后，对有关的各个因素依照不同的属性从上到下进行分解，形成不同的层次，同一层的各个因素从属于上一层因素，或者是会影响上层因素，同时也会对下一层的因素起作用，或者是受到下层因素的作用。最上层我们一般设定为目标层，只有 1 个因素，最下层通常我们放置方案或对象，在其中间可以有一个或几个层次，我们一般称为准则层或指标层。但如果准则数量较多（如多于 9 个），则必须对子准则层进行进一步的分解。

（2）构造成对比较阵。从层次结构模型的第 2 层开始，对于从属于（或影响）上一层每个因素的同一层诸因素，用成对比较法和 1～9 比较尺度构造成对比较阵，直到最下层。

（3）对于权向量进行计算并进行一致性检验。通过计算来得出每一个成对比较阵的最大特征根以及它们对应的特征向量，再使用一致性指标、随机一致性指标以及一致性比率来进行一致性检验。如果检验通过，特征向量（归一化后）就可以作为权向量；如果不通过，则成对比较阵还需要进行再一次的构造。

（4）对组合权向量进行计算并进行组合一致性检验。通过对最下层目标的组合权向量的计算，基于这个结果来做组合一致性检验，如果检验通过，那么可按照组合权向量得到的结果进行决策，否则必须进行模型的重新构建或者是成对比较阵的一致性比率增大的调整。

5）灰色关联评价模型

灰色系统理论最早是中国学者邓聚龙（1984）提出的，它能够比较全面地涵盖灰色关联度评价方法、灰色聚类分析方法等多种方法的优势。这一套理论的基本思想在于比较待分析系统的各特征参量序列曲线，分析并判断其几何相似程度，或者是变化态势上是否存在一定的相似程度，来得出各特征向量序列的关联程度的大小。这种模型的优势，最明显的表现在于能够处理具备明确的信息部分的灰色系统。我们所研究的低碳经济系统是一个成分较多、分析起来比较复杂的综合系统，涉及因素数量比较庞大，相互关系也错综复杂，不容易被理清，同时也存在一些不是很明确的因素变量。在这样的数据背景下，我们如果使用灰色关联评价模型，便可以很有效地进行相关的分析。区域灰色关联评价模型的分析方法通过比较统计序列几何关系来辨认系统中不同因素的关联程度，序列曲线如果拥有更接近的几何形状，则它们也会拥有更大的关联度。

三、Kendall-W 事前一致性检验

如果用 m 种方法来试图对 n 个被评价对象进行分析，那么我们可以比较轻松地得出评价值的排序，如表 5-2 所示。

表 5-2　单个评价方案评价结果

对象	方法 1	方法 2	…	方法 m
对象 1	Y_{11}	Y_{12}	…	Y_{1m}
对象 2	Y_{21}	Y_{22}	…	Y_{2m}
⋮	⋮	⋮	…	⋮
对象 n	Y_{n1}	Y_{n2}	…	Y_{nm}

Y_{ij} 表示在第 j 种评价方法下的第 i 个被评价对象的排序值，$1 < Y_{ij} < n(i = 1, 2, \cdots, n; j = 1, 2, \cdots, m)$。该检验是考察 m 个评价方法对 n 个对象的评判结果之间是否一致，依靠讨论协和系数 W 这个指标来表示出样本数据中的实际符合与最大可能的符合之间的分歧程度。

（1）提出假设。

假设 H_0：m 种评价方法并不具有一致性。

H_1：m 种方法具有一致性。

（2）构造统计量：

$$X^2 = m(n-1)W$$

式中，$W = \dfrac{12\sum\limits_{i=1}^{n} r_i^2}{m^2 n(n^2-1)} - \dfrac{3(n+1)}{n-1}$，$r_i = \sum\limits_{j=1}^{m} Y_{ij}$。

（3）检验。λ^2 服从自由度为 $n-1$ 的 λ^2 分布。因此给定显著性水平 α，查表得临界值 $X_{\alpha/2}^2(n-1)$。当 $X^2 > X_{\alpha/2}^2(n-1)$ 时，拒绝 H_0，接受 H_1，即认定各种评价方法在 α 显著性水平上具有一致性。

四、组合评价模型

如果我们已经能够有很大把握确保前面各评价方法的评价结果通过事前一致性检验，那么接下来的流程中，我们就可以分别应用算术平均值组合评价模型等三种模型的评价方式来组合评价各个评价结果。

1）算术平均值组合评价模型

设 r_{ik} 为 y_i 方案采取了第 k 种方法，则其所获得的位次；$i = 1, 2, \cdots, n$；

$k=1,2,\cdots,m$。首先必须要用排序打分法来针对各种方法排序的最终名次做一个转换，并将转换的结果用分数来进行记录。即第 1 名得 n 分，$\cdots$，第 n 名得 1 分，第 k 名得 $n-k+1$ 分，在这个过程中如果经过转换后出现了相同的名次，我们需要二次处理：可以对这几个位置取它们的平均分，再计算这些分的平均值，计算公式为 $\bar{R}_i = \dfrac{1}{m}\sum\limits_{k=1}^{m} R_{ik}$。得到平均值的结果之后，我们必须按平均值再次进行重新排序，若两个方案 $\bar{R}_i = \bar{R}_j$，那么我们需要计算在不同方法下得分的方差，计算公式如下：

$$\sigma = \sqrt{\frac{1}{m}\left(\sum_{k=1}^{m} R_{ik} - \bar{R}_{ik}\right)^2}$$，方差更小的结果自然是我们更希望获得的结果。

2）Borda 组合评价模型

这种方法的根本原则在于"少数服从多数"。如果在评价的过程中，认为 y_i 优于 y_j 的方法个数超过了认为 y_j 优于 y_i 的方法个数，记为 $y_i \succ y_j$。若两者的个数相等，则记为 $y_i = y_j$。

定义 Borda 矩阵为 $B = \{b_{ij}\}_{n\times n}$，$b_{ij} = \begin{cases} 1, & y_i \succ y_j \\ 0, & \text{其他} \end{cases}$，方案 y_i 可以被我们视作"优"的次数，依照 b_i 的大小对 y_i 排序，若 $b_i = b_j$，那么我们需要计算在不同方法下的方差的大小，我们会更加倾向于选择方差小的结果。

3）Copeland 组合评价模型

Copeland 法较 Borda 法也是更进一步的，为了能实现区分"相等"和"劣"两种不同的评价，我们会在计算"优"次数之外，额外再计算"劣"的次数，我们做出如下的定义：

$$c_{ij} = \begin{cases} 1, & y_i \succ y_j \\ 0, & \text{其他} \\ -1, & y_j \succ y_i \end{cases}$$

再定义方案 y_i 的得分为 $c_i = \sum\limits_{j=1}^{n} c_{ij}$，$c_i$ 的大小决定了 y_i 的排列顺序，若有 $c_i = c_j$，也必须要再次考虑计算不同的情况下得分的方差，我们还是倾向于选择方差小的结果。

五、Spearman 事后一致性检验

组合评价法的事后检验，目的主要是检验各组合方法使用后所得到的排序结果与原始方法的结果存在多大的联系。除此之外，当有多种组合方法时，我们也

希望用这样的事后检验来选出最令我们满意的组合评价法。利用 Spearman 等级相关系数检验的具体实施步骤如下。其中的排序结果如表 5-3 所示。

表 5-3　组合结果排序表

对象	组合 1	组合 2	⋯	组合 m
对象 1	x_{11}	x_{12}	⋯	x_{1p}
对象 2	x_{21}	x_{22}	⋯	x_{2p}
⋮	⋮	⋮		⋮
对象 n	x_{n1}	x_{n2}	⋯	x_{np}

（1）将组合评价结果转化为排序值。假设对原 m 种方法进行 p 种组合，那我们会得到一种排序结果，具体见表 5-3。其中 x_{ik} 表示第 i 个被评对象在第 k 种组合方法下得到的排序值，$1 \leqslant x_{ik} \leqslant n(i=1,2,\cdots,n;\ k=1,2,\cdots,p)$。

（2）提出假设。

假设 H_0：第 k 种组合方法与原 m 种评价方法无关。

H_1：第 k 种组合方法与原 m 种评价方法有关。

（3）构造统计量 t_k。t_k 服从自由度为 $n-2$ 的 t 分布：

$$t_k = \rho_k \sqrt{\frac{n-2}{1-\rho_k^2}}, \quad k=1,2,\cdots,p; \quad \rho_k = \frac{1}{m}\sum_{j=1}^{m}\rho_{jk}$$

式中，ρ_{jk} 表示第 k 种组合方法与原第 j 种方法之间的 Spearman 等级相关系数，这个系数具体的计算方法我们也将在下文的展开中具体展现。Spearman 等级相关系数可以清晰地反映出组合方法 k 与原方法 j 之间的相关程度，ρ_{jk} 数值如果越大，则很清晰地表明两种方法所得到的排序结果具备越大的相关程度。ρ_k 表示组合方法 k 与原 m 种方法之间的相关程度的平均值。

（4）求得 Spearman 等级相关系数：

$$\rho_{jk} = 1 - \frac{6\sum_{i=1}^{n}(x_{ik}-x_{ij})^2}{n(n^2-1)}, \quad j=1,2,\cdots,m; k=1,2,\cdots,p$$

式中，x_{ik}、x_{ij} 为第 i 个对象，分别在第 k 种组合方法和第 j 种原始方法下对排序结果进行了规范化处理后所得到的取值；n 为对象的个数；p 为组合评价方法数；ρ_{jk} 为第 j 种组合评价方法和第 k 种原始评价方法的 Spearman 等级相关系数。

我们在试图决定最合适以及最优良的组合评价方法时，可以根据 Spearman 等级相关系数的具体比较来得出结果。我们时刻都不能忘记使用组合评价法的最初目的，即克服单一评价方法的缺点，与此同时，也有能力兼具多种评价方法的优势。因此，组合评价最后的结果理论上来说毫无疑问必须是程度上相当地接近原始多种方法的结果的。基于这样的事实，我们会毫不犹豫地选择与原始多种方法结果具备更大相似性的组合方法，来将其认定为我们的最佳组合方法。也就是说取 t_k 中的数值最大的那个选项，这就是最佳组合法。

第四节　本　章　小　结

本章首先对区域维度低碳经济发展评价进行了系统分析，然后充分考虑不同地域的经济差异、地质环境、发展现状，从区域经济发展、区域能源消耗、区域技术发展、区域环境发展、区域政策发展和公众低碳理念六个维度构建区域低碳经济评价指标体系。在构建的指标体系基础之上，结合因子分析法、熵值法、主成分分析法、层次分析法、灰色关联评价模型等评价方法作为方法集，建立了基于方法集的区域低碳经济综合评价模型，为区域维度的实证研究和可视化分析奠定了理论基础。

第六章　省域维度低碳经济发展水平评价
指标体系及模型建立

第一节　省域维度低碳经济发展水平评价系统分析

低碳经济是人类社会在实现文明进步的过程中必然产生的一种经济形态和发展模式。它的最终目标是实现社会经济发展与人类气候环境相协调，采用技术创新和制度创新的手段，来提高各种能源的利用效率，保证能源结构得以优化，以及通过转变人类的消费方式等途径来减少温室气体的排放，进而实现可持续发展。从系统论的角度，省域低碳经济是一个涉及经济、能源、技术、消费、生活和环境等各个方面的系统概念，具体分解为以下三个子系统。

（1）碳排放-经济发展子系统。社会进步的重要体现之一便是经济发展，而实现这一目的进而保证社会的不断进步是全人类的共同目标，同时也是影响碳排放的首要因素。在这样的背景下，低碳经济应运而生，作为经济发展下的一种新的模式和形态，促进经济的发展自然是其根本目的，同时，降低碳排放，实现环境保护，人与自然和谐共处，最后实现可持续发展与经济发展的并行。低碳经济目前所遇到的核心问题主要是增长经济和降低碳排放。改革开放以来，从 1978 年到 2010 年，中国 GDP 年均增速为 9.9%。2013～2016 年，中国经济发展整体处于良好运行状态，基本上保持了中高速发展，且即使在经济社会转型的关键时期，仍然呈现出较为瞩目的状态：中国 GDP 年均增速为 7.2%，在世界上主要经济体当中是最高的；2020 年在全球经济因疫情受到重创的情形下，我国是唯一实现经济正增长的主要经济体[①]。与此同时，碳排放量也大步上升，2000～2018 年，CO_2 排放占比由 12.9%提高到约 27.6%，人均 CO_2 排放量也呈上升趋势。

（2）碳排放-能源消费子系统。相比于那些传统的煤炭、天然气、石油这些燃料能源，低碳能源是一种能源效率高且污染少的能源，我们平时日常生活中所见所说的核能、清洁煤和可再生能源都属于低碳能源。《英国石油公司（BP）世界能源统计年鉴 2020》最新公布数据显示，2019 年全球煤炭总产量为 81.29 亿吨，

---

① 国家统计局官方网站 2021 年 2 月 28 日发布国家统计局副局长盛来运解读《中华人民共和国 2020 年国民经济和社会发展统计公报》，其中提到 2020 年我国经济总量突破百万亿大关，比上年增长 2.3%，是全球唯一实现经济正增长的主要经济体。

保持自 2017 年以来的连续三年上升，比上年上涨 0.5%，其中中国煤炭产量占全球总产量的 47.3%，比上年提高 1.6 个百分点[①]。未来很长一段时期内，煤炭仍然会在能源结构中占据主导地位。然而，清洁、高效、多元、可持续等标准已经成为能源未来发展的风向标。改变现有的能源结构是我国发展低碳经济的重要途径之一，加速从"高碳能源"向"低碳能源"转变，加速可再生能源的开发和化石能源的洁净、高效利用，有利于实现低碳经济的发展。改革开放以来，在各项能源转型变革政策措施的大力推动下，我国能源消费整体呈现稳定增长态势，用能条件和水平不断提高。据国家能源局的数据显示，2017 年，我国能源消费总量为 44.9 亿吨标准煤，比 1978 年增长 6.9 倍，年均增长 5.4%。究其原因，是因为能源消费的总量在迅速上涨，同时也带来了碳排放量的急剧增加，因而我国单位能源的二氧化碳排放强度在当前局势下以及未来，都会处于较高水平。目前我国低碳消费的主要体现有：尽量地减少不可再生能源这一类资源的消耗，转向消费更多的清洁能源或者新能源；逐步地降低消费过程中的各种温室气体排放；也要减少在各种消费过程中对于自然环境和人类可持续发展的危害。

（3）碳排放-环境保护子系统。低碳概念最早被提出是源于气候环境的日益恶化，环境问题的产生已经达到了不可忽视的程度，人类也清晰地认识到快速发展的经济社会所带来的恶果。全球变暖、臭氧层破坏、酸雨这些危机日益威胁到人类的基本生存环境。与此同时，淡水资源危机、能源短缺、大面积的森林资源减少以及土地荒漠化的各种污染等，人类也必须着手来解决。目前的低碳经济所紧密联系的环境问题主要包括两个方面：首先是二氧化碳的大量排放导致了全球的温室效应，同时矿物燃料的大量使用排放出 CO_2 等多种温室气体，酿成了全球气温明显上升的恶果：2020 年 10 月《世界经济展望》数据显示，自工业革命以来，地球表面平均温度已经上升了约 1℃，而且气候变暖还在加速。自 20 世纪 80 年代以来，每十年的气温均比前一个十年高。其次，人类活动的不知满足也造成了森林锐减，大量的耕地、牧场、木材因为人类的过度开垦，面积急剧减少。森林同时也遭遇了前所未有的危机：森林面积在 100 年里减少了 48 亿公顷，相当于减少了 70%，这个速度是相当惊人的。

科学技术本身可以很大程度地推动社会发展，技术水平的提高也是其发展阶段中的必然产物。这种提高对于发展低碳经济来说，毫无疑问有着积极的意义，低碳技术的进步也能够从不同角度来推动低碳化的进程：如能源利用效率、能源结构、低碳技术的发展水平、污染物处理效率等。在发达国家之中，一般会采用先污染后治理的方针，但在发展中国家，特别是中国这样的社会主义国家，

---

① 资料来源：《BP 世界能源统计年鉴 2020》。

可以从发达国家的弯路中汲取经验和教训，利用先进的低碳技术来防患于未然，在低碳发展上实现跨越。一般我们所指的低碳技术主要是能够提高能源利用效率的，也能够开发利用新能源的技术，主要分为降碳技术、消碳技术和零碳技术等，例如，高效清洁利用技术、二氧化碳埋存等。与"低碳"相关的新技术研发也在低碳经济的风口上进入空前的热潮，新能源行业的蓬勃发展使节能减排备受各国政府关注。而这一切自然都离不开低碳技术，也同时促进了低碳技术的不断创新与发展。

第二节　省域维度低碳经济发展水平评价指标体系构建

一、指标体系构建原则

在构建指标体系的过程中，需要考虑以下原则。

（1）全面系统原则。对低碳经济发展水平评价指标体系的建立不仅要考虑评价体系能够反映全面的内容，又要保证指标体系之间的独立与结合。因此，要从系统的角度来选择评价指标，全面反映各项内容之间的关系，同时，把一系列与低碳经济有关的指标有机地联系起来，能够从各个角度准确地反映低碳经济的发展水平。而在建立指标的同时也要注意简洁明了，不能因为反映内容多而冗杂，也不能因为精练而有所遗漏，让整个评价指标体系总体最优。

（2）整体性和层次性。低碳经济发展水平评价指标体系作为一个整体，应该较全面整体地反映低碳社会发展的具体特征，能够整体体现社会生活、经济产业等多个社会主要方面的主要状态特征及其变化情况。对于如何确定指标，必须在把握整体性的同时，也体现出合理的结构层次，并将指标分类，使指标体系结构清楚、便于使用。

（3）可操作与可对比原则。指标体系的可操作性对指标数据的可获得性提出了要求，在设计指标时，多利用能够收集到数据的指标，而回避采用无法获得数据的指标，少用定性指标。同时该指标要考虑地区以及区域之间的可对比性，通过横向区域和纵向时间上不同数据的比较分析，反映低碳经济发展水平的提高和各区域间的差异，从而可以有针对性地提出对策措施。

（4）科学性与适用性。在指标体系建立的过程中，通过分析低碳经济的内涵，从科学的角度系统而准确地理解和把握低碳经济的实质，在指标的选取上，采用科学的方法，要求所选指标目的明确、定义准确、内容简明、易于理解，切不能模棱两可、含糊不清，数据来源要准确，具体评价指标能够反映出低碳经济评价的核心要素。

（5）动态性与调整性。不同时期的低碳经济发展水平不同，即使同一时期，不同地区低碳经济的发展水平也不相同，因此，低碳经济发展水平的评价过程也是一个动态的过程，在指标的设置上应充分考虑这一点，根据所反映内容的各项变化，及时更新指标系统，淘汰已经无用的指标，添加能适应新变化的指标，在权重的设置上也要根据不同时期的特点加以调整。

二、评价指标体系的构建

在指标体系构建的过程中，通过结合低碳经济内涵及系统分析，我们应该以指标体系的构建原则为准绳，采取系统论的角度全面考虑。基于此，我们现在已初步构建了一套具有较高应用价值的省域层面的指标来尝试分析低碳经济发展水平。这个指标体系总共拥有三个层次，目标层为低碳经济发展水平，准则层包括经济发展、能源消费、环境保护三个方面，指标层选取了 14 个指标，如表 6-1 所示。

表 6-1 省域低碳经济发展水平评价指标体系

目标层	系统层	准则层	指标层	计算说明	指标方向
省域维度低碳经济发展系统	碳排放-经济发展子系统 A	碳排放规模 A_1	人均碳排放量（碳足迹）x_1	省域碳排放总量/省域总人数	负向
		碳排放质量 A_2	碳排放强度 x_2	省域碳排放总量/省域生产总值	负向
			碳生产力 x_3	省域生产总值/省域碳排放总量	正向
			碳排放弹性系数 x_4	省域碳排放的增长率/省域生产总值的增长率	负向
	碳排放-能源消费子系统 B	碳源控制 B_1	能源碳排放系数 x_5	省域碳排放总量/省域能源消费总量	负向
			非化石能源占能源消费总量比重 x_6	省域非化石能源消费量/省域能源消费总量	正向
		碳汇建设 B_2	森林覆盖率 x_7	省域森林面积/省域土地总面积	正向
			城市建成区绿化覆盖率 x_8	城市建成区绿化覆盖面积/城市建成区面积	正向
	碳排放-环境保护子系统 C	环保投入 C_1	环境污染治理投资占省域生产总值比重 x_9	省域环境污染治理投资总额/省域生产总值	正向
			每万人拥有公共汽车数 x_{10}	省域公共汽车数/省域总人数（万人）	正向
			研究与试验发展经费投入强度 x_{11}	省域研究与试验发展经费支出/省域生产总值	正向
		环保技术 C_2	工业固体废物综合利用率 x_{12}	省域工业固体废物综合利用量/工业固体废物产生量	正向
			工业废气治理设施数 x_{13}	—	正向
			工业废水治理设施数 x_{14}	—	正向

第三节　基于系统论的省域维度低碳经济发展水平评价模型建立

一、碳排放-经济发展子系统

碳排放-经济发展子系统是省域"低碳化"程度最直观的反映指标，因此从碳排放规模和碳排放质量两个维度对碳排放子系统进行具体评价。

人均碳排放量（碳足迹），指的是单位、区域人均分摊的碳排放量，其计算公式为：省域碳排放总量/省域总人数。其中最为关键的环节是碳排放总量的计算，碳排放总量是指单位、区域在某一时期内所排放二氧化碳的总和。由日本学者茅阳一所开发的 Kaya 公式可以得出，碳排放总量=人口×人均省域生产总值×单位省域生产总值的能源用量（能源强度）×单位能源用量的碳排放量（碳强度）。碳排放规模参考省域人均碳排放量进行评价。人均碳排放量指标是国际上进行碳减排谈判经常使用的重要指标之一，这一指标不仅考虑了不同地区二氧化碳排放的总量，还考虑不同地区的人口密度，使不同地区之间二氧化碳排放量更具有可比性，体现了在我国的不同地区显著存在的消费模式的差异，使用"人均碳排放量"这样一个能够体现人口密度的、具有较强的综合性的指标，来完成对我国消费模式转变影响碳排放的程度的衡量。

碳排放质量从碳排放强度、碳生产力及碳排放弹性系数三个方面进行评价。碳排放强度的定义是省域碳排放总量除以省域生产总值的数值，它能够从碳排放量这个角度很生动地反映单位省域生产总值产出所排放进入大气的二氧化碳，同时也可以较为准确地反映经济增长的质量和效率。同时选取了碳排放弹性系数，其计算公式为：省域碳排放的增长率/省域生产总值的增长率，反映了碳排放与经济发展相互制约的关系以及发展趋势和规律。碳生产力指的是一段时期内省域生产总值与该时期内省域碳排放总量的比值，反映了单位碳排放所带来的经济效益。

二、碳排放-能源消费子系统

碳排放-能源消费子系统指标包括碳源控制和碳汇建设两个维度。

1）碳源控制指标

碳源控制的思路是从能源效率、能源结构等方面来综合评价低碳经济发展水平，主要包括两个方面：能源碳排放系数以及非化石能源占能源消费总量比重。

能源碳排放系数，实际上指的是能源单位消耗的状态下所产生的碳排放量，我们在具体计算能源消费的程序上，如果发现其中某种能源碳排放系数较高，同时又占更大的能源比重，那么毫无疑问最后计算出来的综合能源碳排放系数就会较大，其计算公式为：能源碳排放系数=省域碳排放总量/省域能源消费总量，该数值越大意味着消费能源的碳排放越大，因此它是一个负向指标，反映了一个地区能源结构的低碳化程度。

能源结构指标向我们展示的是不同情况下，非化石能源的消费水平在全部能源消费中所占的比重。但在具体的计算过程中，由于具体结构的衡量会涉及不同的能源，而它们也具有不同碳排放系数指标，不一样的组合也会带来截然不同的碳排放处理效果。因此，我们通过比较各个地区的碳排放量，就可以很自然地考虑改变能源结构来降低碳排放量。非化石能源占能源消费总量的比例，具体就是指风能、水能，包括进一步可能发展的太阳能、天然气、地热等新能源占能源消耗总量的比重。对于非化石能源及清洁煤，它们的碳排放系数都小于煤炭能源，所以当非化石能源所占总能源的比重降低时，我们很容易推断出整体的能源碳排放量在降低，因此我们定义其为正向指标；反之，我们基于同样的理由，定义煤为逆向指标。

2）碳汇建设指标

碳汇的定义是指从大气中直接消除二氧化碳的低碳思路与机制，它主要能够体现的是对二氧化碳的吸收能力，而这在很大程度上决定着减少一个地区的碳排放的效果。由于二氧化碳的自然清除方式主要是通过绿色植物自我进行光合作用来吸收，所以我们不难理解，森林生态系统是整个陆地生态系统中吸收二氧化碳最重要的一环，它承担着维持自然界碳含量收支平衡的重要责任。从具体的吸收能力上来说，1公顷的森林便可以等价转换成1.83吨的二氧化碳。碳汇建设指标主要选取森林覆盖率当作区域范围内的衡量手段，城市建成区绿化覆盖率作为城市的碳汇指标来进行具体的计算。

森林覆盖率的定义是省域森林面积与省域土地总面积的比值，这个数值越高，就意味着森林有越强的吸收以及储存二氧化碳的能力。很自然地，这个指标我们都将其定义为正向指标。

对于城市而言，城市建成区绿化覆盖率是城市碳汇建设的一个重要指标，反映的是城镇绿化状况，计算公式为：城市建成区绿化覆盖率=城市建成区绿化覆盖面积/城市建成区面积，反映区域对碳源减排的促进状况，是一个正向指标。

三、碳排放-环境保护子系统

碳排放-环境保护子系统最具有价值的功能是反映国家或者某个区域为了降低碳排放所付出的心血，包括环保投入及环保技术两个维度。

1）环保投入

环保投入包括资金投入、居民思想观念投入以及研发投入三个方向。

环境污染治理投资占省域生产总值比重所表达的是国家愿意花费多大的投入比例来治理环境，计算公式是省域环境污染治理投资总额除以省域生产总值的数值。我们希望获得更大的这个指标的数值，这样就更能说明国家将环境治理摆在一个更高的战略位置，它是一个正向指标。

低碳经济的发展不仅需要有充足的后备资金，同时也必须从居民生活上做出引导，来带动低碳经济的全面发展。因此我们引入了每万人拥有公共汽车数这一个参考数值，来比较精确地刻画出公共汽车在一万人这个单位中的数量，这显然是一个正向指标。因为我们并不期望它的总量大，这并不利于一个区域得到更低数值的碳排放量。计算公式为：每万人拥有公共汽车数=省域公共汽车数/省域总人数（万人）。

低碳研发投入很显然能够很大程度地保证低碳经济未来比较正确的走向。这笔数额不菲的投入衡量的指标主要是研究与试验发展经费投入强度。它不仅可以强有力地推进低碳技术的蓬勃发展，同时也能或多或少地助力我国的低碳经济。研究与试验发展经费指的是我国对于科研的具体投入，但即便在低碳技术这一领域相关的数据查找上出现了困难，我们依然可以通过一整个区域的研究与试验发展经费的投入来判断国家低碳技术的发展水平。这个强度越大，说明地区的投入越大，自然是更重视科技发展，也肯定更有动力促进低碳相关技术的创新。基于这样的考虑，我们倾向于用研究与试验发展经费占省域生产总值的比例，来进行相关低碳投入的具体计算。其计算公式为：研究与试验发展经费投入强度=省域研究与试验发展经费支出/省域生产总值。

2）环保技术

工业固体废物综合利用率，在定义上指的是工业固体废物综合量占产生量的比例，指标是正向指标。除此之外，我们还考虑用工业废气治理设施数、工业废水治理设施数这两个正向指标，它们能够比较精确地反映出相关部门对于固体废物、废气和废水具体的治理情况，其计算也很简单，就是废气与废水相应的治理设施数量。

四、省域维度低碳经济发展水平评价指标体系对比矩阵

1）目标层的对比矩阵

在省域低碳经济发展水平综合评价中，通过比较决策层碳排放-经济发展子系统、碳排放-能源消费子系统、碳排放-环境保护子系统之间的相对重要性，建立对比矩阵，其中经济发展子系统最为重要，其次是能源消费子系统和环境保护子系统。对比矩阵如表6-2所示。

表 6-2　目标层对比矩阵

省域低碳经济	碳排放-经济发展子系统	碳排放-能源消费子系统	碳排放-环境保护子系统
碳排放-经济发展系统	1	3	8
碳排放-能源消费子系统	1/3	1	3
碳排放-环境保护子系统	1/8	1/3	1

2）决策层经济发展的对比矩阵

在经济发展子系统中，最需要被我们关注的是人均碳排放量指标。其次是碳排放强度、碳生产力和碳排放弹性系数。各指标对比矩阵如表 6-3 所示。

表 6-3　决策层经济发展的对比矩阵

碳排放-经济发展子系统	人均碳排放量	碳排放强度	碳生产力	碳排放弹性系数
人均碳排放量	1	2	4	3
碳排放强度	1/2	1	3	3
碳生产力	1/4	1/3	1	1
碳排放弹性系数	1/3	1/3	1	1

3）决策层能源消费的对比矩阵

在能源消费子系统中，非化石能源占能源消费总量比重指标最为重要，其次是能源碳排放系数指标，再次是森林覆盖率和城市建成区绿化覆盖率。各指标对比矩阵如表 6-4 所示。

表 6-4　决策层能源消费的对比矩阵

能源消费	能源碳排放系数	非化石能源占能源消费总量比重	森林覆盖率	城市建成区绿化覆盖率
能源碳排放系数	1	1/2	2	2
非化石能源占能源消费总量比重	2	1	3	6
森林覆盖率	1/2	1/3	1	2
城市建成区绿化覆盖率	1/2	1/6	1/2	1

4）决策层环境保护的对比矩阵

碳排放-环境保护子系统中，研究与试验发展经费投入强度是我们最为看重的指标，工业固体废物综合利用率及工业废水治理设施数也具有同样的重要性。各指标对比矩阵如表 6-5 所示。

表 6-5 决策层环境保护的对比矩阵

低碳技术	环境污染治理投资占省域生产总值比重	每万人拥有公共汽车数	研究与试验发展经费投入强度	工业固体废物综合利用率	工业废气治理设施数	工业废水治理设施数
环境污染治理投资占省域生产总值比重	1	2	1/2	5	1/2	2
每万人拥有公共汽车数	1/2	1	1/2	3	1/3	1
研究与试验发展经费投入强度	2	2	1	5	1	3
工业固体废物综合利用率	1/5	1/3	1/5	1	1/5	1/2
工业废气治理设施数	2	3	1	5	1	3
工业废水治理设施数	1/2	1	1/3	2	1/3	1

5）指标一致性检验及指标权重计算

我们主要使用层次分析法并结合相关的软件来进行数据处理，主要目标是计算各指标权重，并完成相关的一致性检验。

目标层一致性检验的结果是 $CR = 0.0015 < 0.1$，可以通过一致性检验。

碳排放-经济发展子系统的一致性检验为 $CR = 0.0171 < 0.1$，也可以通过一致性检验。碳排放-能源消费子系统的一致性检验为 $CR = 0.0171 < 0.1$，可以通过一致性检验。碳排放-环境保护子系统的一致性检验为 $CR = 0.0120 < 0.1$，可以通过一致性检验。

通过 yaahp 软件，我们也能够得到各指标权重，各指标权重如表 6-6 所示。

表 6-6 各指标权重值

省域低碳经济发展	因素			权重
	经济发展	能源消费	环境保护	
	0.6817	0.2363	0.0819	
人均碳排放量（碳足迹）x_1	0.3154			0.3154
碳排放强度 x_2	0.2075			0.2075
碳生产力 x_3	0.0766			0.0766
碳排放弹性系数 x_4	0.0823			0.0823

续表

省域低碳经济发展	因素			权重
	经济发展	能源消费	环境保护	
	0.6817	0.2363	0.0819	
能源碳排放系数 x_5		0.0579		0.0579
非化石能源占能源消费总量比重 x_6		0.1194		0.1194
森林覆盖率 x_7		0.0370		0.0370
城市建成区绿化覆盖率 x_8		0.0220		0.0220
环境污染治理投资占省域生产总值比重 x_9		0.0148		0.0148
每万人拥有公共汽车数 x_{10}		0.0090		0.0090
研究与试验发展经费投入强度 x_{11}			0.0224	0.0224
工业固体废物综合利用率 x_{12}			0.0038	0.0038
工业废气治理设施数 x_{13}			0.0240	0.0240
工业废水治理设施数 x_{14}			0.0079	0.0079

可以看出,影响低碳经济发展水平的指标前 5 名依次为:人均碳排放量、碳排放强度、非化石能源占能源消费总量比重、碳排放弹性系数、碳生产力。

第四节　本章小结

本章首先对省域维度低碳经济发展采用内涵及系统分析,然后从系统论的角度出发,将省域维度低碳经济发展分解为三大子系统,即碳排放-经济发展子系统、碳排放-能源消费子系统及碳排放-环境保护子系统,基于三大子系统构建省域低碳经济发展水平评价指标体系。基于构建的省域低碳经济发展水平评价指标体系,结合层次分析法得到各指标权重,建立了省域低碳经济发展水平评价模型,为省域维度的实证研究和可视化分析奠定了理论基础。

第七章 城市维度低碳经济发展水平评价指标体系及模型建立

在处于经济飞速发展的工业化进程的同时，中国也处于城市化进程中。据世界银行统计数据显示，中等收入国家城市化率为61%，高等收入国家城市化率为78%。中国2018年的城市化率为59.59%，这意味着有大约3亿人口将转移到城市里。在对环境污染问题进行研究的时候，很多学者把城市化和城市建设与人口增加、经济增长等因素作为环境污染的影响因素来进行分析。城市越大，环境污染问题越多。首先，能源的生产性消费以工业和城镇为主，同时，与人口城市化进程相伴的居民消费水平的提高和生活方式的改变导致对生活性能源消耗的直接与间接需求的增长，城市居民人均能源消费量是农村居民的3.5~4倍[①]。

减少温室气体排放量，并为适应气候变化做出计划，无论对于全球还是中国，都是极其紧迫的。几乎大多数能源消费都来自城市，不论直接的还是间接的。全球一半以上的人口居住在城市，城市二氧化碳排放量占整体排放量的70%以上[②]。另外，我国正在经历经济发展期与高速城市化阶段，至2019年末我国城市化率为60.60%[③]。而到2050年我国城市化率则预计增至70%，高城市化率导致更多的能源消费量与二氧化碳排放量。因此，应该将城市作为我国减少碳排放最重要的方向之一。而且，在减少碳排放的同时，可以同时解决排污、绿化建设、拥堵等其他与低碳经济相关的问题。与此同时，城市建设需要多种多样的产品与服务，可以在推动低碳经济发展的同时不断地进行技术革新，积聚力量，用更强有力的行动解决碳排放带来的问题。因此，以大城市为样本对低碳经济发展水平进行实证分析，有利于从整体上把握国家和区域环境友好型、可持续发展的政策形势和发展规律。

第一节 城市维度低碳经济发展水平评价系统分析

从系统论的角度出发，低碳经济是指以降低碳排放量为本质的经济发展模式，同时兼顾人类需求与自然保护，是一种全面协调、可持续发展的社会形态。它是

---

① 资料来源：蔡梦宁. 中国城市化、碳排放与经济增长的关系研究[D]. 武汉：华中科技大学，2016.

② 资料来源：中国人民大学生态金融研究中心发布的《2020中国绿色城市指数TOP50报告》。

③ 资料来源：国家统计局于2020年2月28日发布的《中华人民共和国2019年国民经济和社会发展统计公报》。

一个由多个部分构成的有机整体，所以这个整体应该具备整体性、多样性、关联性、动态性等基本特征，它的评价指标体系更是要从这些角度出发去选取。

1）低碳经济系统的整体性

低碳经济系统是由人与自然构成的一个有机整体，所以人与自然在这个系统中相互关联、相互协调、不可分割。随着科学技术的不断发展，人类认识和改造自然的能力逐渐增强。此时，人们只是把自然当作人类改造的对象，而忽略了自然的内在价值，因而造成环境污染等严重后果，影响了人类的生存与发展。这些后果促使我们反思人与自然的关系，人与自然其实是一个有机的整体，保护自然也是为了人类，笔者认为，应当着眼于人与自然的全面发展，减少温室气体的排放，使人类和自然都能协调发展。而且因为人与自然的协调发展体现了低碳经济的整体性，那么在选取典型指标时不能只考虑经济发展、技术水平，还应关注能够反映低碳消费模式的指标，如消费理念低碳度、消费偏好低碳度等。这样才能从整体的观点去构思和评价低碳城市的建设。

2）低碳经济系统的多样性

当前气候问题十分严峻，我们不能再对环境保护问题漠视不理了，因为它已经和我们联系到了一起。低碳经济系统也是一个复杂的整体系统，其中包含了自然资源与人类，在这个系统中，人与环境是一种相互关联的关系，相互包含、相互影响。自然的多样性决定了系统的多样性，系统中的万事万物之间存在着多种多样的复杂关系。不能为了眼前的、局部的利益而牺牲自然界本身的丰富性和多样性。低碳经济要求我们应该认可自然的多样性，了解自然，并且对自然的多样性要进行保护。所以，我们在构建评价指标体系时，选取的指标必须从各个方面、多样地反映人与自然的关系，以牺牲环境为代价来成全经济增长的做法会让人与自然之间的关系恶化，而考虑环保却不考虑人的发展会因噎废食。因此，指标的选取必须符合低碳经济方方面面的要求，能够体现低碳经济中的多样性问题。

3）低碳经济系统的关联性

低碳经济系统是其中元素都相互影响关联的系统。经济发展与环境保护一直联系在一起，相互影响、相互作用。经济的发展必然会导致环境的变化，而环境资源也是经济发展的基础。所以我们在经济发展中必须要注重环境保护，才能使整个系统能够平稳地运行。构建低碳经济发展模式，旨在寻求人与自然的协调发展，减少自然资源的消耗和碳排放量。不只是让环境能够配合经济发展的需求，也不是为了经济发展而去破坏环境、改造环境，而是在经济发展的过程中，保护环境，维持生物的多样性，推动生态系统的自我运行和自我恢复，保持自然界的平稳运行。在低碳经济发展水平评价指标体系的建立过程中不但要体现出如何开发利用自然资源，而且要反映出如何保护环境，同时促进经济的发展，全面建立起经济发展与环境保护的协调、伙伴关系。

4）低碳经济系统的动态性

一个整体的系统讲究的是动态平衡。系统应该不断将自身的元素与外部的元素进行交换，使整个系统在不断交换中保持平衡有序。整个系统的平衡，不仅要求系统能够正常运行，而且存在着相互制约关系或系统损伤时能够不断调整修复，从而恢复到之前平衡的状态。因此，不论系统内部还是外在，抑或是系统与系统之间的关系，都将影响系统的平衡，成为系统动态性需要考虑的因素。一般情况下，经济的发展可能会带来环境的破坏，而保护环境则会减缓经济发展速度，但在低碳经济系统中，二者是相互协调、动态平衡的状态，低碳经济的发展促进了国民经济水平的发展，但是对环境的影响大大减小。任何部门的低碳化转变都可以促使系统维持活力。全球气候变暖证明了人类无法逃避自身所生存的空间。因此，我们认为，在评价指标体系中不能仅仅以现状为评判标准，而应该从动态的、发展的角度来透视，以降低碳排放量、经济发展与环境保护协调平衡发展为目标，以此来构建城市低碳经济发展水平评价指标体系。

因此，使用系统论来对低碳经济进行理解，将低碳经济的认识提高到了一个新的阶段。以该理论为依据，建立一套更加完善且更为持续有效的评价指标体系，力求客观真实地反映低碳城市建设中节能减排与经济可持续发展水平，具有重要的理论价值与现实意义。

第二节　城市维度低碳经济发展水平评价指标体系构建

从系统论的角度出发，低碳经济的定义，是指以降低碳排放量为根本目的的一种新的经济发展模式，由多个部分组成，具有多样性、整体性等基本特征，它的评价指标体系更是要从这些角度出发去选取。

低碳经济是一个包含低碳环保和经济两方面内容的概念，因此它讲究的是环境保护与经济发展相互之间的权衡，具体内容如下。

（1）经济发展。经济发展阶段是低碳经济的重要体现之一，低碳经济是注重环保的高阶段经济发展模式与社会经济形态，低碳经济经过了漫长的发展演变，形成了以绿色为核心的高阶段经济发展模式与社会经济形态，着重在限制碳排放量的同时，保证经济的发展，促进社会的进步，从而实现保护环境的目的，在经济增长的前提下实现可持续发展。即低碳经济的根本问题包括增长经济和减少碳排放。

（2）技术水平。社会的发展离不开科学的进步与技术的创新，科学技术水平直接影响或间接影响社会发展的进程，而科学技术水平的提高对于城市低碳经济的发展有着不可忽略的意义。技术进步主要从两个方面提升低碳经济的发展：一是利用新的减排技术，将现有能源的碳排放水平降低，提高能源的利用效率，使单位 GDP 碳排放水平提升，如二氧化碳封存技术；二是开发利用新能源，将能源利用从高碳排放能源转移到低碳排放能源上，如可再生能源以及核能的大力开发。

（3）自然禀赋。自然禀赋是指由自然资源和先天优势等决定因素构成的条件。由于各城市的地理位置、气候条件、自然资源蕴藏等方面存在差异，各地区碳排放量与经济增长状况也会呈现不同的特征。依据自然资源禀赋论，国家的经济发展与其拥有的自然资源禀赋呈显著负相关关系。但毫无疑问，地区拥有的良好自然禀赋所带来的低碳资源等将在很大程度上决定其低碳排放量。

（4）消费方式。由于各个城市的文化、生活习惯、能源结构不同，所以不同城市的碳排放量差异较大，而且消费方式反映了社会经济的各个活动情况，还体现了城市居民对于低碳经济发展的认识度、理解度与执行程度。所以，一个地区的低碳经济发展程度将在其居民的生活消费方式上得到体现。

（5）政策法规。在中国，低碳经济发展离不开政府的引导与管理，而相应的政策法规则是政府管理强有力的手段。对于地区发展而言，健全的法律法规不仅能保证当地经济有序发展，还能有效限制当地的碳排放量，积极引导当地企业与居民生产生活消费习惯，从而使经济发展和环境保护达到平衡。

一、指标体系的构建原则

要建立一套科学的城市维度低碳经济发展水平评价指标体系，必须正确把握低碳经济的内涵。低碳经济是促进经济发展和处理气候问题的最佳选择方案。城市维度的评价指标体系自然应该和低碳相关，也和城市发展相关。为了更好地选择评价指标，我们需要遵循以下原则。

（1）科学性原则。在城市维度低碳经济发展水平评价指标体系中，所选择的评价指标必须具有科学性，即选择的指标、选择的过程要有依据，指标要和城市维度的低碳经济高度相关。指标的界定要规范、准确，这样才能确保评价结果能让我们满意，这也是构建指标体系的关键。

（2）整体性原则。整体性原则是指所选择的指标不仅要和城市维度的低碳经济相关，各个指标之间彼此也要有一定的联系，要实现"1＋1＞2"的效果，综合起来能完整地评价低碳经济，尽量不要有所遗漏。

（3）针对性原则。针对性原则是指城市低碳建设要具有针对性，需要针对城市的现状和问题，具体选择合适的指标。例如，低碳城市要同时重视技术水平、自然禀赋等多因素。那么我们在选择指标时，就要选择和低碳技术相关的指标、和自然禀赋相关的指标。

（4）完备性原则。完备性指的是整个指标体系要能够真实地测出城市的低碳经济发展状况，能够全面反映城市低碳经济的这一能力，并且从不同侧面来反映低碳城市的建设进程与发展概况，同时有机联系评价目标和评价指标，让评价结果从整体上看层次分明且相互关联。在选取指标的过程中需要注意的是，既不能选择过多没有用的指标，也不能选取太少指标，指标太少就不能完全反映城市低碳经济的现状，有时候数据缺失等原因造成的指标太少，可以用其他测量方法来代替；指标体系的完备性从来都不意味着所设计的指标完美无缺，而是将重点放在低碳城市建设的主要特征上，对这些主要指标进行分析和评价，进而得到城市低碳的总体情况。

（5）动态性原则。系统是动态的，系统内是联系的、相互作用的。低碳经济发展水平评价指标体系要顺应经济发展阶段，如果低碳城市建设的内外部环境发生变化，则评价指标体系也不能一成不变，而是要主动地寻求调整和完善。因此，指标的选用应具备动态的观点，具体问题具体分析，引入必要的指标。城市低碳经济强调整个变化和发展的过程，因而各个指标不能以一个绝对值来衡量，而是要反映一个逐步改善、逐步提高的过程。

（6）可操作性原则。指标的设置要充分考虑指标体系中数据的可获得性，尽可能利用现有的统计资料，使建立的指标体系简明清晰，易于量化、应用；另外，指标要能根据某一标准进行度量和分析测定，采用国际通用的指标，来方便跨国和跨地区进行横向比较。

二、指标体系的基本构成

在研究低碳经济的评价指标时，系统论的基本观点起着重要的指导作用。低碳经济发展水平评价涉及很多方面和环节，把这些环节看成城市维度低碳经济发展水平评价中各自都密切联系的要素，可以避免漏掉一些环节。如果按照低碳经济的内涵以及评价指标体系所基于的构建原则，衡量和考虑低碳经济发展水平的指标，就可以基本构建一套突出城市低碳经济建设水平的指标体系和测度。该指标体系将低碳经济发展水平评价设为总目标层，以经济发展阶段、低碳技术水平、自然禀赋、低碳消费模式、低碳政策法规5个指数为准则层指标，各指标又以各有侧重的指标层来全面评估城市低碳经济系统具有的潜力，具体如表7-1所示。

表 7-1　城市维度低碳经济发展水平评价指标体系

准则层	指标层	指标方向	备注
经济发展阶段	单位城市生产总值碳排放量/（吨/万元）	负向	
	城市生产总值增长率/%	正向	
	第三产业比重/%	正向	
	城镇居民人均可支配收入/元	正向	
	农村人均纯收入/元	正向	

续表

准则层	指标层	指标方向	备注
低碳技术水平	低碳技术研发经费占城市生产总值比重/%	正向	
	清洁能源的比例/%	正向	
	工业废水重复利用率/%	正向	
	低能耗建筑比率/%	正向	
	城市生活垃圾无害化处理率/%	正向	
	城市生活污水处理率/%	正向	
	工业固体废弃物综合率/%	正向	
	CO_2捕获与封存比例/%	正向	
自然禀赋	非化石能源占一次能源比重/%	正向	
	森林覆盖率/%	正向	
	单位能源消费的CO_2排放因子/%	负向	
低碳消费方式	人均碳排放/吨CO_2	负向	
	人均生活碳排放/吨CO_2	负向	
	消费理念低碳度/%	正向	低碳消费了解度、低碳消费偏好度、绿色消费赞同度等
	消费偏好低碳度/%	正向	节能住宅购买率、清洁能源使用率、初级食品比重等
	消费水平低碳度/%	正向	人均家庭用水、人均生活用电、人均粮食消费量等
	消费结构低碳度/%	正向	教育支出、旅游支出、衣着支出、居住支出比重等
低碳政策法规	低碳经济发展规划程度/%	正向	
	建立碳排放监测、统计和监管体系的力度/%	正向	
	公众低碳经济知识普及程度/%	正向	
	建筑节能标准执行率/%	正向	
	非商品能源激励措施和力度/%	正向	

（1）经济发展阶段指标。地区经济发展阶段是低碳经济发展水平评价的一个重要因素。不同的发展水平将直接导致不同的低碳水平。例如，我国正处于工业化和城镇化推进时期，工业企业的不断发展，必然导致大量的碳排放，我们虽不能要求碳排放总量立即下降，但有必要对单位城市生产总值的碳排放量进行控制。城市生产总值增长率一直是我国衡量经济增速的重要指标，也是体现宏观经济好坏的重要指标之一。而第三产业比重显示了该地区的经济发展阶段，一般第三产业所占比重越大，经济发展程度越高。因此单位城市生产总值碳排放量、城市生产总值增长

率、第三产业比重、城镇居民人均可支配收入、农村人均纯收入等成为城市维度低碳经济发展的核心指标。

（2）低碳技术水平指标。低碳技术水平在低碳经济建设中占较重要的位置，涉及可再生能源、新能源、煤的清洁利用，油气资源和煤层气的开发以及碳捕捉和埋存技术等，且低碳技术几乎涵盖了国民经济发展的所有支柱行业，如电力、交通、建筑、冶金等。因此掌握了低碳技术，就赢得了经济发展的话语权。在本节中，选取的低碳技术水平指标包括：低碳技术研发经费占城市生产总值比重、清洁能源的比例、工业废水重复利用率、低能耗建筑比率、城市生活垃圾无害化处理率、城市生活污水处理率、工业固体废弃物综合率、CO_2捕获与封存比例等。

（3）自然禀赋指标。低碳自然禀赋主要包括三个最主要的指标，其一是非化石能源占一次能源比重，其二是森林覆盖率，其三是单位能源消费的CO_2排放因子。其中，水能、风力等可再生资源以及核能都属于零碳排放的资源，积极增加森林碳汇这样的手段，对我国节能减排、缓解气候变化具有积极的作用，也是实现低碳化的重要物质基础。化石能源是绝大部分国家的能源来源，煤炭、石油和天然气三者的碳排放系数依次递减，为了比较这几种能源的结构性差异，本节选取单位能源消费的CO_2排放因子作为指标。

（4）低碳消费方式指标。低碳消费方式是低碳城市建设的核心问题，是改善环境、提高资源利用效率的基本保障。在确定低碳消费方式指标时，需考虑地区内部碳排放的水平，以及不同地区各异的低碳消费理念等。虽然消费模式会受到比较复杂的影响，人均碳排放由于代表性较强，自然可以当作综合性指标来界定低碳政策对碳排放所产生的作用。另一个重要的衡量指标是人均生活碳排放，主要涵盖了居民取暖、制冷等生活用能所产生的碳排放。而且伴随着工业化和城市化的不断推进，倡导低碳消费理念已成为实现经济又好又快发展的有效途径。因此，可用人均碳排放、人均生活碳排放、消费理念低碳度、消费偏好低碳度、消费水平低碳度、消费结构低碳度等来衡量地区低碳消费水平。

（5）低碳政策法规指标。在低碳经济的推进过程中，必须结合各地区各自的特点，将能源结构调整、技术转型等其他因素同时纳入经济社会发展的整体规划当中。基于此，低碳政策法规指标需包括以下几个方面，即低碳经济发展规划程度，建立碳排放监测、统计和监管体系的力度，公众低碳经济知识普及程度，建筑节能标准执行率，非商品能源激励措施和力度。

第三节　基于组合评价的城市维度低碳经济发展水平评价模型建立

由于上述城市低碳经济发展水平评价指标体系中的部分数据现在暂无相关机

构统计监测，无法从统计年鉴或其他资源中寻得，所以在实证分析中将调整上述指标体系。具体而言，在低碳技术水平准则层中，删除工业废水重复利用率、低能耗建筑比率以及 CO_2 捕获与封存比例，同时因主要能源消费中，天然气碳排放量最低，所以用天然气占能源消费比重代替清洁能源的比例指标。用研究与试验发展经费支出占城市生产总值比重代替低碳技术研发经费占城市生产总值比重指标。在自然禀赋准则层中，由于电力是最为主要的非化石能源，所以用电力占能源消费比重代替非化石能源占一次能源比重。在低碳消费方式准则层中，因消费理念、消费偏好以及消费水平指标需要大量调研，各城市政府暂无这类数据，所以实证分析时删除这三个指标；另外，因为教育文化娱乐服务支出属于第三产业，碳排放量低，所以用城镇居民家庭人均教育文化娱乐服务支出替代消费结构低碳度；生活碳排放中，交通工具是一项重要来源，所以利用万人拥有公共汽车替代人均生活碳排放。而低碳政策法规准则层应组织专家统一打分，所以实证分析暂时不予考虑。建立新的指标体系如表 7-2 所示。

表 7-2　城市维度低碳经济发展评估指标体系

准则层	指标层	备注
经济发展阶段	单位城市生产总值碳排放量/（吨/万元）	
	城市生产总值增长率/%	
	第三产业比重/%	
	城镇居民人均可支配收入/元	
	农村人均纯收入/元	
低碳技术水平	研究与试验发展经费支出占城市生产总值比重/%	使用研究与试验发展经费支出代替低碳技术研发经费
	天然气占能源消费比重/%	其他除天然气之外的清洁能源消费水平过低，忽略不计
	城市生活垃圾无害化处理率/%	
	城市生活污水处理率/%	
	工业固体废弃物综合率/%	
自然禀赋	电力占能源消费比重/%	替代非化石能源占一次能源比重
	森林覆盖率/%	
	单位能源消费的 CO_2 排放因子/%	
低碳消费方式	人均碳排放/吨 CO_2	
	万人拥有公共汽车/辆	替代人均生活碳排放
	城镇居民家庭人均教育文化娱乐服务支出/元	替代消费结构低碳度

准则层	指标层	备注
低碳政策法规 （组织专家评价后可 加入指标体系）	低碳经济发展规划程度/%	
	建立碳排放监测、统计和 监管体系的力度/%	
	公众低碳经济知识普及程度/%	
	建筑节能标准执行率/%	
	非商品能源激励措施和力度/%	

　　虽然都是用来评价城市低碳经济发展水平的，但是因为不同指标对于低碳经济发展的重要程度不同，因此这些指标的权重也是不同的。为了确定这些不同的权重，我们需要选取科学的方法，常用的有层次分析法、德尔菲法和主成分分析法等。主成分分析法主要的特性是能够强化指标重叠信息，其相关性结构在一定程度上会影响结果，同时，相关性的不同也可能会导致权重的偏向性。而专家咨询法又有着过分强的主观性。数据包络分析法的计算量很大，比较复杂。此外，还有因子分析法等方法，它们不适合有时间序列的数据。综上所述，我们采用了层次分析法。

　　在前面构建的城市低碳经济发展水平评价指标体系中，各个指标对整个体系的影响程度是不同的。因此，为了衡量城市低碳经济的发展水平，就必须为每个指标确定一个影响因子，即权重。在学术研究中一般会采用主成分分析法、层次分析法、熵值法和因子分析法等。本节将结合评价者对评价问题的定性考量与定量计算求出各个评价指标适当的权重，具体而言，将采用层次分析法与熵值法结合的组合评价法来确定城市低碳经济发展水平评价指标的权重。

　　选择使用层次分析法的理由如下。

　　（1）层次分析法使用一种整体性综合评价的原理，层次分明，非常符合指标体系的构建原则。

　　（2）层次分析法的计算过程中并没有使用到高等的数学运算，但又不是简单的定量赋值，其计算过程具有一定的逻辑性，使计算结果能够用量化数据反映专家定性的分析思路，并且能通过简短的计算得到最后的结果。

　　（3）层次分析法结合了专家的定性分析问题的思路，能够通过最后的数值反映专家对整个指标体系的理解，相比于其他定量的计算方法，更加符合人们的常规认识。

　　层次分析法注重评价者对评价指标的理解，而采用熵值法则是为了弥补层次分析法主观性较强的弱势，深刻地反映了指标信息的效用价值，计算出的指标权重有更高的客观性。

总而言之，采用层次分析法与熵值法结合的组合评价法将有效地结合主观与客观对指标权重的考量，从定性与定量两方面更加科学地确定目标权重。

由于最开始选取的指标内涵不同、单位不同，不能直接用来评价，我们需要对这些形态各异的指标进行标准化处理。一般首先将负指标转化成正指标，然后统一进行 0-1 标准化，将这些指标转化成可以统一计算、直接使用的指标。

采集 p 维随机向量 $X = (x_1, x_2, \cdots, x_p)^T$，$n$ 个样本 $x_i = (x_{i1}, x_{i2}, \cdots, x_{ip})(i = 1, 2, \cdots, n)$，构造样本矩阵，并且进行标准化变换：

$$Z_{ij} = \frac{x_{ij} - \overline{x}_j}{S_j}, \quad i = 1, 2, \cdots, n; j = 1, 2, \cdots, p$$

得到标准化矩阵 Z。其中，$\overline{x}_j = \sum_{i=1}^{n} x_{ij} / n$；$S_j = \sum_{i=1}^{n} (x_{ij} - \overline{x}_j)^2 / (n-1)$。

一、城市维度低碳经济发展水平评价指标体系对比矩阵

1）目标层的对比矩阵

在城市维度的评价中，通过比较准则层经济发展阶段、低碳技术水平、自然禀赋和低碳消费方式、低碳政策法规之间的相对重要性关系，建立对比矩阵，其中经济发展阶段指标和低碳技术水平指标最为重要，其次是低碳消费方式指标，自然禀赋相对重要性较低。对比矩阵如表 7-3 所示。

表 7-3　目标层对比矩阵

中国城市低碳经济发展	经济发展阶段	低碳技术水平	自然禀赋	低碳消费方式
经济发展阶段	1	1	5	3
低碳技术水平	1	1	5	3
自然禀赋	1/5	1/5	1	1/3
低碳消费方式	1/3	1/3	3	1

2）准则层经济发展阶段的对比矩阵

在经济发展阶段子系统中，单位城市生产总值碳排放量最为重要，其次是城市生产总值增长率，城镇居民人均可支配收入指标与农村人均纯收入指标相对第三产业比重指标重要。各指标对比矩阵如表 7-4 所示。

表 7-4 准则层经济发展阶段的对比矩阵

经济发展阶段	单位城市生产总值碳排放量	城市生产总值增长率	第三产业比重	城镇居民人均可支配收入	农村人均纯收入
单位城市生产总值碳排放量	1	5	7	6	6
城市生产总值增长率	1/5	1	5	3	3
第三产业比重	1/7	1/5	1	1/3	1/3
城镇居民人均可支配收入	1/6	1/3	3	1	3
农村人均纯收入	1/6	1/3	3	1/3	1

3）准则层低碳技术水平的对比矩阵

在低碳技术水平这一个子系统中，研究与试验发展经费支出占城市生产总值比重这一指标最为重要，其次是天然气占能源消费比重指标，再次是工业固体废弃物综合率指标，最后，城市生活垃圾无害化处理率和城市生活污水处理率指标同等重要。各指标对比矩阵如表 7-5 所示。

表 7-5 准则层低碳技术水平的对比矩阵

低碳技术水平	研究与试验发展经费支出占城市生产总值比重	城市生活垃圾无害化处理率	城市生活污水处理率	工业固体废弃物综合率	天然气占能源消费比重
研究与试验发展经费支出占城市生产总值比重	1	5	5	5	3
城市生活垃圾无害化处理率	1/5	1	1	1/2	1/3
城市生活污水处理率	1/5	1	1	1/2	1/3
工业固体废弃物综合率	1/5	2	2	1	1/3
天然气占能源消费比重	1/3	3	3	3	1

4）准则层自然禀赋的对比矩阵

在自然禀赋子系统中，单位能源消费的 CO_2 排放因子这一指标最为重要，第二重要的是森林覆盖率指标，最后，我们也不能忽视电力占能源消费比重指标。各指标对比矩阵如表 7-6 所示。

表 7-6 准则层自然禀赋的对比矩阵

自然禀赋	电力占能源消费比重	森林覆盖率	单位能源消费的 CO_2 排放因子
电力占能源消费比重	1	1/3	1/5
森林覆盖率	3	1	1/2
单位能源消费的 CO_2 排放因子	5	2	1

5）准则层低碳消费方式的对比矩阵

在低碳消费方式子系统中，人均碳排放指标最为重要，城镇居民家庭人均教育文化娱乐服务支出指标次重要，万人拥有公共汽车指标最不重要。各指标对比矩阵如表 7-7 所示。

表 7-7　准则层低碳消费方式的对比矩阵

低碳消费方式	万人拥有公共汽车	人均碳排放	城镇居民家庭人均教育文化娱乐服务支出
万人拥有公共汽车	1	1/4	1/3
人均碳排放	4	1	3
城镇居民家庭人均教育文化娱乐服务支出	3	1/3	1

二、城市维度低碳经济发展水平评价指标体系权重

本书采用 yaahp 软件来计算层次分析法相关的一些数据，将指标体系结构和各对比矩阵输入 yaahp 中，便能够计算各指标权重并进行相关一致性检验。

目标层一致性检验结果为 CR ＝ 0.0162＜0.1，可以通过一致性检验。

经济发展阶段子系统一致性检验为 CR ＝ 0.0863＜0.1，可以通过一致性检验。

低碳技术水平子系统一致性检验为 CR ＝ 0.0266＜0.1，可以通过一致性检验。

自然禀赋子系统一致性检验为 CR ＝ 0.0036＜0.1，可以通过一致性检验。

低碳消费方式子系统一致性检验为 CR ＝ 0.0707＜0.1，可以通过一致性检验。

通过 yaahp 软件，可以得到各指标权重，各指标权重如表 7-8 所示。

表 7-8　各指标权重值

中国城市低碳经济发展	因素及权重				权重
	经济发展阶段	低碳技术水平	自然禀赋	低碳消费方式	
	0.3908	0.3908	0.0675	0.1509	
单位 GDP 碳排放量	0.5582				0.2182
GDP 增长率	0.2078				0.0812
第三产业比重	0.0424				0.0166
城镇居民人均可支配收入	0.1166				0.0455
农村人均纯收入	0.0751				0.0294
R&D 经费支出占 GDP 比重		0.4954			0.1936

续表

中国城市低碳经济发展	因素及权重				权重
	经济发展阶段	低碳技术水平	自然禀赋	低碳消费方式	
	0.3908	0.3908	0.0675	0.1509	
城市生活垃圾无害化处理率		0.0767			0.0300
城市生活污水处理率		0.0767			0.0300
工业固体废弃物综合率		0.1162			0.0454
天然气占能源消费比重		0.2350			0.0918
电力占能源消费比重			0.1095		0.0074
森林覆盖率			0.3090		0.0209
单位能源消费的 CO_2 排放因子			0.5816		0.0392
万人拥有公共汽车				0.1172	0.0177
人均碳排放				0.6144	0.0927
城镇居民家庭人均教育文化娱乐服务支出				0.2684	0.0405

第四节　本章小结

　　本章从系统论的角度出发，在对低碳经济内涵进行系统分析的基础上，从经济发展阶段、低碳技术水平、自然禀赋、低碳消费方式、低碳政策法规维度构建城市维度低碳经济发展水平评价指标体系，既是对现有文献的有益补充，也有利于我国城市低碳经济发展战略的制定。在构建城市维度低碳经济发展水平评价指标体系的基础上，采用层次分析法与熵值法结合的组合评价法来确定低碳城市评价指标的权重，建立了城市低碳经济发展水平评价模型，为城市维度的实证研究和可视化分析奠定了理论基础。

下篇——中国低碳经济发展水平多维评价的可视化平台

第八章　中国低碳经济发展水平多维评价的可视化背景及机理分析

随着近年来计算机技术的发展、计算机图形学理论与硬件上的成熟，信息可视化已能够满足研究者的使用要求。采用可视化评价的方法，一是能够对非图像信息，如文字、数字、表格等进行可视化；二是可视化能够把枯燥的、静态的评价过程动态化。因此，信息可视化技术，可使低碳经济评价的基础数据信息图像化、低碳评价的过程动态化，构建一个能够科学、系统地评价和展示低碳经济不同维度发展水平的可视化平台，能够为低碳经济的研究提供帮助和参考。

本章以前面研究建立的国家、区域、省域、城市层面的低碳经济发展水平多维度评价指标体系为基础，构建中国低碳经济发展水平多维评价的可视化平台（以下简称低碳经济多维评价可视化平台），完成我国不同维度的低碳经济发展水平的可视化展示及评估，便于直观表现不同维度的指标数据和评价结果，以及不同的评价维度的经济发展的动态变化，给低碳经济的评价提供可视化参考，为低碳经济的研究提供技术上的支撑，并在此基础上提出对我国低碳经济多维评价可视化平台发展的实施建议和参考政策。本章首先对可视化技术、数据可视化仿真模拟进行阐述，接着对可视化平台的实现过程进行描述。然后，基于 GIS 技术，构建一个能够满足指标数据收集整理与存储、数据查询与可视化表达、统计分析、对比分析、趋势分析、仿真模拟等多重功能，其架构基于客户端/服务器的可视化平台。通过构建低碳经济多维评价可视化平台的框架，辅助计算机和可视化技术，就能实现低碳经济评价的可视化，促进低碳经济发展水平评价的科学化、系统化、多元化；通常评价体系的可视化平台具有一般性和通用性，低碳经济多维评价可视化平台的框架，可直接用于或通过适当改进后用于其他相关的评价体系的可视化平台的实现，为其结构搭建和功能实现提供一定的模式参考。通过低碳经济多维评价可视化平台的框架，利用各个维度相关的低碳数据进行低碳经济发展水平的实证并以此提出政策建议，为实现和进一步发展低碳经济提供一定的参考。

第一节　低碳经济多维评价可视化平台的研究背景和发展

一、引入低碳经济多维评价可视化平台的现实背景

可视化起源于 20 世纪 60 年代的计算机图形学，将枯燥冗杂的数据模型通过计算机创建图形图表，形象地表达信息及其内在联系，能够方便研究者对大量抽象数据进行有效分析。数据是枯燥的，数据与数据之间的关联通常情况下不是很直观，而通过将数据对象可视化，数据的特征和属性就能够平白、直观地显现给受众，数据之间的关联性也可以通过可视化技术展现出来，甚至隐藏在杂乱数据里面规律性的东西也可以被挖掘出来。可视化技术的出现大大扩展了人类的视觉功能，提高了使用者面对大量抽象数据进行有效分析的能力。由此说来，可视化技术的实质便是借助多维图形化的手段，清晰有效地传达及沟通信息，使大量杂乱无章的数据表达得更容易被理解。可视化是一种结合计算机图形学和图像处理技术，将非图像的信息和数据转换成可视化图像，并实现实时监控、交互处理的理论和方法（Keim，2002）。可视化技术通过把符号或数据转换为便于人类识别和理解的几何图形图表，如散点图、折线图、柱状图、饼状图、时序图等，提高了对数据的研究效率和理解水平。与文字和符号相比，可视化的图形通常具有以下优点。

（1）减少存储空间和搜索次数。通常，一幅图可以包含大量的文字和符号所要传达的内容。例如，在表达中国近十年的 GDP、国民生产总值（gross national product，GNP）及每一年相比上一年的增长幅度（同比增长、环比增长）时，需要大量的文字描述，但是一张图就可以简明地表达出来。

（2）提高对信息的认知水平。与描述性的文字和特殊符号相比，图像更具直观性。一张景区的景点方位示意图或景区地图，比用一段文字描述的景点位置更加直观、更便于记忆。

（3）提高对潜在的危险和不利的认知、防范意识。一张电网电压的时序图，能够明确表明各个时段的电压值和变动趋势，通过变动趋势的走向，大致推断今后的数值和变动规律，防患于未然。

（4）便于归纳总结。多维度的可视化可以将不同维度的信息展示于一张图中，便于分析和归纳。高校就业情况表可以将学生的就业率、行业分布、地区分布、单位性质分布放映在一张图上，有利于简单、高效地归纳高校学生就业情况。

二、可视化技术的类型与应用

根据可视化的目标、数据来源、数据处理方法、可视化形式的不同，可视化技

术主要分为科学可视化（scientific visualization，SV）和信息可视化（information visualization，IV）（刘勘等，2002）。

为了提高对大规模数据的理解和认识，并在此基础上找出数据和信息所隐含的规律，美国国家科学基金会在《科学可视化》一文中，首先提出了可视化的概念，而科学计算可视化技术是可视化技术最早被提出和应用的（Nielson and Shriver，1990）。科学可视化主要用于处理和研究科学计算中的数据，它主要应用于具有空间信息的数据的可视化，例如，在医学领域中，计算机断层技术、磁共振成像、超声波成像等医学成像技术；天气预报、地震、台风等自然灾害的预警和实时状态的可视化（谭兵等，2003）。科学可视化的两大任务是可视化图像的生成以及对生成图像的解析。根据两者的结合程度的不同，科学可视化可分为三个层级：图形生成、同步跟踪和交互控制。图形生成仅仅是将数据的计算和分析结果解析为可视化图形；同步跟踪则在图形的基础上，要求数据计算和可视化图像两者的生成过程一致同步；交互控制是在同步跟踪的基础上，可控制和更改可视化过程中的处理模型和参数。

科学可视化主要是针对数值型的科学数据的可视化技术，为了实现更多非空间信息的可视化，信息可视化应运而生。Robertson等（1989）首次提出了信息可视化的概念，即为了提升人们对抽象的非数据信息的理解和认知，借助计算机实现的、可交互的抽象数据可视化方法。Card等（1999）提出了信息可视化的实现过程，他们将信息可视化归结为从原始数据经数据转化到数据表格，经可视化映射到可视化结构，经视图变换到视图，最后到人的感知系统的可反馈环路。

首先，将原始的抽象信息通过数据转换，形成对应的数据表格；其次，通过可视化映射实现数据表格到可视化结构的转变；再次，借由视图变换生成视图；最后，根据任务的要求和目的，在数据转换、可视化映射和视图变换的过程中，进行干预和控制，实现实时跟踪和人际交互。

科学可视化和信息可视化的区别主要有五个方面：数据来源、目标与作用、数据处理过程、应用领域和针对人群。

通常情况下，数据分为七种类型：一维数据、二维数据、三维数据、多维数据、层次数据、网络（network）数据和时态（temporal）数据。与之对应的是七种可视化方法（Shneiderman，2003）。

（1）一维数据可视化：被可视化的数据维度是一维的，例如，一段文本信息、速度、加速度、力等一维的向量。

（2）二维数据可视化：被可视化的数据维度是二维的，常见的有平面二维坐标系的横坐标和纵坐标、地理位置标识的经度和纬度、平面机械设计图、平面室内设计图等，GIS就是一种应用较多的二维数据可视化系统。

（3）三维数据可视化：用于可视化的信息具有三个维度的属性，在平面二维属性的数据上多了一个维度，从而使数据具有了立体属性，因此三维数据可视化通常用于立体成像系统，如建筑领域中的结构设计和室内装修设计、一些机械制造中的三维机械系统设计。相比于平面二维数据，三维数据的可视化能更清晰、直观地展示物体的真实状态。

（4）多维数据可视化：在多维数据的可视化中，数据的维度属性是大于三个的，这种数据在实际生活中非常常见，如国家或地区一段时间的宏观经济数据、企业和单位经营的财务指标等经济指标相关数据，以及在统计工作中涉及的数据。多维数据的可视化在经济指标分析和企业信息管理等领域发挥着巨大作用。

（5）层次数据可视化：层次化的数据又称为树状数据，具有自上而下的层次结构和隶属关系，这种数据在类别分析中经常见到。计算机操作系统 Windows 中的文档管理就是层次数据的可视化；电子图书馆的查询系统中，书目类别信息的查询也是典型的实例。

（6）网络数据可视化：网络数据包括但不仅限于 Internet 上的信息，其主要特点是数据之间的关系并不是简单的层次或隶属关系，而是具有多种不同的模式，节点之间的关系也可能不是单一的。

（7）时态数据可视化：时态数据是指数据本身包含了时间属性，按照时间顺序产生，时态数据可视化可以清晰地展现数据在各个不同时间节点的产生状态，便于实时监控、跟踪和交互管理。在电网信息可视化应用中，电路上各个节点的不同时段的电压状况数据就是时态数据，通过将其可视化，就可以直观地判断电压的变化趋势及可视化技术在电网系统化、智能化中的应用。随着电网运行范围的扩大、对电网运行稳定性要求的提升，电网运行中需要控制和处理的数据量越来越大，传统的电力控制系统即数据采集与监视控制（supervisory control and data acquisition，SCADA）系统已经不能胜任电网规模扩大带来的成倍增长数据的处理工作。通过电力系统的可视化技术全面展现电网的运行状态，便于电网调度人员直观地监测和分析，方便调度员对电网指标如全网电压、发电机功率角进行实时监视，对电网的运行和安全状况有直观和全面的了解和认识，实现了电网运行动态监控的可视化。对电网的基础数据进行可视化的计算，能深入判断电网在电厂、线路、变电站的功率变化状况，实现电网的测算可视化。对电网的运行状况进行实时控制和交互，实现电网运行的实时控制和预警。传统的医学成像技术，如医学成像中的计算机断层扫描、超声（ultrasound）、磁共振成像（magnetic resonance imaging）等只能得到器官或组织的断层二维图像，医生只能得到某一断层的图像，并不能对整个器官的状况进行分析和诊断，只能根据以往的经验进行诊断，诊断的精确度受到了较大的限制。三维医学成像技术如虚拟内窥镜（virtual endoscope，VE）具有内窥和采集人体组织器官的三维图像的功能，全面展现诊断部位的组织形态，从而可提高诊断的精度和全面性。除此以外，三维可视化还可用于微创手术、医疗教学中的模拟解剖和手术。

随着信息技术、虚拟现实技术、计算机图形与信息计算可视化的发展，现代信息管理面临着分析与处理远多于传统信息管理时代的庞大数据集，同时也要求信息数据集更具时效性，对数据的精度要求也逐渐提高。低碳经济多维评价可视化平台也因平台的信息传播性，对数据内容的准确度、信息的有效度有着一定的要求。因此，为了适应信息管理和信息展现功能的要求，对信息可视化需要引入新的技术和方法，使平台能够满足使用者的需求。

计算机图形学的发展使可视化技术得以形成，这些可视化技术能对信息进行操作，用图形来表示复杂的信息。这种技术可以把人与机器相结合的力量以一种我们看起来很自然的方式加以统一，这也能够极大地提高人们的工作效率。同时，可视化技术的产生，也赋予了人们仿真地、实时地进行交互的能力，这样人们就能够成功地在图形世界中用与以往完全不一样的、原来根本不可想象的手段来获取信息并进一步发挥自己创造性的思维。最近几年计算机技术的发展使我们能够用更为直观的可视化技术来展示中国低碳经济的多维评价体系。计算机图形学的发展和可视化技术的推进，使信息可视化越来越普遍。通过可视化，可以实现对各种非图像信息的图形化，提升对信息的理解分析能力，减少数据的存储空间，同时还可以对数据和信息进行交互处理，加强对信息的深度挖掘。除此之外，数据计算过程的可视化、时态数据的可视化，能增强人们对实时信息的监控能力，降低高风险和不必要的危害发生的概率，减少不利的动态变化带来的损失。

现阶段，学者对低碳经济可视化的相关研究还不全面，特别是利用计算机技术直观展示低碳经济数据的研究还刚刚起步，以可视化的方法来促进低碳经济全面的研究和数据的收集展示的研究亟待发展。

三、可视化技术的研究和发展

可视化技术能够在数据集与显示的图像之间创建一种映射关系，直观明晰地展现数据信息。面对更复杂的数据集时，就需要更高级的图像处理技术和统计学方法来创建这个映射。数据可视化的起源，可追溯到1987年布鲁斯·麦考梅克撰写的《科学计算之中的可视化》，该书奠定了计算机可视化技术的发展，提出计算科学也可应用图形图像技术（谭立献，2018）。美国国家科学基金会于1987年提出科学计算可视化就是对复杂的数据集进行计算产生的数据信息转换成计算机图形信息，使用户能够直观地观察到数据信息（唐文惠和胡德英，1998）。

可视化仿真技术是指将数字（数据）信息变为能够随时间变化和空间变化的、以多种图像显示的更为直观的仿真实现方法。其关键技术手段有可视化算法、图像生成、人机交互、渲染、虚拟现实、效果评估和建模技术等。对于一些非视觉的物理量的可视化仿真问题，其核心技术是将三维物理场通过计算得到的三维数据场进行可视化显示。主要依靠的方法有两种：一是绘制三维数据生成等值面，从而代表三维物理场，如切片技术、网格划分、几何变形曲面法等；二是基于投影的可视化方法，将三维数据投影到屏幕上，代表技术有直接投影、射线跟踪法。例如，Weinberg（1999）和美国海军水下作战中心联合开发了综合水声仿真系统，用来对水声信号进行建模和仿真。

目前可视化仿真的发展也更加宽广，其发展趋势是建模方法越发多样化，表现构件越发组合化、虚拟化和重复化。因此，人们提出了一种基于元件库的模型组装技术，它采用结构化的思想，先建立好元件的数据库，然后根据要组建的模型，在元件库里选择、组合和构件，实现快速建模。但这种方法目前还有一些缺陷需要改进：元件的规范化与一致性、模型的精细程度等，都需要进一步解决。随着可视化仿真系统的复杂度日益剧增、功能性不断增强，传统的开发方法越来越难以适应，因此当前一个新的研究方向就是设计出一个具有良好的扩展性、比较高的功能集成度、高可重用性的可视化平台系统。宋志明等（2004）提出了一种通用的可视化仿真系统开发技术，先对场景抽象，提取元模型，然后通过这些元模型建立仿真系统。国内外学者在可视化的应用方面也颇有成果，在很多领域，都已经开发出了通用的平台和产品。例如，美国 RSL 公司开发出交互式数据语言（interactive data language，IDL）对二维及多维数据进行可视化分析和应用，麻省理工可视化实验室为大型商企开发出信息交互作品，可以实时向其顾客展示美国饮料销售数据情况。北京大学可视化与可视分析研究组在高维数据、信息特征、几何图形关联可视化这些方面也有独到的成果。

本节将可视化技术引入低碳经济多维评价可视化平台建设中，对低碳经济评价指标体系中涉及的数据对象、评价过程及结果进行有效的可视化，构建一个能够体现经济发展水平、资源分布状况、科技投入差异的整体的低碳评价体系可视化系统，为管理者提供一个全新的、直观的决策支持平台。主要贡献体现在以下几方面。

（1）构建描述数据对象、评价过程及结果的可视化平台，提供多种展示方式，在平台的使用上具有很好的可操作性，对数据对象的可视化能够简明、直观、有效，对评价过程的展示能够生动明了，对结果的表达能够准确。低碳经济多维评价可视化平台的建立对可视化技术研究、数据对象的可视化和评价过程的可视化，以及低碳经济评价指标体系的可视化表达在理论和实际操作中都有着深刻的影响。

（2）结合 GIS 技术，将指标体系与地理图像联系在一起。这个 GIS 的应用模型具有良好的显示形式，对不同区域层面的指标数据的查询显示和对使用者的决策都能够起到直观的支持作用，扩展了 GIS 技术应用的模式与适用面，使 GIS 技术应用的场所更加丰富。

第二节　低碳经济多维评价可视化平台实现过程的描述

一、低碳经济多维评价可视化平台的功能

为了实现低碳经济的多维可视化评价，平台应具有以下功能。

1）低碳经济数据的录入、更新、查询、导出

低碳经济的可视化评价是一种定性和定量方法结合的评价手段，为实现定量评价，平台需要具备的最基本功能就是低碳经济数据的录入，在录入数据时，不仅能输入单个数据，还要能对固定格式的数据（如 Excel 表格数据）进行批量导入，提高数据录入的便捷性。随着时间的推移及国家低碳经济相关政策体系的变更，可视化评价中需要考量的指标和指标对应的数据都会发生变动，因此需要定期对平台进行数据更新。为了实现对已经录入平台的数据的归总，需要平台能够根据年份、地区、指标类型等关键词查询已经录入平台数据库的基础数据，有多种不同的方法显示查询得到的结果，如数据表格、柱状图、饼状图、折线图、散点图、直方图等，用户可以根据自身的需求自定义查询数据的显示模式。导出已录入平台的低碳经济数据，能为平台外部的数据分析应用提供便利，减少因多次登录平台查看数据带来的不必要的工作量；在数据导出时提供多种导出格式，如 Word 文档、Excel 表格等。

2）低碳经济数据的多维度展示功能

在设计多维度的低碳经济评价指标体系时，我们就已经考虑到了不同地域、不同层面的差异和指标不一致而带来的缺陷，分别针对国家、区域、省域、城市设置了四个层面，同时因地制宜地建立与层面对应的指标体系。因此，在低碳经济多维评价可视化平台的展示功能上，也给这一多维度的指标体系充分的展示空间。每一个不同的地域层次，都有针对性的展示模块，能够显示出相对应的低碳经济指标数据，实现多维度展示。

3）低碳指标体系全方位的显示功能

在指标数据的展示方面，低碳经济多维评价可视化平台充分考虑了使用者对数据不同方面的需求。平台的查询显示模块中，有针对年份的查询显示，有针对不同国家、地区、城市的查询显示，有针对指标类型的查询显示，也有针对某一数据的查询显示。在显示的结果方面，也能够用多种图形展示出结果，如表格、折线图、柱状图、饼状图、直方图等。使用者可以根据自身的需要选择自定义的查询显示模式。

4）数据存储与转换功能

低碳经济多维评价可视化平台收集到的数据和用户导入的数据全部都被有效

地存储在服务器端的数据库中。数据库根据平台的功能进行了适应的设计，实现输入数据到模型数据的转换。

（1）数据录入：既可以从客户端同步数据，也可以从后台自定义导入数据。

（2）数据表：按照数据之间的联系，将相同含义的数据存入同一个数据表类。

（3）数据表组织：按照数据表与表之间的逻辑关系，组织数据表的存储。

（4）数据检索：根据指定关键词定位所需信息。

5）走势分析和对比分析

选取同一地区某一指标或多个指标随时间的走势变化，为使用者提供走势分析工具；也可以选取某一指标不同地区（不管是国家、区域，还是省域、城市，这四个层面都可）同一时间的数据差异，提供给使用者进行对比分析。

6）评价结果展示

能够根据用户选取的地区、时间以及模型做出低碳经济评价，对评价的结果以多种方式显示，如折线图、饼状图等二维立体图形，数据、符号、文字描述等，并能根据用户的需求对结果进行选择性输出。除此之外，为了提高用户对评价结果认知的全局性，低碳经济多维评价可视化平台应具备查看相应的准则层、指标层数据得分的能力，能够在选取的层面下对目标层得分与准则层得分进行排名。

7）账户管理

为了保证低碳经济多维评价可视化平台的严密性和可维护性，设置账户管理功能，给不同身份的使用者不同的使用权限。主要账户类型有管理员账户、普通账户两种。其中，管理员账户是有最高使用权限的账户，能够对后台数据库进行管理，能够进行用户管理，对数据进行录入、对模型进行选择、将评价结果导出；而普通账户能够查看和检索数据库，完成可视化评价。

8）敏感性分析

在进行评价结果展示后，能够对指标层内的各个指标进行敏感性分析，查看每个指标对目标层的敏感性影响。

9）提供政策建议

能够在低碳经济评价结果出来后附上对准则层以及指标层得分评价的政策建议。需要对每个时间段的数据进行分析，并给政府制定当年相应时间段的政策提供数据依据，所以需保证数据及时更新。

二、低碳经济多维评价可视化实现过程

1）数据处理层的实现路径

整个低碳经济多维评价可视化平台在设计之初就采用客户端/服务器模式进行分模块实现。客户端/服务器模式又叫主从式架构，是一种网络架构，它把客户端（通

常是一个采用图形用户界面的程序）与服务器区分开来，它主要是通过网络来联系客户端和服务器的。用户登录客户端进行操作时，客户端就发起通信请求，通过网络与服务器建立连接，然后等待接收服务器返回的内容。服务器一直等待通信请求，当探测接收到通信请求后，服务器就调用后台数据库的数据资料，返回客户端请求的内容。

　　客户端与服务器工作流程如图 8-1 所示。

　　这种工作流程适用于多种通信结构。在网页上浏览信息时，计算机和网页浏览器就是一个客户端，同时，存储网页信息的数据库和应用程序就充当服务器。当网页浏览器向服务器请求一个指定的网页时，存储网页信息的数据库找到所有相关信息网页，再发送回浏览器。

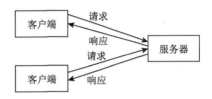

图 8-1　客户端/服务器模式实现构图

　　实际上还有另一种架构模式，即浏览器/服务器（browser/server，B/S）模式。不过因为客户端/服务器模式能够容纳更大的数据规模，并且能提高数据处理效率，所以低碳经济多维评价可视化平台采用客户端/服务器的网络架构进行设计和实现。

　　在将基础数据转化为模型数据、计算指标的权重时，可借助外部软件如 Excel、MATLAB、Origin、Mathematic 等数据处理软件，也可将数据标准化及计算过程算法嵌入可视化平台的开发软件中，实现无须访问外部程序的数据处理。在具体的算法中，可采用模糊综合评价、熵权法、层次分析法、灰色层次分析法对数据进行运算和整合。

　　2）数据整合层的实现路径

　　本节拟采用模糊层次分析法，对低碳经济多维评价可视化平台数据整合层的实现路径进行分析，以湖北省为例，具体包括以下五个步骤。

　　（1）构建湖北省低碳经济发展水平评价指标体系。根据项目组已经完成的省级低碳经济发展水平评价指标体系，采用目标层、准则层、指标层的三层体系，其中目标层为低碳经济的发展水平；准则层由经济产出、低碳能源、低碳消费、低碳技术、低碳环境、低碳生活、低碳政策七个部分组成。经济产出所包含的是碳排放、能源消耗与地区生产总值及其产业构成的相关指标层数据；低碳能源包含的是碳排放、能源消耗及其构成之间关系的指标层数据；低碳消费则由人均碳排放及碳排放的产业结构相关指标构成；低碳技术主要反映低碳相关的技术现状和研发投入；低碳环境用来表明生活及工业废弃物的处理和环保投入的现状；低碳生活主要揭示大众生活中的低碳意识；低碳政策呈现的是低碳政策法规的制定和贯彻效果。

　　（2）设定指标层的期望数值。根据政府低碳经济目标、低碳经济发展水平相对较高的省份的指标值，同时参考相关专业人士的意见和建议，设定指标层的期望数值。

（3）计算准则层和指标层的权重。模糊层次分析法在构建判断矩阵时，指标层的对象两两之间的比较采用三标度法，由于三标度法是互补性的（$a_{ij} + a_{ji} = 1$），判断矩阵本身具有一致性，避免了一致性检验的烦琐过程。权重确定的具体过程可利用 MATLAB 或 Excel 实现，在可视化平台中则可利用数据库服务器中的数据处理软件实现。

（4）将指标层数据的实际值与期望值进行比较，得到无量纲的标准数据；对正向指标而言，标准值为 $C_{ki} = X_i/E_i \times 100$，对负向指标而言，$C_{ki} = E_i/X_i \times 100$。$X_i$ 为指标层数据的实际值，E_i 为指标层数据的期望值。

（5）根据准则层和指标层权重以及无量纲的指标层数据，计算出湖北省低碳经济发展水平的综合评分。将指标层的无量纲标准数据 C_{ki} 通过指标层和准则层的权重求和，即可得到低碳经济发展水平的综合指数 Z。

3）结果显示可视化层的实现路径

在数据的可视化中，可以应用的工具有很多，如地理信息系统、天气预报系统、计算机辅助设计（computer aided design，CAD）制图等，本书拟采用面向对象的、基于客户端/服务器结构的可视化开发工具 Power Builder（简称 PB）。PB 是美国 Sybase 公司研制的一种基于 Windows 操作系统的集成化开发工具，并具有与当今常用的大型数据库连接的接口。由于 PB 是基于客户端/服务器结构的，可以高效率地处理大量数据。PB 支持当前常用的多数数据库系统，利用 PB 开发可视化平台的过程是与数据库服务器相独立的，且在访问数据库时采用的是标准的结构化查询语言（structured query language，SQL），使平台的开发和利用都具有很强的便利性（Gallagher and Herbert，1998）。由于 PB 是面向对象的，开发人员可以创建窗口、菜单等对象，并可以对已创建的对象进行封装，使其模块化，为对象的后续利用提供便利，并使平台的开发具有可扩展性。作者在攻读研究生期间参与的项目，协助利用 PB 构建了某公司战略发展仿真的可视化平台，为创建低碳经济发展水平的仿真平台打下了基础，积累了实践经验。根据前面低碳经济发展水平多维评价可视化平台的功能要求、结构模块和管理体系，利用 PB 创建相应的功能模块、操作菜单和交互窗口，并实现与数据库服务器的互联，即可实现低碳经济评价的可视化。

可视化的过程主要集中在数据对象可视化以及评价过程可视化方面。

（1）数据对象可视化。数据对象可视化其实是将数据通过图形展现给使用者，就像将原本枯燥无味的数字转变为形象生动的视觉大餐一样，借助计算机技术，将抽象的数据对象表现得更加直观和易于理解。数据的类型、数据的表现形式以及数据的维度这些特征是在可视化过程中必须考虑的因素，只有充分研究好数据的属性，才能用合适的工具、合适的方法和技术对它们进行可视化。数据类型不同，数据对象的可视化方法会不同。例如，数字数据可以可视化为统计图表的形式，文字性的数据可以画图动态显示，地理数据可以直接转化为地图模型，信息数据可以加载在所需展示的物体上显示，高维数据则可以投影在低维空间中等。因此，对于不同属性的数据，采用最合适的方法进行可视化是进行数据对象可视化必须做的一项工作。

数据对象可视化的基本思路是：将数据对象转变成直观的和易于理解的图像。因为每个数据都是所表达对象的载体，记录了该对象的属性特征，因此，可视化技术就是找到适合各个数据对象的方法，将数据对象映射成可视化图像。这种映射一般来说是不可逆的，数据集空间和可视化图像空间是两种不同的空间，必须区分开来。数据对象可视化能够辅助受众直观和简便地使用和理解数据，也能够表现数据与数据之间的关联。

数据对象可视化的基本方法是，首先对数据对象进行分析，确定数据对象的类型、特征和属性，然后根据这些特性，找出合适的可视化方法和技术，把数据对象与可视化图形的映射对应起来，设计并实现可视化系统。

数据可视化系统的实现步骤如下。

①分析元数据对象。数据是可视化的主角，整理数据结构以及数据之间的关联是实现数据可视化系统的第一步。分析元数据对象和结构能够帮助研究者对数据场景有一个回溯过程。

②图形构建。图形是可视化最受关注的元素，先从整体入手，然后解构出不同的构件，或者说可视化组件。

③实现技术。每个可视化方法的实现都会有一个深层的技术，可以是计算机算法，也可以是数学模型。

④实施搭建。在完成了数据的分析、结构的分析、技术的了解后，就可以动手进行实现数据可视化系统的搭建。

⑤可读性优化。在完成可视化系统后，对于不满意的地方要进行进一步的优化，使系统更加完善。

（2）评价过程可视化。可视化技术在低碳评价中分别对数据对象和数据评价过程有特定的应用，既有相同之处，又有不同点。数据对象的可视化主要以静态显示为主。例如，直接把数据对象映射成各种图表的形式，如折线图、柱状图、直方图等。对于数据评价过程的可视化应用主要是两个方面，一是在低碳评价过程结束后，通过可视化方法将低碳评价过程动态地显示出来；二是直接在低碳评价过程中应用，辅助评价过程以产生有效的评价结果。评价过程可视化的基本思路就是将评价过程中的算法分解，从而提取出参数，将它们作为可视化对象。低碳评价过程使用的可视化仿真技术，可以帮助了解评价算法的运行过程。通过对有关参数及评价结果进行可视化，可帮助分析评价算法的性能，并对评价算法进行改进。

可视化技术用于低碳评价过程可以基于评价算法进行，具体可分为如下步骤。

①提取可视化对象。将低碳评价过程中的算法分解，提取出参数、数据对象、影响因子，将它们作为可视化对象。

②选择中间结果。在评价过程中可能出现的中间结果，如果能够反映出参数在评价过程中所造成的影响，则将它们作为中间变量，加入可视化对象中。

③为可视化对象找到合适的可视化技术。

④可视化的实施。

第三节　本　章　小　结

本章首先对引入低碳经济多维评价可视化平台的现实背景进行介绍，并详细分析了可视化技术的类型与应用。在此基础之上，进一步对低碳经济多维评价可视化平台实现过程的描述进行分析，体现出低碳经济多维评价可视化平台应具备的功能以及低碳经济发展水平可视化的实现过程，为后续建立中国低碳经济发展水平多维评价的可视化平台奠定基础。

第九章 中国低碳经济发展水平多维评价的可视化设计及模型实现

第一节 低碳经济多维评价可视化平台系统的设计及模块结构

一、低碳经济多维评价可视化平台系统的设计

整个中国低碳经济发展水平多维评价可视化平台的总体功能架构如图 9-1 所示。

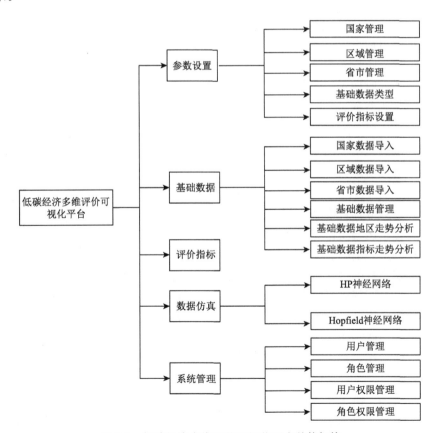

图 9-1 低碳经济多维评价可视化平台整体架构

　　具体的参数设置如下。

　　（1）国家管理：设置国家的基本信息，管理员权限能够增加、修改、删除国家信息和数据。

　　（2）区域管理：设置需要管理的区域基本信息，同样，管理员具有增加、修改、删除区域基本信息和数据的权限。在设置区域的时候，需要设置其对应的国家，如设置中国的区域：东部地区、中部地区、西部地区以及东北地区。同时，区域内应该包含省区市的相关信息。

　　（3）省域管理：设置需要管理的省域基本信息，管理员可以管理数据设置。在设置省域的时候，需要设置其对应的国家和区域，建立数据的对应关联关系，如设置湖北省时，需添加国家为中国区域，为中部区域的属性。

　　（4）城市管理：设置需要管理的代表性城市的基本信息，需要设置其对应的国家、区域及省域。

　　同时，还需设置不同维度下的基本数据，主要包括以下几种。

　　（1）指标类型设置：低碳经济指标主要来源于经济产出数据、低碳能源数据、低碳消费数据、低碳技术数据、低碳环境数据、社会生活数据、低碳政策数据这七个大类。日后也可以增加基础大类。

　　（2）评价指标设置：在评价指标分析的时候，需要结合地理信息技术，在地图上显示不同时期对应的数据，设置不同的颜色显示不同数值范围的数据。

　　（3）基础数据导入：低碳经济的可视化评价是一种定性和定量结合的评价手段，既可基于单个数据又可结合固定格式的数据进行处理和展示。

　　（4）数据更新：随着时间的推移及国家低碳经济相关政策体系的变更，可视化评价中需要考量的指标和指标对应的数据会发生变动，需要定期对平台进行数据更新。

　　（5）走势分析：能够选取同一层面两个不同的目标地区的相同年份，同一层面同一目标地区的不同年份进行目标层、准则层和指标层的数据分析比较，并能以可视化的形式清晰、系统地显示出来。同时，能够查看一个地区每个准则层指标与指标层指标的多年数据并展示相应的走势图。能够根据现有的数据，对需要研究的目标地区低碳经济发展水平评价进行未来趋势的预估，并可以选取不同的经济增长方式得到几种不同模式的未来低碳经济发展水平指标评价结果。例如，查询中国在 2007～2017 年的碳生产率、单位 GDP 能耗的变化趋势，通过折线图、柱状图、饼状图等形式显示。也能够查询不同的地区某个指标在一段时间内的走势分析。例如，查询湖北省、湖南省 2007～2016 年的碳生产率变化趋势，通过折线图、柱状图、饼状图等形式显示。

　　（6）评价结果展示：能够根据用户选取的地区、时间以及模型做出低碳经济发展水平评价，对评价的结果以多种方式显示。

（7）提供政策建议：能够基于评价结果提出对应的政策建议。

本章在构建低碳经济多维评价可视化平台时，为避免不同地域层面的低碳要求的差异和指标的不一致带来的评价体系的不完备及针对性不强的问题，分别针对国家、区域、省域、城市四个层面建立了四套指标体系，对于每一个地域层次，低碳经济多维评价可视化平台应能够筛选出相对应的低碳经济数据，并能对应不同的方法建立不同的低碳经济评价指标模型，实现低碳经济的针对性评估。

二、低碳经济多维评价可视化平台的模块结构

为实现前面介绍的低碳经济多维评价可视化平台的功能，将低碳经济多维评价可视化平台设置成由基础数据层、数据处理层、数据整合层及结果呈现可视化层四大模块构成的系统。

基础数据层的功能是对指标层基础数据的分类、导入、查询、分析、导出。基础数据包括经济产出数据、低碳能源数据、低碳消费数据、低碳技术数据、低碳环境数据、社会生活数据等定量数据，以及低碳政策信息等定性信息，定性信息经过定量化处理之后，即可按照定量数据的处理方法进行数据处理。

数据处理层是基础数据层和数据整合层之间的桥梁，通过将基础数据进行数据标准化、属性约简和确定指标权重，为国家、区域、省域及城市四个层面的低碳经济评价确定数据和模型。

数据整合层利用数据处理层得到的数据和权重，完成国家、区域、省域及城市四个层次横向的低碳经济发展水平评价，以及各个特定层次地区指定时间序列范围内纵向的低碳经济发展水平评价。

结果呈现可视化层由政策建议模块和对比分析模块以及走势分析模块等组成。对比分析模块能够实现低碳经济发展水平评价不同时间的对比分析、不同地区的对比分析、不同指标的对比分析以及不同数据模型的对比分析。政策建议模块能够根据评价结果给出针对性的政策建议，由于政策建议通常是描述性的文字语言，通常由管理员手动录入、查询显示，并能够根据用户权限增加、修改、删除其中的内容。走势分析模块通过选取固定地区的时间序列数据，根据选定的算法和增长率，能够预测未来数年的数值，并以折线图的形式显示出来。关于走势分析的数据，应选取受国家政策影响不大而在指标体系的建设中比较重要的基础数据，如经济产出数据中的碳生产力、GDP 能耗，低碳能源数据中的碳排放系数、化石能源在能源中的占比，低碳环境数据中的垃圾处理率、森林覆盖率，社会生活数据中的人类发展指数等。

第二节　神经网络模型集成及实现

一、神经网络模型集成研究

神经网络是一种数据处理系统，它是由多个结构简单的神经元相互之间用一定的方式连接而构成的复杂的神经网络系统。神经网络，顾名思义是模拟生物的神经系统，生物学上有生物神经元，神经网络系统则是有着特殊结构和功能的人工神经元。神经网络的优势在于它能够处理一些其他系统不能解决的复杂问题，在自学习、网络预测、指标筛选中有很好的解决效果。

在神经网络模型建立的过程中，不同的观察角度，就有不同的神经网络类型。从信息的流向上看，神经网络可以分为两类：前馈网络（feedforward network），信息单向向前传播；反馈网络（feedback network），信息会反馈给输入。前馈网络中有明显的先后关系，数据信息从输入层向输出层单向流动，而在反馈网络中，数据没有先后关系，数据信息的传输有反馈机制。反向传播（back propagation，BP）神经网络就是前馈网络。从神经元输出的数据类型来看，神经网络有两种分类：连续型神经网络，输出是连续的；离散型神经网络，输出只能取值为 0 或者 1。以是否有学习策略的约束来分类，神经网络有"有指导学习网络"和"无指导学习网络"两种类型，需要样本期望输出的是有指导学习网络，无指导学习网络在神经网络训练中则不需要。还有混合式学习神经网络、联想式学习神经网络、最适化学习神经网络三种不太常用的学习型神经网络。以系统动力来分，神经网络有两种，一种依靠映射函数，一种依靠系统动力。前向传播式架构的神经网络一般就是依靠映射函数的，不关注系统动力，反馈式架构的神经网络虽然也是非线性的，但是关注系统动力。具体而言，BP 人工神经网络属于映射网络，Hopfield 人工神经网络属于系统动力网络。

人工神经元之间的非线性组合构成了人工神经网络，在人工神经网络中，人工神经元是最基本的"处理节点"，从神经网络结构上看，人工神经元是一个又一个的"节点"，共同构成人工神经网络的整体结构。人工神经元是一个多输入、单输出的非线性处理单元，主要由三个部分组成：输入部分（可以有多个输入）、作用部分（受外界影响形成的作用函数）、输出部分（只能有一个输出）。单个神经元的结构如图 9-2 所示。图中，x_p 是第 p 个神经元的输入信息，S_j 是作用函数，θ_j 和 u_j 是作用函数的激活值，y_j 是第 j 个神经元的输出信息，W_{pj} 是神经元相互之间的权重。

与传统的建模方法相比，神经网络模型有许多优势。

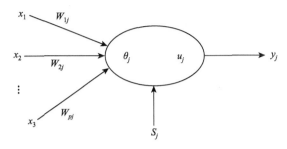

图 9-2　单个神经元的结构

（1）对数据无要求。人工神经网络有一套自学习、自适应的训练模式，不管输入数据是线性数据还是非线性数据，是离散型数据还是连续型数据，它都能自我先行调整参数，找出对应的训练函数对输入数据进行训练学习，也就是说，人工神经网络的适用面非常广，神经网络拟合算法对数据的处理很有效率。

（2）能够处理大数据。与一般的建模原型相比，神经网络的信息处理能力很强。对于海量的数据，只要增加神经网络神经元节点的隐含层数目，就能对大数据进行训练和计算处理。

（3）既能串行处理数据，也能并行处理数据。神经网络能够建立复杂的仿真模型，对系统仿真进行准确、高效的拟合。

二、BP 神经网络研究与模型实现

1）BP 神经网络模型

McClelland 和 Rumelhart（1986）研究并设计了 BP 人工神经网络，它是一种按输入信息向前传递训练的神经网络系统，但是系统的误差是要沿反方向反馈回去的。BP 人工神经网络也是一种非线性映射网络，对于输入和输出之间的映射函数，通常采用 Sigmoid 函数对神经元进行作用。

BP 人工神经网络是一个三层的神经网络结构，首先是输入层，然后是隐含层，最后是输出层。其中，输入层的数目只能有一个，隐含层则可以包含一个或一个以上，输出层也只能有一个。人工神经元组成各个层的神经网络结构，每一个神经元的输出值只与这个神经元的输入、受到外界作用形成的激励函数和神经元自身的阈值范围有关。BP 神经网络的学习有两个过程，首先是信息正向传播过程，然后是误差反向传播过程。在正向传播过程中，输入数据首先进行数据归一化处理，然后从输入层传入隐含层再传入输出层，通过作用函数的计算后得到输出值，将得到的输出值与我们期望的预测值相比较，如果误差超过一定的阈值，则将误差反向传播，沿着输出层到隐含层再到输入层的传播顺序，逐层修改各个神经元的权重，再次将输入信息正向传播，循环往复，直到最终的误差符合阈值要求为止。

最基本的三层 BP 人工神经网络的结构如图 9-3 所示。

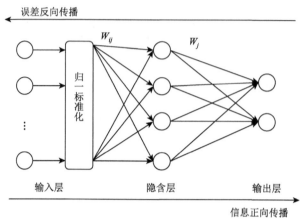

图 9-3 三层 BP 人工神经网络结构

第一层为输入层，神经元节点数由输入确定，假设有 n 个节点，第 j 个节点的输入为经效用函数转化（归一标准化）后的第 j 个输入对象的指标评价值；第二层为隐含层，隐含层神经节点数依据具体的对象设定具体的规则，并不统一；第三层为输出层，输出 O_j 由下式确定：

$$O_j = f_j(\text{Net}_j) = f_j\left(\sum W_j x_j + \theta_j\right)$$

式中，f_j 表示神经元 j 对应的传播函数，目前使用最广泛的是 Sigmoid 可微函数：$f(x) = \dfrac{1}{1 + e^{-x}}$；$\theta_j$ 表示神经元 j 的阈值；x_j 表示对神经元 j 的各个输入；W_j 表示对应输入在神经元 j 中的权重。

影响 BP 人工神经网络的因素主要有两个，一个是神经网络输入层、隐含层、输出层各层所包含的人工神经元的数目，这是神经网络体系结构的方面；另一个是三层神经元节点之间的权重值，这是神经网络传播的方面。而影响神经网络体系结构的因子主要是隐含层的神经元个数、学习率 η 和系统误差 ε。输入层和输出层的神经元个数早已由系统确定下来，而隐含层的神经元个数则是由使用者自己调整确定，一般来说，就是凭借用户经验了。但是，隐含层神经元个数也不能随意赋值，因为如果神经元个数太少，会影响到神经网络运算的有效性，如果神经元个数太多，又会增加很多网络训练的时间，影响神经网络的训练效率。学习率 η 的取值范围为 0.01～0.9，但是学习率与训练次数呈反比关系，当学习率小时，训练次数会增加，当学习率大时，训练次数会减小，也不利于神经网络的稳定。系统误差通常是根据输出的要求来确定的，要求的精度越高，ε 的值就越低，反之，ε 的值高，说明要求的精度低。

2）BP 神经网络算法

（1）BP 神经网络输入层和输出层设计。学习样本中输入向量的维数就是输入层神经元节点的个数，在我们的算法里取 25，因为有 25 个评价指标，输出层则取 6，因为这 6 个指标是显著的有很大影响的评价指标。

（2）BP 神经网络隐含层神经元的确定。隐含层神经元个数的选择对结果有很大的影响，选取过多会影响网络对输入数据的适应性，选取过少会影响神经网络学习的精确度，并且会增加局部极小的问题，所以神经元数目的选择要恰当。针对只有三层的神经网络，一般是以

$$M = 2N + 1$$

的公式来选取隐含层神经元的个数。其中，公式中的 N 代表输入层神经元个数，M 代表隐含层神经元个数。所以系统中隐含层神经元个数为 51 个。

（3）BP 神经网络学习速率。神经网络的学习速率决定每次循环训练权重的变化。学习速率过快会使系统不稳定，学习速率过慢会导致训练时间变长、收敛速度变慢。但为了保证神经网络误差值不超过误差范围，保证神经网络系统的稳定，通常会在 0.01～0.9 的取值范围内尽可能选取较小的学习速率。

（4）传播函数的确定。BP 神经网络的传播函数为 Sigmoid 型可微函数：

$$f(x) = \frac{1}{1 + e^{-x}}$$

式中，$x \in (0,1)$。

由于 BP 神经网络输入层的输入区间为（0，1），所以要对所训练的样本输入输出值进行标准化操作，一般采用线性函数转换，保证网络输入的取值范围在区间 0～1 内，然后再输入网络开始训练。

线性函数归一化处理方法转换公式为

$$y = \frac{x - \min}{\max - \min}$$

式中，x 为转换前的样本值；y 为转换后的样本值；$\max$ 为样本中的最大值；$\min$ 为样本中的最小值。

归一化处理后将得到无量纲归一化的一系列数据，分别存入命名为 p_data.mat 和 t_data.mat 的文件中，作为 BP 神经网络输入层的输入数据。

根据已确定的输入层、隐含层和输出层的神经元个数，BP 神经网络的算法流程图如图 9-4 所示。

3）BP 神经网络仿真实现

根据影响国家低碳经济发展水平的指标体系的研究，分别取人口自然增长率、城镇居民家庭恩格尔系数、人均 GDP、对外贸易额、单位 GDP 能耗、能源消费总量、单位 GDP 工业废气排放总量、单位 GDP 二氧化硫排放量、人均碳排放量、

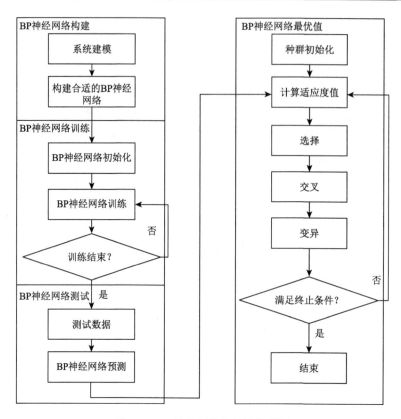

图 9-4　BP 神经网络的算法流程图

碳排放强度、原煤消费量占比、自然保护区面积、城市绿化覆盖面积、森林覆盖率、人均公园绿地面积、研究与试验发展经费支出占 GDP 比重、环境污染治理投资占 GDP 比重、工业固体废物综合利用率、生活垃圾无害化处理、第三产业占 GDP 比重、高新技术产品出口额、再生资源物流总额、低碳经济发展产业规划、碳税收政策、碳排放监测统计和监管体系这 25 个指标因素作为输入层，以人口值、贸易值、资源值、绿化值、科技值和规划值这 6 个指标因素作为输出层，构建神经网络，找出最佳方案。

整理出的训练数据如表 9-1 所示。

表 9-1　训练数据表

影响因素	相关参数	预测结果
社会发展	人口自然增长率	人口值
	城镇居民家庭恩格尔系数	
经济发展	人均 GDP	贸易值
	对外贸易额	

续表

影响因素	相关参数	预测结果
资源耗用	单位 GDP 能耗	资源值
	能源消费总量	
	单位 GDP 工业废气排放总量	
	单位 GDP 二氧化硫排放量	
	人均碳排放量	
	碳排放强度	
	原煤消费量占比	
环境因素	自然保护区面积	绿化值
	城市绿化覆盖面积	
	森林覆盖率	
	人均公园绿地面积	
科技投入	研究与试验发展经费支出占 GDP 比重	科技值
	环境污染治理投资占 GDP 比重	
	工业固体废物综合利用率	
	生活垃圾无害化处理	
	第三产业占 GDP 比重	
	高新技术产品出口额	
	再生资源物流总额	
政策法规	低碳经济发展产业规划	规划值
	碳税收政策	
	碳排放监测统计和监管体系	

网络输入源共有 p、t 两组数据，代表了从 1996 年到 2013 年人口、贸易、社会、环境等各个指标的数据组。其中数据来源分别为：人口数据来自《中国人口统计年鉴》，城镇居民家庭恩格尔系数、GDP、对外贸易额来自《中国统计年鉴》和《中国统计摘要》，单位 GDP 能耗、能源消费总量、单位 GDP 工业废气排放总量、单位 GDP 二氧化硫排放量、人均碳排放量、碳排放强度、原煤消费量占比由《中国能源统计年鉴》整理得来，自然保护区面积、城市绿化覆盖面积、森林覆盖率、人均公园绿地面积、研究与试验发展经费支出占 GDP 比重、环境污染治理投资占 GDP 比重出自《中国环境统计年鉴》，还有一些政策数据和科技数据分别来源于国家统计局官网和《中国科技统计年鉴》。将 p、t 的前 14 组数据作为 BP 神经网络的训练数据，最后一组数据作为网络的预测数据，建立 BP 神经网络对中国低碳经济指标数据进行预测。

调用 MATLAB 环境，进行 BP 神经网络仿真，得到最佳 spread（spread 为分散度参数，spread 值的大小实际上反映了输出对输入的响应宽度）的结果。

　　从运行的结果来看，当 spread 值设置为 0.7 时，训练数据的预测结果较好。spread 值越小，BP 神经网络对训练样本的逼近程度就越强，spread 值越大，BP 神经网络对训练样本的逼近程度就越弱，误差也会增大。

三、Hopfield 神经网络研究与模型实现

　　1）Hopfield 神经网络模型

　　Hopfield（1982）提出了 Hopfield 人工神经网络模型。根据输入的不同，Hopfield 神经网络分为离散型神经网络和连续型神经网络两种。Hopfield 神经网络模型是反馈型网络架构的神经网络，与 BP 神经网络反馈误差数据不同，Hopfield 神经网络是直接反馈输出数据给输入端，循环往复，直至达到一定的条件，神经网络系统稳定为止。

　　从有输入的时刻开始，Hopfield 神经网络的状态就会不停歇地发生改变。当数据输入神经网络时，系统会根据神经元的作用函数完成输出，这个输出会反馈回输入端口，成为新的输入，以此循环往复地进行这个"输入—输出—输入"的反馈过程。当反馈的训练过程的变化量越来越小，到达一个稳定状态时，Hopfield 神经网络就是能收敛的稳定网络，网络就会输出一个稳定的恒值。

　　根据我们选取的输入数据的特性，这里的仿真需要用到离散型 Hopfield 神经网络。Hopfield 提出的 Hopfield 神经网络是二值神经网络，也就是网络中神经元的输出只能取 0 或者 1，这里的神经元就是二值神经元，这个神经网络也被称为离散型 Hopfield 神经网络。

　　离散型 Hopfield 神经网络是一个单层的、输出只能为 0 或者 1 的网络。当离散型 Hopfield 神经网络有三个神经元节点时，结构图如图 9-5 所示。

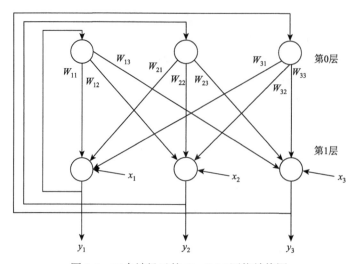

图 9-5　三个神经元的 Hopfield 网络结构图

在图 9-5 中，第 0 层是网络输入的模拟，实际神经网络中并没有这一层，也不存在第 0 层的神经元，无计算功能；第 1 层才是实际神经元，有计算功能，对第 0 层的输入信息和权系数一起进行计算，然后将得出的输出数据反馈给第 0 层的输入，直到神经网络稳定时，与非线性函数 f 比较，产生输出信息。f 代表的是阈值函数，假如神经元的输出信息比阈值 θ 大，则 1 就是神经元的输出；假如神经元的输出信息比阈值 θ 小，则 0 为神经元的输出。

以一个二值神经元为例，它的运算方法如下：

$$U_j = \sum_i W_{ij} y_i + x_j$$

式中，x_j 是第 j 个神经元的外部输入信息；y_i 是第 i 个神经元的输出信息；W_{ij} 是第 i 个神经元与第 j 个神经元之间的权重；U_j 是第 j 个神经元的输出信息。并且有：当 $U_j \geqslant \theta_i$ 时，$y_i = 1$；当 $U_i < \theta_i$ 时，$y_i = 0$。

离散型 Hopfield 神经网络的网络状态就是神经元输出信息的集合。假设离散型 Hopfield 神经网络有 n 个神经元，则其 t 时刻的状态：

$$y(t) = [y_1(t), \quad y_2(t), \cdots, y_n(t)]^T$$

是一个 n 维向量。又因为 $y_j(t)(j=1,2,\cdots,n)$ 可以取值为 1 或 0；所以 n 维向量 $y(t)$ 有 2^n 种取值，也就是说该神经网络 t 时刻一共可以有 2^n 种网络状态。

离散型 Hopfield 神经网络的工作方式有两种，一种是串行方式，也称为异步方式；另一种是并行方式，也称为同步方式。

（1）串行（异步）方式。神经网络一共由 n 个神经元组成，在某一时刻 t 时，只有某一个神经元 j 的状态发生改变，同时剩下的 $n-1$ 个神经元的状态不发生变化，这就是串行（异步）工作方式，并且有

$$y_j(t+1) = f\left[\sum_{i=1}^{n} W_{ij} y_i(t) + x_j - \theta_j\right]$$

$$y_i(t+1) = y_j(t), \quad i \neq j$$

当不考虑外部输入时，则有

$$y_j(t+1) = f\left[\sum_{i=1}^{n} W_{ij} y_i(t) - \theta_j\right]$$

（2）并行（同步）方式。在任一时刻 t，若所有的神经元的状态都发生变化，则称为并行（同步）工作方式，并且有

$$y_j(t+1) = f\left[\sum_{i=1}^{n} W_{ij} y_i(t) + x_j - \theta_j\right], \quad j = 1,2,\cdots,n$$

当不考虑外部输入时，则有

$$y_j(t+1) = f\left[\sum_{i=1}^{n} W_{ij} y_i(t) - \theta_j\right], \quad j = 1,2,\cdots,n$$

判断一个神经网络性能的重要因素就是看这个网络是否稳定。

对于离散型 Hopfield 神经网络而言，设其状态函数为

$$y(t) = [y_1(t), \quad y_2(t), \cdots, \ y_n(t)]^{\mathrm{T}}$$

当神经网络从 $t=0$ 开始时，有初始状态；在经过一定的时间 t 后，有一个状态 $y(t)$，对于任何 $\Delta t > 0$ 都有 $y(t+\Delta t) = y(t)$，那么这个神经网络是稳定的。

Carpenter 等（1987）提出了 Hopfield 神经网络稳定的充分条件，他们指出：若 Hopfield 神经网络的权系数矩阵是一个对称矩阵，同时其对角线元素为 0，可以推出这个神经网络是稳定的。数学的表达方式为：设 Hopfield 神经网络的权系数矩阵是个 n 阶的矩阵 W，对于这个矩阵的元素，如果 $i=j$ 时，$W_{ij}=0$，$i \neq j$ 时，$W_{ij}=W_{ji}$，那么可推出 Hopfield 神经网络是稳定的。但是这只是 Hopfield 神经网络稳定的充分条件，而不是必要条件，实际上有很多并不满足权系数矩阵 W 是对称矩阵这一条件的 Hopfield 神经网络也是稳定的网络。

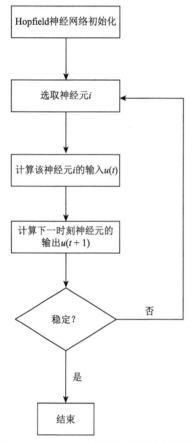

图 9-6　Hopfield 神经网络的算法流程图

2）Hopfield 神经网络算法

Hopfield 神经网络不是非线性映射，而是以动力学为能量基础的网络，它的工作过程为神经元从初始状态开始，向李雅普诺夫函数减小的方向演化，直到神经网络稳定收敛后输出网络的稳定值。

Hopfield 神经网络的工作方式主要有两种。

（1）串行（异步）。神经网络一共由 n 个神经元组成，在某一时刻 t 时，只有某一个神经元 j 的状态发生改变，同时剩下的 $n-1$ 个神经元的状态不发生改变。

（2）并行（同步）。在任一时刻 t，所有神经元的状态都发生改变。

不管并行还是串行工作方式，Hopfield 神经网络的算法流程图都如图 9-6 所示。

3）Hopfield 神经网络仿真实现

评价国家低碳经济发展水平的指标因素有很多，根据本书国家维度低碳经济发展水平评价的研究，我们选取了较为重要的 21 个指标因素作为 Hopfield 神经网络的输入，研究中国、美国、英国、德国、法国、

日本、俄罗斯这七个国家的指标数据，结合离散型 Hopfield 神经网络的联想记忆功能，建立离散型 Hopfield 国家低碳经济发展水平评价仿真模型。

（1）设计步骤：主要包含五个步骤，如图9-7所示。

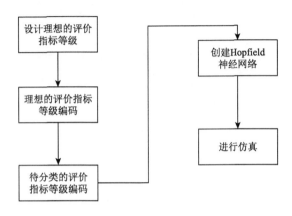

图9-7　Hopfield 神经网络实现步骤

（2）设计理想的评价指标等级。对国家数据中对外贸易额（x_1）、第三产业占 GDP 的比重（x_2）、人均 GDP（x_3）、GDP（x_4）、工业固体废物利用率（x_5）、生活垃圾无害化处理（x_6）、环境污染投资治理总额占 GDP 的比重（x_7）、研究与试验发展经费支出占 GDP 比重（x_8）、城镇居民家庭恩格尔系数（x_9）、人口自然增长率（x_{10}）、单位 GDP 能耗（x_{11}）、新能源占能源消费的比例（x_{12}）、再生资源物资总额（x_{13}）、煤炭占能源消费总量的比重（x_{14}）、能源消费总量（x_{15}）、二氧化碳排放总量（x_{16}）、二氧化碳排放强度（x_{17}）、人均二氧化碳排放量（x_{18}）、森林覆盖率（x_{19}）、自然保护区面积（x_{20}）、人均公园绿地面积（x_{21}）这21个指标进行编码。

首先计算21个指标样本的平均值。这个平均值就是理想状态下的各个指标的评价指标数据阈值，也是 Hopfield 神经网络的平衡点。

取 2007～2017 年数据的平均值作为数据阈值，如表9-2所示。

表9-2　数据阈值表

指标	x_1	x_2	x_3	x_4	x_5	x_6	x_7	x_8	x_9	x_{10}	x_{11}
阈值	6 331.2	38.4	8 916.2	113 407	40.78	57.08	1.04	0.92	40.9	7.66	2.29

指标	x_{12}	x_{13}	x_{14}	x_{15}	x_{16}	x_{17}	x_{18}	x_{19}	x_{20}	x_{21}	
阈值	6.84	1 125.2	73.52	156 541.9	38.9	1.13	3.05	16.88	111 62	4.78	

与此同时，将指标影响力分为三个等级：很强（Ⅰ）、一般（Ⅱ）、较差（Ⅲ）。

根据国家维度低碳经济数据的主成分分析法，对每个指标计算其指标值，设置三个不同层次的权重，可以得到指标数据影响力级别，如图 9-8 所示。

层次	指标	指标类型	权重
lv1	对外贸易额	社会经济发展	3
lv1	二氧化碳排放总量	低碳生活消费	3
lv1	环境污染投资治理总额占GDP的比重	低碳技术水平	3
lv1	森林覆盖率	环境资源禀赋	3
lv1	城镇居民家庭恩格尔系数	社会经济发展	3
lv1	人口自然增长率	社会经济发展	3
lv2	人均二氧化碳排放量	低碳生活消费	2
lv2	二氧化碳排放强度	低碳生活消费	2
lv2	研究与试验发展经费支出占GDP比重	低碳生活消费	2
lv3	GDP	社会经济发展	1
lv3	单位GDP能耗	低碳技术水平	1
lv3	工业固体废物利用率	低碳技术水平	1
lv3	能源消费总量	低碳生活消费	1
lv3	人均GDP	社会经济发展	1
lv3	第三产业占GDP的比重	社会经济发展	1
lv3	人均公园绿地面积	环境资源禀赋	1
lv3	生活垃圾无害化处理	低碳技术水平	1
lv3	新能源占能源消费的比例	低碳技术水平	1
lv3	煤炭占能源消费总量的比重	低碳生活消费	1
lv3	再生资源物资总额	环境资源禀赋	1
lv3	自然保护区面积	环境资源禀赋	1

图 9-8　指标数据影响力级别

在输入神经网络之前，必须对输入数据进行标准化处理。我们采用的是离散型 Hopfield 神经网络，在这个网络中，神经元的取值状态只有两种，因此，将输入样本数据输入神经元时，必须将其标准化为二值的输入。标准化的方法是，将样本指标与之前所算的指标阈值进行比较，如果样本数据大于或等于指标阈值，则样本的标准化数据取值为 1，在仿真系统中，用●表示神经元状态为"1"，如果样本数据小于指标阈值，则样本的标准化数据取值为 0，在仿真系统中，用○表示神经元状态为"0"。

研究美国、英国、德国、法国、日本、俄罗斯这 6 个国家的低碳经济编码与 21 个评价指标之间的关系，如表 9-3 所示。

表 9-3　指标编码与指标等级表

指标	美国	英国	德国	法国	日本	俄罗斯	评价等级
x_1	1	1	1	1	1	0	I
x_2	1	1	1	1	1	1	III
x_3	1	1	0	1	0	0	III

续表

指标	美国	英国	德国	法国	日本	俄罗斯	评价等级
x_4	1	1	1	1	1	1	III
x_5	0	0	1	0	1	0	III
x_6	0	0	1	1	1	0	III
x_7	0	1	1	1	1	0	I
x_8	1	1	1	1	1	0	II
x_9	0	0	0	0	0	0	I
x_{10}	1	1	1	1	0	1	III
x_{11}	1	1	0	0	0	1	III
x_{12}	1	0	1	1	1	0	III
x_{13}	1	0	0	0	0	1	III
x_{14}	0	0	0	0	0	0	III
x_{15}	1	1	1	1	1	1	III
x_{16}	1	1	1	1	1	1	III
x_{17}	1	1	1	1	1	1	II
x_{18}	1	1	1	1	0	0	II
x_{19}	1	0	0	0	1	1	I
x_{20}	1	0	0	0	0	1	III
x_{21}	1	1	1	1	1	1	III

中国待分类指标编码如表 9-4 所示。

表 9-4　中国待分类指标编码

指标	x_1	x_2	x_3	x_4	x_5	x_6	x_7	x_8	x_9	x_{10}	x_{11}
编码	1	0	0	1	1	1	1	1	1	1	1
指标	x_{12}	x_{13}	x_{14}	x_{15}	x_{16}	x_{17}	x_{18}	x_{19}	x_{20}	x_{21}	
编码	1	0	1	1	1	1	1	1	1	1	

　　设计好理想的 3 个等级评价指标和待分类的评价指标编码，存入 class.mat 中就可以创建 Hopfield 神经网络。利用矩阵实验室工具箱函数集中的 newhop 函数可以初始化一个离散型 Hopfield 神经网络。将待分类的指标编码输入创建好的离散型 Hopfield 神经网络中，调用 sim 函数，对数据进行仿真。

　　仿真结果如图 9-9 所示，其中第一行表明理想的等级评价指标编码，第二行表明待分类的评价指标编码，第三行为设计的 Hopfield 神经网络分类结果。

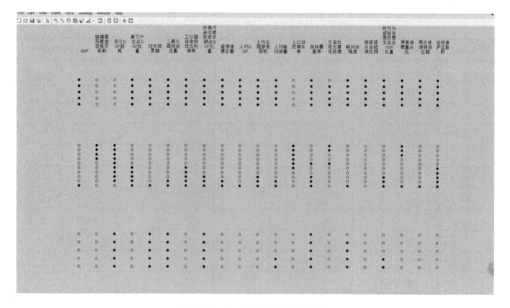

图 9-9　Hopfield 仿真结果图

第三节　低碳经济多维评价可视化平台系统的运行环境

一、低碳经济多维评价可视化平台的管理体系

在低碳经济多维评价可视化平台构建时，为实现从低碳经济指标的基础数据到模型数据再到可视化的过程，将低碳经济多维评价可视化平台分为基础数据管理、模型管理、可视化显示管理和系统管理四个管理体系。

基础数据管理包括：基础数据类型的选择和管理；单个基础数据的输入以及特定格式批量数据的直接导入；对已输入的基础数据按不同关键词进行查询；对比分析同一层面相同地区不同年份或不同地区同一年份的基础数据；以用户指定的格式导出基础数据。目前基础数据的分类为：经济产出数据、低碳能源数据、低碳消费数据、低碳技术数据、低碳环境数据、社会生活数据、低碳政策数据等，其中，低碳政策数据根据管理员需求人工录入。

模型管理包括：针对不同地域层面指标体系的选择；针对同一层面的模型数据处理方法的选择；将由基础数据经过数据处理后得到的模型数据导入模型中；按地区、年份、低碳经济指标等指定关键词查询已导入的模型数据，并能自定义查询结果的显示方式，如数据表格、柱状图等；对模型数据进行对比分析和趋势分析，其中对比分析包括横向的对比分析，即同一层面同一年份不同地区分析，纵向对比分析，即同一地区不同模型下的趋势分析，是针对同一地区的不同年份的数据分析，研究低碳经济水平相对时间的变化趋势；将指定的模型数据按照用户指定的格式导出。

可视化显示管理包括：基础数据的可视化；模型数据的可视化；准则层数据的可视化；目标层数据的可视化。每一种类型的数据的可视化形式都应有多种模式，并可由用户自主选择。

系统管理由用户管理、权限管理、数据库管理构成。在用户管理中，可对用户的账号、密码等基本信息进行管理，并能实现用户的增加、修改、删除等更新操作。在权限管理中，可以根据用户的级别，设置每个用户的权限，登录平台的用户只能在自己的权限范围内进行可视化评价和数据查看等操作。在数据库管理中，包括对基础数据和模型数据库的管理，实现对数据库的自动定时备份和指定内容的手动备份；在数据误删时能进行数据还原。

模型数据库负责由基础数据经数据处理层后得到的模型数据的录入、查询、分析、导出；数据整合层利用数据处理层得到的数据和权重，完成国家、区域、省域、城市四个层次横向的低碳经济评价，以及各个特定层次地域指定时间序列范围内纵向的低碳经济评价；结果显示可视化层负责低碳评价结果的可视化显示。

二、低碳经济多维评价可视化平台的实现路径

在不同的应用领域，客户端和服务器所承担的具体任务各不相同，但两者之间的工作模式和通信原理是共通的。一般来说，客户端是指用户登录的端口，用户登录客户端，然后通过网络向服务器发送登录申请，服务器接收到登录申请之后进行处理，并将处理结果发送给客户端，结果就显示了用户是否能够正常登录客户端。而服务器更多的是一种网上的应用程序，用户使用客户端的过程中会给服务器发送各种请求。这些请求都需要服务器来识别、处理，根据程序的运行结果来决定是否通过用户的请求，并反馈给用户。这种工作流程适用于多种通信结构。

在服务器端，根据服务器对来自客户端的请求响应模式的不同，服务器可以分为两种类型：循环服务器和并发服务器。循环服务器不能同时处理多个客户端的请求，只能一个一个地处理。只有在将当前来自客户端的请求处理完毕后，才能着手处理下一个请求。如果在处理过程中有新的客户请求，就只能等待。这种模式通常只能用于处理速度较快、处理逻辑比较简单的服务器程序的开发；并发服务器在处理当前来自客户端的请求时，仍然可以处理新进的请求，实现同时处理多个任务和流程的功能。同一时间可以处理多个请求，服务器会建立多个处理客户端的请求的进程或者线程。但是由于程序运行需要占用大量的 CPU 和系统资

源，服务器的空间又是有限的，运算能力也是有限的，需要一些时间来处理用户的请求。由于同时使用低碳经济多维评价可视化平台的用户并不会很多，数据访问的逻辑关系也不繁杂，为了提高数据处理效率、减少 CPU 的占用、节约资源，低碳经济多维评价可视化平台拟采用循环服务器。

在将基础数据转化为模型数据、指标的权重计算时，可借助外部数据处理软件，也可将数据标准化及计算过程算法嵌入可视化平台的开发软件中，实现无须访问外部程序的数据处理。在具体的算法中，可采用模糊综合评价、熵权法、层次分析法、灰色层次分析法等方法对数据进行运算和整合。

三、低碳经济多维评价可视化平台的运行环境

1）登录环境

登录模块的主要功能是用户权限管理，不同的账号会有不同的访问权限。输入用户和密码即可登录低碳经济多维评价可视化平台客户端，如图 9-10 所示。

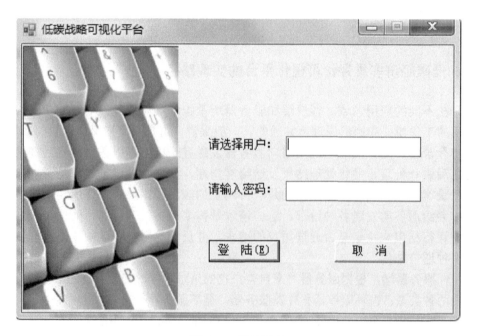

图 9-10　登录界面

2）参数设置

以国家管理为例，首先是对国家的查询显示，然后可以在管理员权限下对国家数据进行录入和更新，如图 9-11 所示。

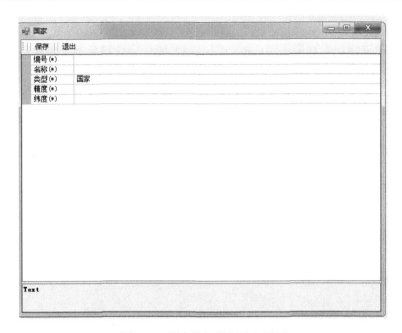

图 9-11　国家指标数据录入界面

3）基础数据设置

进入基础数据模块后，对基础数据大类（即准则层）进行查询显示，也可以对基础数据大类进行增减、修改，如图 9-12 所示。

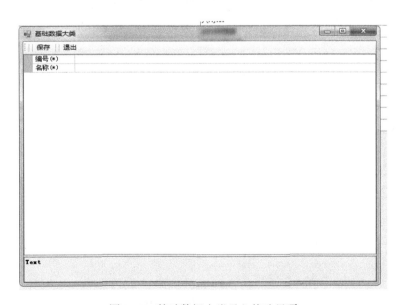

图 9-12　基础数据大类录入修改界面

4）评价指标导入

单击评价指标设置的按钮，进入相应的界面，能够设置每个指标在不同的取值范围内显示的不同颜色。

单击"新增"按钮，进入评价指标录入界面，如图 9-13 所示，这样即可设置评价指标各基本信息的值。

图 9-13　评价指标录入界面

5）指标数据导入

指标数据的导入则表示进入专门的导入界面，如图 9-14 所示。

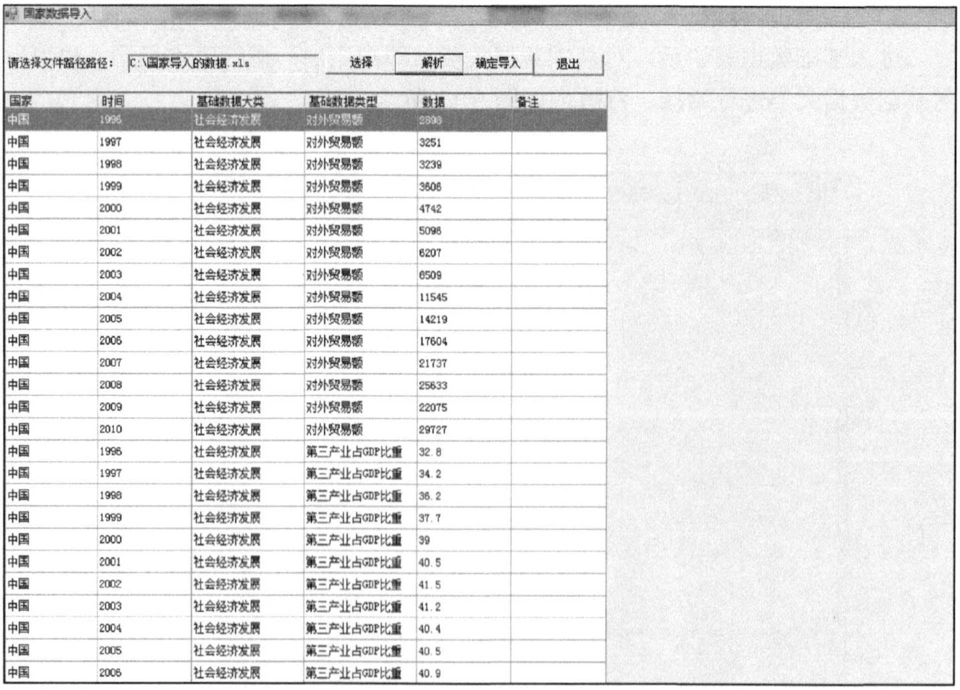

图 9-14　指标数据导入界面

值得注意的是，这里的数据导入是整体的数据导入，导入的数据表格的格式需要与模板一致，单击"解析"按钮，解析成功后就会出现对应的内容，否则就弹出对话框提示解析失败。当解析成功后，再单击"确定导入"按钮，指标数据就成功地录入数据库中进行保存了。

四、基于 GIS 的低碳经济多维评价可视化平台

对于指标体系的显示，为了使使用者更为直观、方便地操作，并进行对比分析，我们在指标可视化显示上也特别制作了一个模块，专门用来展示指标情况。

在这个模块中，收集了中国的地理位置信息，特别绘制了以省份为基础单位的中国地图。同时，因为详细的城市地理位置信息比较难以搜寻，所以为了以后在数据收集得更全面的情况下，提高展示模块的精度，这个模块中提供了扩展接口。

首先，登录低碳经济多维评价可视化平台的界面。

在这个模块中，用户在操作上也很丰富。

（1）用户单击地图上的某个省份时，就可显示该省份的准则层以及每个准则层下的所有指标信息。

（2）用户使用右上角的查询框查找某一年份、某一省份的某一指标数据时，地图会根据指标数据的等级，显示不同的颜色，以提供更直观、鲜艳的展示。

其次，选取年份为 2016 年，选取指标为省域碳排放强度，即可查看 2016 年省域碳排放强度对比图。

这个低碳可视化平台还有一种重要的输出，是采用气象系统中常用的色斑图来显示 2016 年省域碳排放强度色斑图。

再次，选取年份为 2008 年，即可查看 2008 年省域低碳经济发展系统得分对比图。

最后，单击可视化平台界面的"色斑图"按钮，即可得到 2008 年省域低碳经济发展系统得分的色斑图。

五、神经网络模型实现模块

低碳经济多维评价可视化平台主要提供了 BP 神经网络和 Hopfield 神经网络两种仿真模型，其中，BP 神经网络仿真主要是为了预测低碳经济未来一年的发展情况，并与现实做对照。Hopfield 神经网络仿真主要是为了筛选出低碳经济仿真指标的等级能力。在低碳经济多维评价可视化平台中，嵌入了 MATLAB 神经网络工具箱里的 BP 神经网络函数和 Hopfield 神经网络函数。单击 BP 神经网络功能模块，会先进行最优化参数的寻找操作，之后进行训练学习，展示仿真模拟结果，如图 9-15 所示。

图 9-15　BP 神经网络界面

而单击 Hopfield 神经网络功能模块，会直接进入仿真模拟阶段。

六、不足与展望

1）我国低碳经济多维评价体系研究实用性不足

我国现有低碳经济评价体系的研究大多集中于针对评价体系的学术型探讨，对于政策决策者而言，缺少能够将低碳经济评价方面的研究成果一目了然进行呈现的平台。另外，低碳经济发展研究是一个长期性的研究工作，每年会进行低碳经济相关数据的收集、整理以及运算从而得到最终的结果的重复性工作，若能利用平台定期对低碳经济数据搜集、整理并对最终的评价结果进行呈现将有利于政策制定者对学者的研究成果进行查看与分析，然后将这些成果转化成政策建议。将可视化平台建设与低碳经济发展水平评价相结合，既能定期根据数据进行低碳经济评价的实时发布，又能将枯燥繁杂的数据转化成清晰易懂的图形，帮助决策者进行政策制定。

2）现有低碳经济评价体系可视化平台建设鲜有成果

现在我国学者关于低碳经济评价指标体系可视化平台建设方面的研究相对较少，且研究局限性较大。一是对于低碳经济的评价方式过于简单，没能完全呈现低碳经济的内涵，所能反映的低碳指标评价模式有限，而且并不涉及具体的低碳指标评价体系，为政府决策、制定政策所能提供的理论基础有限；二是在可视化平台的建设中并没有从需求分析出发，建立可视化平台框架结构，而且研究中提出的思路与看法大多比较粗略，主要是指导性建议，并没有深入框架结构，只是大体提出了思路，缺少具体低碳经济评价指标体系与可视化平台框架作为依托，缺少实际的细节与内容。因此，在未来的研究中，可对以上不足进行深入分析。

3）可视化技术不断发展增强人们对数据的理解力

可视化将枯燥冗杂的数据数字模型通过计算机创建图形、图表，形象地表达信息及其内在联系，能够方便研究者对大量抽象数据的有效分析。数据是枯燥的，数据与数据之间的关联通常情况下不是很直观，而通过将数据对象可视化，数据的特征和属性就能够平白、直观地显现给受众，数据之间的关联性也可以通过可视化技术展现出来，甚至隐藏在杂乱数据中规律性的东西也可以被挖掘出来。可视化技术的出现扩展了人类的视觉功能，增强了使用者面对大量抽象数据进行有效分析的能力。由此说来，可视化技术的实质便是借助多维图形化的手段，清晰有效地传达及沟通信息，使大量杂乱无章的数据表达得更容易被理解。

4）积极推进低碳大数据搜集整理工作

可视化的大数据是近年来社会发展的重点研究方式，也是低碳经济多维评价体系的重要定量分析基础。可视化大数据的研究方法为低碳经济发展评价提供定量分析支撑，是对现有低碳经济发展多维评价体系的理论分析的有力补充。只有积极推进低碳大数据搜集整理工作、逐步完善全国以至于世界范围内低碳经济基础数据的搜集、统一数据格式才能提高大数据可视化研究方式的可信度与可用性。低碳经济大数据搜集整理工作的完成程度决定了低碳经济大数据能否被有效分析、挖掘和应用。应由国家统计局牵头，会同各省市相关部门统计各类指标数据，统一发布更新在平台上，尽量保证指标数据充分有效，加快完善指标数据的收集整理工作，尽量保证输入数据的充分性。

5）完善低碳经济多维评价可视化平台的需求分析

低碳经济多维评价可视化平台的使用者对平台的使用有不同的需求，应充分考虑到用户的使用情况、使用阶段、使用环境等因素，按照不同的期望对需求进行分类，从而获取用户对低碳经济多维评价可视化平台的基础需求，明确显在与潜在的需求，从而明确低碳经济多维评价可视化平台的功能定位。从平台使用者的角度出发，对低碳经济多维评价指标体系进行分析，获取不同用户的需求，综合相关研究成果，最终确定低碳经济多维评价可视化平台所应具有的基本功能和应实现的成果。

6）增强评价模型的科学性

现有评价方法还不够丰富，以后的研究中可以进一步优化评价方法：一是要与其他现代科技紧密合作，互相促进，例如，在生物学领域的脑科学、神经生理学的新研究和心理学领域内认知心理学的最新进展都能为神经网络提供新的研究方法和新的算法方向；二是应结合指标体系加入其他评价模型，多角度、多层面进行评价，逐步完善模型的精确性和稳定性以及客观性。

7）利用低碳经济多维评价可视化平台进行低碳经济政策战略化部署

低碳经济发展是兼顾经济发展与低碳发展的环保型发展模式，建立多功能全方位的低碳经济多维评价可视化平台对全国低碳经济的发展起着重要的导向作用。通过低碳城市经济发展评价体系中指标的量化，及时搜集、实时处理数据信息，可以确定城市低碳发展的情况，同时也能给政府决策提供理论依据。低碳经济发展中，政府是主导，如果能够有一个囊括低碳经济指标的大数据收集整理平台，就可以充分利用可视化平台在数据管理上的优势，降低因数据缺失而带来的信息偏差，从而更准确地做出决策。低碳经济多维评价可视化平台通过数据可视化技术将低碳经济大数据背后的复杂关系用简单直观的图形表示出来，方便了政府形成从粗到细、从整体到局部的政策制定思路。另外，结合每一段时期国家统一的统计、考核，对照相应的评价指标体系，从国家到省市的多层次多维度低碳经济发展评价的可视化平台，将对低碳经济的量化结果进行实时发布。一是方便政策制定者了解各个层面低碳经济的发展状况以及以前政策的执行成效，把握后续低碳经济发展大方向，统一对各层面低碳经济发展指标提出硬性要求；二是帮助各级政府明确低碳生态规划建设各参与主体的角色、权利和责任，进行横向以及纵向的对比分析以考虑到不同地区、不同时期产业的不同特点，扶持当下重点产业，调动结合各层面的优势资源进行低碳经济发展战略化部署。

第四节　本　章　小　结

本章主要介绍了中国低碳经济发展水平多维评价可视化平台的总体功能架构，并具体描述了各个模块的功能。然后分析了基于神经网络的模型集成及实现，并在此基础之上，详细介绍了低碳经济多维评价可视化平台系统的管理体系、实现路径、运行环境以及神经网络模型实现模块，旨在为多维评价的可视化展示和评价奠定基础。

第十章 中国低碳经济发展水平多维评价实证研究及可视化结果分析

第一节 国家维度低碳经济发展水平评价实证研究及可视化结果分析

一、评价样本及数据来源

以 2007~2017 年的中国低碳经济发展水平为样本对指标体系进行实证研究。人口数据来源于《中国人口统计年鉴》；人均 GDP、城镇居民家庭恩格尔系数和对外贸易额等数据由《中国统计年鉴》和《中国统计摘要》整理得出；环境数据来源于《中国环境统计年鉴》；碳排放强度和原煤消费量占比等能源数据由《中国能源统计年鉴》和各地区的统计年鉴数据计算得出；科技数据来源于《中国科技统计年鉴》。

二、指标体系各准则层和综合评价指数值及排名

按上述原则对指标进行评分，然后进行指数合成，包括准则层指数合成和综合指数合成（均采用百分制）。采用线性加权求和法计算各准则层的指数值，然后进行加总得到综合评价指数值。以 z_j 表示低碳经济发展水平综合评价体系中的准则层数值，依次为准则层 D 指数、准则层 P 指数、准则层 S 指数和准则层 R 指数。x_k 为标准化后的无量纲指标，W_k 为对应指标的权重。最后将各准则层指数加总得到低碳经济发展水平综合评价指数（low-carbon evaluation index，LCEI），如图 10-1 所示，即

$$z_j = \sum x_k W_k, \quad j = D, P, R, S$$

$$\text{LCEI} = z_D + z_P + z_S + z_R$$

三、可视化结果分析

单击地区走势分析按钮，能够选择不同的地区某个指标在一段时间内的走势分析，能够通过折线图、柱状图、饼状图显示，走势分析既可以查询在某个地区，不同的评价指标在一段时间内的走势，也能够查询某个指标，于不同的地区在一段时间内的走势。

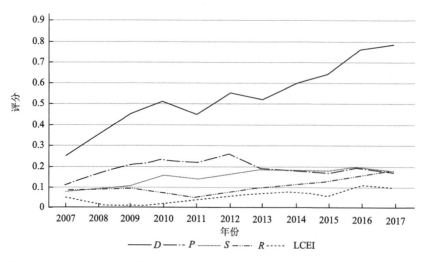

图 10-1　2007～2017 年中国低碳经济综合评价指标体系各准则层和综合评分轨迹

从中国低碳评价结果来看，2007～2017 年中国低碳经济发展水平综合评价指数得分走势分析图如图 10-2 所示。总体来看，我国历年来低碳经济发展水平呈现逐步增强的趋势。

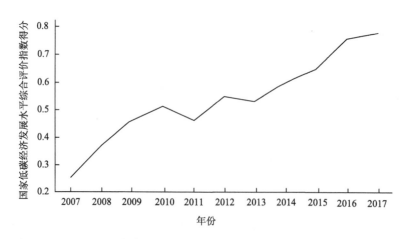

图 10-2　2007～2017 年中国低碳经济发展水平综合评价指数得分走势分析图

以中国能源消费总量为例，2007～2017 年中国能源消费总量的走势分析图如图 10-3 所示。显然，中国能源消费总量逐年增加，2007～2011 年递增的速度较快，2012～2016 年递增的速度逐渐放缓，到 2017 年，中国能源消费总量已经增至 440 000 万吨标准煤。由此看出，我国作为煤炭消耗大国的局面暂时还难以改变。

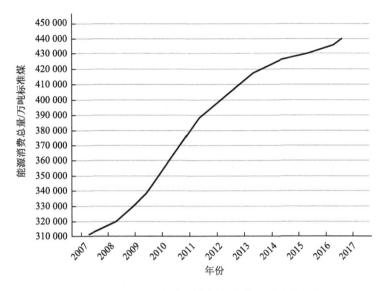

图 10-3　2007～2017 年中国能源消费总量的走势分析图

以国家环境压力准则层下的指标：单位 GDP 工业废气排放总量（标准立方米/元，1 标准立方米=1.2041 千克）为例，图 10-4 即为 2007～2017 年单位 GDP 工业废气排放总量的柱状图。从图中可以清晰地看出，单位 GDP 工业废气排放总量在

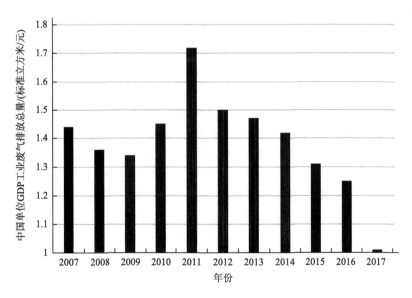

图 10-4　2007～2017 年中国单位 GDP 工业废气排放总量的走势分析图

2011 年达到最大后，至 2017 年开始逐年递减，说明国家近年在调控工业废气排放上是卓有成效的。

1）国家维度重要指标

基于可视化结果展示，进一步对低碳经济发展水平进行研究，就需要找出影响低碳经济发展水平的重要指标，才能将中国与西方发达国家进行对比分析，进而找出差距。主成分分析法是一种多元统计方法，它利用降维的思想，通过研究指标体系的内在结构关系，将多个指标转化为少数几个指标（主成分），通过样本研究能得到指标之间的内在结构关系，它能够通过主成分表达式中各个指标系数绝对值的大小来阐明某些指标的重要性。

主成分个数提取原则为主成分对应的特征值大于 1 的前 m 个主成分。对上文中的样本数据进行主成分分析，通过观察发现前三个成分的特征值都大于 1，三个成分累计反映全部指标 94.411% 的信息，如表 10-1 所示。

表 10-1　方差分解主成分提取分析表

成分	初始特征值		
	合计	方差贡献率/%	累计贡献率/%
1	15.933	72.421	72.421
2	3.341	15.185	87.606
3	1.497	6.805	94.411

根据初始因子载荷矩阵可以看出，第一主成分在单位 GDP 二氧化硫排放量 P_{22}、研究与试验发展经费支出占 GDP 比重 R_{11}、人均公园绿地面积 S_{24}、森林覆盖率 S_{23}、能源消费总量 P_{12}、对外贸易额 D_{22}、人均 GDP D_{21}、碳排放强度 S_{12}、人均碳排放量 S_{11}、再生资源物流总额 R_{23}、工业固体废物综合利用率 R_{13}、环境污染治理投资总额占 GDP 比重 R_{12} 有绝对值较大的载荷，这些指标分别反映了在发展低碳经济的各个时期的经济发展程度、低碳科技投入力度、碳排放状况和碳汇建设程度。从第一主成分载荷还可以看出，能源消费总量 P_{12}、碳排放强度 S_{12} 和人均碳排放量 S_{11} 为负值，表明我国近十几年来由于经济的发展、工业化进程的加速，能源消耗和碳排放量的基数逐年增大。第二主成分载荷系数较大的是原煤消费量占比 S_{13}、生活垃圾无害化处理 R_{14} 和人口自然增长率 D_{11}。第三主成分载荷系数较大的是高新技术产品出口额 R_{22}，如表 10-2 所示。

表 10-2 初始因子载荷矩阵

指标	第一主成分载荷	第二主成分载荷	第三主成分载荷	指标	第一主成分载荷	第二主成分载荷	第三主成分载荷
D_{11}	0.689 44	0.704 935	−0.056 11	S_{21}	0.882 634	0.408 604	−0.171 34
D_{12}	0.849 585	0.509 067	0.014 628	S_{22}	0.977 35	−0.117 81	−0.129 75
D_{21}	0.953 209	−0.295 77	0.032 609	S_{23}	0.842 267	0.299 194	−0.226 36
D_{22}	0.955 419	−0.256 29	−0.082 58	S_{24}	0.984 135	−0.063 58	−0.127 93
P_{11}	0.877 722	−0.252 46	−0.129 92	R_{11}	0.992 485	0.028 026	−0.042 55
P_{12}	−0.963 83	0.211 717	0.150 325	R_{12}	0.909 7	0.192 6	0.006 316
P_{21}	0.593 228	−0.344 88	0.570 982	R_{13}	0.922 183	0.279 209	−0.029 37
P_{22}	0.995 213	0.036 972	0.012 778	R_{14}	0.387 195	−0.764 99	0.459 072
S_{11}	−0.934 82	0.307 865	0.109 861	R_{21}	0.897 642	0.389 104	0.163 368
S_{12}	−0.948 76	0.307 421	−0.040 54	R_{22}	0.458 329	0.213 941	0.737 15
S_{13}	−0.006 29	0.872 911	0.454 756	R_{23}	0.925 939	−0.280 68	0.048 134

用主成分载荷矩阵中的数据除以主成分相对应的特征值开方根就得到了两个主成分中每个指标对应的系数。低碳发展潜力子系统中的三个主成分的表达式如下：

$$F_1 = 0.26A_1 + 0.32A_2 + 0.35A_3 + 0.35A_4 + 0.33A_5 - 0.36A_6 + 0.22A_7 + 0.37A_8 - 0.35A_9$$
$$- 0.35A_{10} + 0.33A_{12} + 0.36A_{13} + 0.31A_{14} + 0.37A_{15} + 0.37A_{16} + 0.34A_{17} + 0.34A_{18}$$
$$+ 0.14A_{19} + 0.33A_{20} + 0.17A_{21} + 0.34A_{22}$$

$$F_2 = 0.57A_1 + 0.41A_2 - 0.24A_3 - 0.21A_4 - 0.20A_5 + 0.17A_6 - 0.28A_7 + 0.03A_8 + 0.25A_9 + 0.25A_{10}$$
$$+ 0.71A_{11} + 0.33A_{12} - 0.10A_{13} + 0.24A_{14} - 0.05A_{15} + 0.02A_{16} + 0.16A_{17} + 0.23A_{18} - 0.62A_{19}$$
$$+ 0.32A_{20} + 0.17A_{21} - 0.23A_{22}$$

$$F_3 = -0.07A_1 + 0.02A_2 + 0.04A_3 - 0.10A_4 - 0.16A_5 + 0.18A_6 + 0.69A_7 + 0.02A_8 + 0.13A_9$$
$$- 0.05A_{10} + 0.55A_{11} - 0.21A_{12} - 0.16A_{13} - 0.27A_{14} - 0.16A_{15} - 0.05A_{16} + 0.01A_{17} - 0.04A_{18}$$
$$+ 0.56A_{19} + 0.20A_{20} + 0.89A_{21} - 0.06A_{22}$$

式中，A_i 为用主成分载荷矩阵中的数据除以主成分相对应的特征值开方根所得到的每个指标的对应系数。

以每个主成分所对应的特征值占所提取主成分的特征值之和的比例为权重计算主成分综合模型：

$$F = 0.29ZA_1 + 0.31ZA_2 + 0.23ZA_3 + 0.23ZA_4 + 0.21ZA_5 - 0.24ZA_6 + 0.17ZA_7 + 0.29ZA_8$$
$$- 0.22ZA_9 - 0.23ZA_{10} + 0.15ZA_{11} + 0.29ZA_{12} + 0.25ZA_{13} + 0.26ZA_{14} + 0.26ZA_{15}$$
$$+ 0.28ZA_{16} + 0.29ZA_{17} + 0.29ZA_{18} + 0.05ZA_{19} + 0.32ZA_{20} + 0.22ZA_{21} + 0.23ZA_{22}$$

在主成分分析中找出影响每个主成分因子的因素及其影响程度,对提高中国低碳经济发展水平具有重要意义和指导作用。基于此,可以从初始因子载荷矩阵中找出影响低碳经济发展水平的重要指标,为了使影响因素更加明显,可以对初始共性因子进行旋转,从而获得新的共性因子。旋转后因子载荷将得到重新分配,使公因子负荷系数向更大或更小的方向变化。本书采用直接斜交方法对因子载荷矩阵进行斜交旋转,进行 17 次斜交旋转后的结果如表 10-3 所示,表中用加粗字体标明的数字表明该主成分因子在相应的指标上有相对较高的载荷,将其与对应的主成分因子的贡献率相乘,取其绝对值,可以得到该主成分因子在相应的指标上对低碳经济发展水平的综合载荷,排序如表 10-3 所示。

表 10-3　斜交旋转后的因子载荷矩阵及主要影响因素的综合载荷

指标	第一主成分载荷	第二主成分载荷	第三主成分载荷	对应主成分的贡献率	综合载荷	按综合载荷排序
D_{11} 人口自然增长率	**−0.971 1**	0.220 414	−0.126 94	0.724 21	0.703 26	4
D_{12} 城镇居民家庭恩格尔系数	**−0.890 8**	0.386 611	−0.198 55	0.724 21	0.645 11	13
D_{21} 人均 GDP	**0.837 6**	0.152 083	−0.324 93	0.724 21	0.606 6	17
D_{22} 对外贸易额	**0.903 96**	0.213 828	−0.196 67	0.724 21	0.654 66	11
P_{11} 单位 GDP 耗能	**−0.854 9**	−0.248 41	0.140 519	0.724 21	0.619 12	15
P_{12} 能源消费总量	**0.951 52**	0.235 188	−0.112 24	0.724 21	0.689 1	7
P_{21} 单位 GDP 工业废气排放总量	−0.218 22	0.214 604	**0.802 61**	0.068 05	0.054 618	21
P_{22} 单位 GDP 二氧化硫排放量	**−0.946 5**	0.063 462	0.107 16	0.724 21	0.685 48	8
S_{11} 人均碳排放量	**0.887 42**	0.272 573	−0.202 21	0.724 21	0.642 68	14
S_{12} 碳排放强度	**0.928 77**	0.156 657	−0.336 76	0.724 21	0.672 62	10
S_{13} 原煤消费量占比	0.071 688	**0.953 54**	−0.136 1	0.151 85	0.144 8	19
S_{21} 自然保护区面积	**0.994 2**	−0.174 31	0.293 131	0.724 21	0.720 011	1
S_{22} 城市绿化覆盖面积	**0.971 91**	0.153 9	−0.072 32	0.724 21	0.703 866	3
S_{23} 森林覆盖率	**0.965 66**	−0.051 43	0.287 887	0.724 21	0.699 341	6
S_{24} 人均公园绿地面积	**0.985 18**	0.114 983	−0.045 37	0.724 21	0.713 476	2
R_{11} 研究与试验发展经费支出占 GDP 比重	**0.968 78**	−0.013 68	−0.063 65	0.724 21	0.701 602	5

续表

指标	第一主成分载荷	第二主成分载荷	第三主成分载荷	对应主成分的贡献率	综合载荷	按综合载荷排序
R_{12} 环境污染治理投资总额占 GDP 比重	**0.894 61**	−0.160 68	0.001 734	0.724 21	0.647 882	12
R_{13} 工业固体废物综合利用率	**0.940 72**	−0.196 35	0.088 684	0.724 21	0.681 28	9
R_{14} 生活垃圾无害化处理	0.007 246	0.160 3	**−0.927 6**	0.068 05	0.063 12	20
R_{21} 第三产业产值占 GDP 的比重	**0.840 47**	−0.420 72	−0.017 29	0.724 21	0.608 674	16
R_{22} 高新技术产品出口额	0.113 401	−0.740 08	**−0.577 9**	0.068 05	0.039 33	22
R_{23} 再生资源物流总额	**0.802 55**	0.127 015	−0.332 62	0.724 21	0.581 211	18

可以看出，影响低碳经济发展水平的指标前 10 名依次为：自然保护区面积、人均公园绿地面积、城市绿化覆盖面积、人口自然增长率、研究与试验发展经费支出占 GDP 比重、森林覆盖率、能源消费总量、单位 GDP 二氧化硫排放量、工业固体废物综合利用率和碳排放强度。

2）重要指标的国内外差距分析

从上文中可以看出，我国历年来低碳经济发展水平总体上呈现逐步提高的趋势，但是和西方发达国家相比，低碳经济发展水平仍显不足，因此，本书将在主成分分析中找出一些重要指标与西方国家进行对比分析，找出差距。

（1）驱动力指标差距。如图 10-5 所示，从反映经济总量的 GDP 来看，2017 年中国经济总量已经高居世界第二，仅次于美国。虽然中国经济总量排名世界第二，但是人均 GDP 约为 59 660 元，排名为 70 位，与中等发达国家相距较远。世界银行曾经预测，中国的 GDP 最早可以在 2020 年达到与美国相当的水平，但是，到时候人均 GDP 只有美国的四分之一。2018 年，中国进出口总额为 30.51 万亿元，比 2017 年增长 9.7%，其中出口总额为 16.42 万亿元，同比增长 7.1%；进口总额为 14.09 万亿元，同比增长 12.9%，在保护主义抬头、经贸摩擦持续的情况下，这一成绩远超市场预期。

我国的生产能力的确巨大，近年来经济增长速度确实很快，但是生产能力大多数集中在高能耗的初级产品和劳动密集型产品中，在高新技术领域，中国的发展速度低于美国。虽然在国际金融危机爆发后，由于中国出口的劳动密集型产品物美价廉，加上这类商品需求具有一定的刚性，下降相对平缓，而高新技术产品大多属于耐用消费品和投资品，受金融危机的冲击更为明显，然而，高新技术产业始终处于经济领域的最高端，在世界经济企稳复苏的带动下恢复得也比较快，

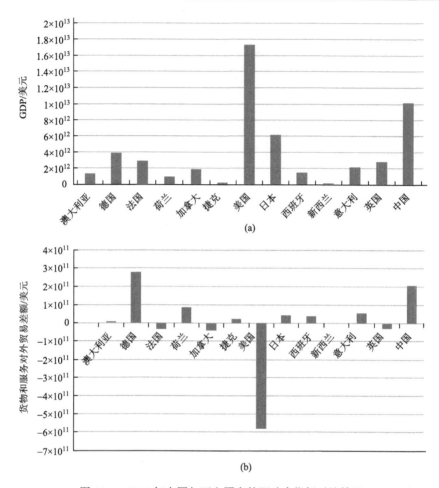

图 10-5　2017 年中国与西方国家的驱动力指标对比情况

图（a）的单位为 2010 年不变量美元，图（b）的单位为现价美元

资料来源：《中国统计年鉴》《中国对外经济统计年鉴》

资源消耗型和劳动密集型产业为中国带来了高速的经济增长，但是低端产业的发展是不可持续的，资源消耗带来的环境污染越来越严重，劳动红利也逐渐减少，因此，需要大力推进高新技术产业的发展。

（2）压力指标差距。相比于西方发达国家，中国发展低碳经济的压力巨大。目前毫无疑义，《BP 世界能源统计年鉴》数据明确指出，中国在 2017 年消费了 32.78 亿吨油当量的能源（1 千克油当量的热值，联合国按 42.62 兆焦计算），超过美国约 47%，成为全球最大的能源消费国。而过去 100 年，美国一直是世界第一大能源消费国。统计数据也显示了，中国 2017 年人均能源消费量相当于 2.4 吨原油，这是美国人均能源消费量的三分之一，这个数字也远低于很多发达国家。同时，2017 年中国单位 GDP 的 CO_2 排放量高达 9.5 吨/万美元，是紧随其次的捷克的 2.2 倍，是美国的 3.2 倍，如图 10-6 所示。

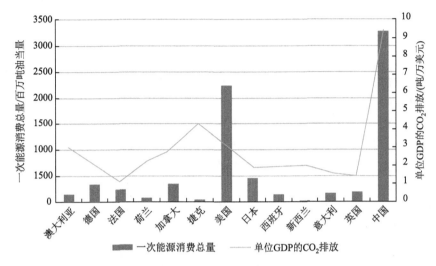

图 10-6　2017 年中国与西方国家的压力指标对比情况

资料来源：《BP 世界能源统计年鉴》（2018 中文版）

通过比较分析各国的单位 GDP 的 CO_2 排放量和经济发展特征的关系，发现随着工业在经济结构中所占比重的增加，单位 GDP 的 CO_2 排放量会相应增加。而中国还是处于工业化和城镇化进程中的发展中国家，中国经济的崛起是以能源密集型的重工业和基础建设为基础的，工业尤其是重工业在经济结构中所占的比重依然很高，能源消费仍处于增长阶段。且我国能源消费又以煤炭为主，2009 年首次成为煤炭净进口国，已经达到 1.26 亿吨。虽然中国在核能等新型能源的开发上已经取得了一些成就，但是传统能源的消费仍占 60.4%。而且可以预见，中国未来对能源的需求将继续增长，面对这种情况，为了降低经济增长对能源的依赖，我国政府出台并将继续推进各项节能减排政策措施，积极调整产业结构，逐渐淘汰落后产能，努力使能源消费总量的增幅逐年放缓，能源消费强度不断降低，逐渐做到以较低的能源消费增长支撑国民经济平稳、较快地发展。

（3）状态指标差距。低碳经济的落脚点是碳排放量，即为了应对气候变化对全球经济、人类生存的影响，无论在生产过程中还是在消费环节中，都要对碳排放量进行严格控制。《BP 世界能源统计年鉴》报告中用大量的、翔实的数据说明，2017 年全球煤炭的总消费增长了 1%，石油的总消费增长了 1.8%，天然气的总消费增长了 3%。我们如果仅从能源消费结构这个角度出发，那么石油依然是世界上领先的燃料，牢牢占据了全球能源消费的 33.6%的份额。人类对于化石燃料的消费需求的增长，使全球来自能源使用的二氧化碳排放连续三年（2014～2016 年）几乎没有增长后，在 2017 年增长了 1.6%。根据 2018 年的《BP 世界能源统计年鉴》，中国能源消费增长 3.1%，连续 17 年成为全球能源消费增量最大的国家，但人均碳排放量并不算高，例如，2017 年中国人均碳排放量为 6.9 吨，是人均碳排放量为 15.6 吨的澳大利亚的约二分之一。

通过比较分析各地区人均碳排放量和经济发展水平的关系，发现一个地区的经济发展水平越高，该地区的消费就越大，所伴随的碳消费就越大。近年来，随着我国经济的持续快速发展，人民越来越富裕，消费量也日益增加，人均碳排放量也会不断增加，如果按照西方发达国家的发展路径来走，可以预见中国也将进入一个高碳消费时代，碳排放量将会大幅度增加。因此，我国在具体行动中，应该探索出有中国特色的低碳消费之路，改变不良的社会消费模式、消费观念和消费方式，倡导低碳消费、节制消费和节约消费，在提高生活质量的同时将低碳消费方式变成一种自觉行为。

如图 10-7 所示，与西方发达国家不同，中国的地理环境比较特殊，东部地区的森林资源比较丰富，而西部地区则以山地和沙漠为主，森林资源比较欠缺。而且中华人民共和国成立后相当长的一段时间内，我国对森林资源的重要性认识不足，缺乏相应的保护措施，大量的植被被人为损坏，一度使我国的森林覆盖率下降，2017 年，我国森林覆盖率仅有 22.4%。因此，我国应加大对森林资源的保护力度，并注重对被损坏的植被进行合理的恢复工作。

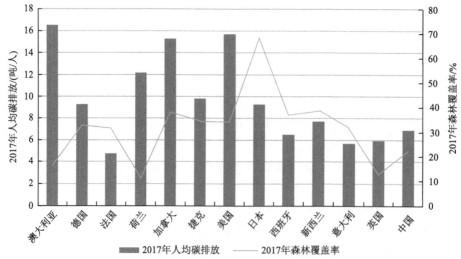

图 10-7　2017 年中国与西方国家的状态指标对比情况

资料来源：《BP 世界能源统计年鉴》（2018 中文版）

（4）响应指标差距。党中央早已明确提出，创新是引领发展的第一动力，同时也是建设现代化经济体系的战略支撑。早在 2014 年，中国研发经费投入强度达到 2.02%，首次突破 2%；2016 年继续提高，为 2.11%，2017 年进一步上升至 2.12% 后，相比于 2012 年，更是提高了 0.21 个百分点。就全球范围来看，中国研发经费投入总量高居世界第二位，仅仅落后于美国。2017 年一整年，我国研发经费投入总量有一定提高，为 175 00 亿元，相比于上年增长 11.6%，增速与上年相比提高 1 个百分点。此外，就研发经费投入强度来说，为 2.12%，较 2016 年也提高了 0.01 个百分点。2019 年，我国研究与试验发展经费突破 2 万亿元，投入强度进一步提高。党的十八大以来，党和国家高度重视科技发展，中国的研发经费投入强度在这些年稳步提升，2013 年以来稳居世界第二。

如图 10-8 所示，与西方发达国家相比，中国的科学研究投入仍然偏低。目前世界领先国家研究与试验发展经费支出占 GDP 的比重平均为 3% 左右，中国目前的水平同其还有一定的差距。而且，中国研究与试验发展经费的支出结构不合理：向全社会提供公共产品和基础服务的基础研究和应用研究领域的经费比例过少，而容易被私人机构和组织获取研究成果的试验发展领域的经费比例过大。发达国家用于基础研究的费用占整个研究与试验发展经费支出的比重在 10% 以上，2018 年美国基础研究经费占其联邦政府研究与试验发展总经费的 24.6%，2017 年，日本基础研究占比为 15%，但中国仅为 5.3%。因此，在发展低碳经济的过程中，我们应该注意提升产业的科技含量，需要加大对经济活动中产生的废水、废气及固体废弃物的处理技术、资金上的投入，提高废弃物处理水平，降低废弃物的排放量。

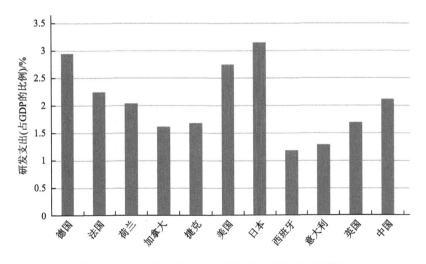

图 10-8　2016 年中国与西方国家的响应指标对比情况

本节在构建国家维度低碳经济发展水平评价指标体系的基础上，以 2007～2017 年的中国低碳经济发展水平为样本。首先，采用层次分析法对指标体系进行实证研究，然后结合可视化分析结果，发现影响低碳经济发展水平的重要指标有：单位 GDP 的 CO_2 排放量、研究与试验发展经费支出占 GDP 比重、人均公园绿地面积、森林覆盖率、能源消费总量、对外贸易额、GDP、碳排放强度、人均碳排放量、再生资源物流总额、工业固体废物综合利用率、环境污染治理投资总额占 GDP 比重；最后，将这些重要指标与西方国家进行对比分析，找出差距，结果显示：与西方发达国家相比，我国的低碳经济发展水平还存在较大的差距。

第二节　区域维度低碳经济发展水平评价实证研究及可视化结果分析

一、数据收集与整理

由于数据的不可获得性，我们在实际评价中选取了 4 个维度准则层、15 个指标进行了分析，具体数据见表 10-4。为了方便下面的独立评价，2017 年东部地区的数据，用 d2017 表示，z2017、x2017、db2017 以此类推。

表 10-4　经整理各区域低碳指标数据

准则层	指标层	年份	东部地区	中部地区	西部地区	东北部地区
区域经济发展	区域人均生产总值/元	2017	86 392.54	47 828.18	44 346.49	49 892.41
		2016	79 761.00	43 761.75	39 713.42	47 842.24
		2015	73 109.16	40 272.14	36 857.03	46 614.22
		2014	69 065.71	38 243.62	34 762.01	44 461.57
		2013	64 428.35	35 456.50	32 090.41	41 981.44
		2012	59 007.08	32 364.80	29 028.95	38 737.61
	第三产业比重	2017	0.54	0.46	0.47	0.53
		2016	0.52	0.44	0.47	0.51
		2015	0.51	0.42	0.46	0.53
		2014	0.49	0.39	0.43	0.50
		2013	0.48	0.38	0.42	0.48
		2012	0.46	0.35	0.40	0.45
	人均 CO_2 排放量（碳足迹）/吨	2017	8.14	6.93	9.05	12.18
		2016	11.04	6.92	9.36	11.91
		2015	10.80	6.96	9.19	11.48
		2014	10.52	6.99	9.36	11.66
		2013	10.35	6.98	8.97	11.65
		2012	10.16	6.89	8.70	12.05

续表

准则层	指标层	年份	东部地区	中部地区	西部地区	东北部地区
区域经济发展	单位生产总值能耗/(吨标准煤/万元)	2017	0.44	0.56	0.72	0.75
		2016	0.47	0.60	0.83	0.77
		2015	0.50	0.65	0.89	0.80
		2014	0.53	0.68	0.95	0.84
		2013	0.55	0.56	1.00	0.89
		2012	0.62	0.83	1.13	1.08
	碳生产率（碳生产力）	2017	1.06	0.69	0.50	0.41
		2016	0.72	0.63	0.42	0.40
		2015	0.68	0.58	0.40	0.41
		2014	0.66	0.55	0.37	0.38
		2013	0.62	0.46	0.36	0.36
		2012	0.58	0.47	0.33	0.32
区域能源消耗	碳能源排放强度	2017	2.16	2.60	2.79	3.25
		2016	2.95	2.63	2.85	3.24
		2015	2.93	2.67	2.81	3.08
		2014	2.90	2.68	2.83	3.11
		2013	2.90	2.75	2.79	3.12
		2012	2.76	2.58	2.66	2.97
	新能源消耗占总能源的比例	2017	0.113 2	0.039 1	0.075 4	0.037 1
		2016	0.111 4	0.038 2	0.072 2	0.036 3
		2015	0.109 7	0.035 2	0.069 8	0.036 0
		2014	0.099 9	0.032 6	0.069 9	0.041 9
		2013	0.096 3	0.029 9	0.066 8	0.041 4
		2012	0.090 1	0.025 3	0.062 7	0.034 4
	万人拥有公共汽车、电车数	2017	5.62	2.76	2.87	4.74
		2016	5.26	2.53	2.68	4.60
		2015	4.89	2.40	2.56	4.52
		2014	4.59	2.29	2.54	4.41
		2013	4.52	2.21	2.47	4.31
		2012	4.29	2.11	2.25	4.14
区域技术发展	人均规模以上工业企业研究与试验发展经费内部支出/亿元	2017	1 572.28	588.89	330.76	397.73
		2016	1 455.46	516.75	302.43	386.27
		2015	1 350.01	465.67	269.77	380.07
		2014	1 240.50	426.93	246.94	454.39
		2013	1 121.55	377.01	218.05	453.68
		2012	981.39	320.07	187.12	401.43

准则层	指标层	年份	东部地区	中部地区	西部地区	东北部地区
区域技术发展	城市垃圾无害化处理率 C_{11}	2017	99.15	98.63	96.82	84.53
		2016	98.62	97.33	93.95	86.73
		2015	95.73	96.43	90.53	86.03
		2014	96.51	94.57	90.16	70.80
		2013	94.89	91.91	86.49	67.62
		2012	93.23	85.57	83.65	60.20
	环境污染治理投资总额占区域生产总值比重 C_{12}	2017	0.009 5	0.013 6	0.014 3	0.008 1
		2016	0.010 0	0.014 7	0.015 1	0.008 3
		2015	0.010 2	0.013 7	0.016 0	0.011 0
		2014	0.012 3	0.012 8	0.019 1	0.011 3
		2013	0.012 6	0.014 5	0.019 1	0.016 3
		2012	0.011 6	0.014 3	0.017 2	0.023 6
	工业废气治理完成投资占区域生产总值比重 C_{13}	2017	0.049 7	0.066 4	0.048 1	0.047 0
		2016	0.067 9	0.077 1	0.080 5	0.073 2
		2015	0.072 3	0.057 9	0.094 9	0.071 1
		2014	0.105 1	0.094 7	0.174 5	0.131 1
		2013	0.078 1	0.112 3	0.162 7	0.109 3
		2012	0.045 0	0.044 8	0.057 1	0.026 9
区域环境发展	工业固体废物综合利用率 C_{14}	2017	0.74	0.55	0.44	0.42
		2016	0.74	0.60	0.52	0.45
		2015	0.77	0.67	0.53	0.38
		2014	0.71	0.71	0.56	0.46
		2013	0.70	0.70	0.54	0.52
		2012	0.66	0.71	0.54	0.51
	碳汇密度（森林覆盖率）/%	2017	37.69	36.46	15.03	41.64
		2016	37.69	36.46	15.02	41.64
		2015	37.69	36.46	15.01	41.64
		2014	37.69	36.46	14.99	41.64
		2013	37.69	36.46	14.97	41.64
		2012	35.74	33.24	13.91	40.30
	人均绿地面积/（公顷/万人）	2017	30.37	13.16	16.49	22.14
		2016	29.69	11.92	15.24	22.02
		2015	28.65	11.50	14.27	22.65
		2014	27.60	11.01	12.94	22.19
		2013	26.86	10.41	12.44	21.32
		2012	26.69	10.01	11.82	21.04

资料来源：2012～2017 年《中国统计年鉴》。

二、集成评价的实施

本书基于方法集构建了区域低碳经济集成综合评价的模型，主要选取熵值法、层次分析法和灰色关联分析作为方法集，下面是集成评价的实施情况，数据为表 10-4 中的数据。

1）独立评价方法结果

熵值法、层次分析法和灰色关联分析独立评价结果见表 10-5。其中需要指出的是，层次分析法用到 yaahp 软件；熵值法和灰色关联分析用到 Excel 软件，结果如表 10-5 所示。

表 10-5　独立评价方法评价结果排序表

地区	熵值法	层次分析法	灰色关联分析
d2017	1	1	1
d2016	2	3	2
d2015	3	4	3
d2014	4	2	4
d2013	5	5	5
d2012	6	10	11
z2017	7	8	6
z2016	8	7	7
z2015	9	12	9
z2014	11	9	10
z2013	10	6	8
z2012	12	16	12
x2017	16	21	15
x2016	17	19	18
x2015	19	17	21
x2014	13	11	13
x2013	20	13	14
x2012	24	24	24
db2017	22	23	17
db2016	21	20	20
db2015	18	18	16
db2014	15	14	19
db2013	14	15	22
db2012	23	22	23

2）Kendall-W 事前一致性检验结果

λ^2 服从自由度为 $n-1$ 的 λ^2 分布。因此给定显著性水平 $\alpha=0.01$，我们便可以查表来找出其对应的临界值 $X_{\alpha/2}^2(n-1)=87.04$，大于 λ^2 分布临界值，在这样的事实之上，我们必须拒绝 H_0（3 种评价方法并不具有一致性），进而接受 H_1（3 种评价方法具有一致性）的假设。这就意味着我们同意这样的一个结果，即在给定显著性水平 $\alpha=0.01$ 条件下，不认为 3 种评价方法不具有一致性。换句话说，应该接受 H_1，即说明在给定显著性水平 $\alpha=0.01$ 的条件下，该 3 种评价方法具有一致性。

3）组合评价模型结果

如果我们分别应用三种不同的模型组合评价原来得到的各个评价结果，那么我们便不难获得表 10-6 中的结果。

表 10-6　各组合评价模型结果汇总表

地区	算术平均值组合评价模型	Borda 组合评价模型	Copeland 组合评价模型
d2017	1	1	1
d2016	2	2	2
d2015	3	3	3
d2014	4	4	4
d2013	5	5	5
d2012	9	9	9
z2017	6	7	7
z2016	7	6	6
z2015	10	10	10
z2014	11	11	11
z2013	8	8	8
z2012	13	12	12
x2017	17	17	17
x2016	19	19	19
x2015	20	20	20
x2014	12	13	13
x2013	14	14	14
x2012	24	24	24
db2017	22	22	22
db2016	21	21	21

续表

地区	算术平均值组合评价模型	Borda 组合评价模型	Copeland 组合评价模型
db2015	18	18	18
db2014	15	15	15
db2013	16	16	16
db2012	23	23	23

4）Spearman 事后一致性检验

我们在独自获得单个评价模型计算后的评价结果，以及组合评价的模型计算后的评价结果后，可以再针对之前提到的三个方式，再次计算出评价模型下的 t 值，分别用 t_a、t_b、t_c 表示，结果为 $t_a = 17.956$、$t_b = 17.628$、$t_c = 17.628$。如果我们选择显著性水平 $\alpha = 0.01$，便可以很容易地确定其临界值为 2.819，因此 $t_a > t_b = t_c$，算术平均值组合评价模型得出的结果为最终结果，如表 10-7 所示。

表 10-7 基于方法集的区域低碳经济集成评价结果

排名	地区	排名	地区
1	d2017	13	z2012
2	d2016	14	x2013
3	d2015	15	db2014
4	d2014	16	db2013
5	d2013	17	x2017
6	z2017	18	db2015
7	z2016	19	x2016
8	z2013	20	x2015
9	d2012	21	db2016
10	z2015	22	db2017
11	z2014	23	db2012
12	x2014	24	x2012

三、可视化结果分析

从区域低碳经济发展水平综合评价结果来看，2012～2017 年区域低碳经济发展水平综合评价指数得分如图 10-9 所示。2012～2017 年，东部地区的低碳经济发展水平综合评价指数得分总是排名最靠前，并且远远高于中部、西部、东北地区。

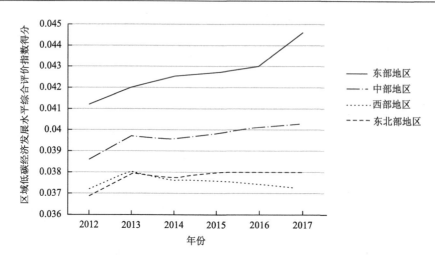

图 10-9 2012～2017 年区域低碳经济发展水平综合评价指数得分走势图

以区域碳生产率为例，区域碳生产率即单位碳排放所创造的生产总值，是由区域内生产总值/区域碳排放量运算而来的，是表征区域低碳经济发展指标的正向指标，被认为是衡量低碳化的最核心的指标。2012～2017 年东部地区、中部地区、西部地区和东北地区的碳生产率走势分析图如图 10-10 所示。显然，东部地区碳生产率远远高于其他三个区域，中部地区次之。整体来看，四大区域的碳生产率总体而言是逐年递增的，东部地区增速较快，而东北地区的增速比较平缓。

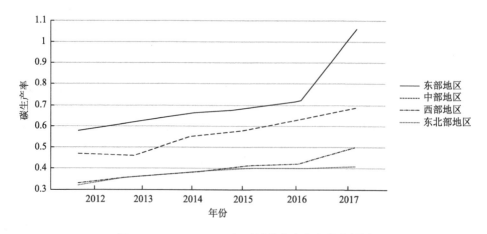

图 10-10 2012～2017 年区域碳生产率走势分析图

区域人均 CO_2 排放量，又称碳足迹，是去除不同区域人口密度对 CO_2 总排放

量的影响后使 CO_2 排放的地域差异更具有可比性的指标,是衡量区域低碳经济发展的负向指标。2012~2017 年区域人均 CO_2 排放量走势分析如图 10-11 所示。总体来看,2012~2017 年,中部地区的人均 CO_2 排放量保持相对较低的水平,而东北地区相对最高。

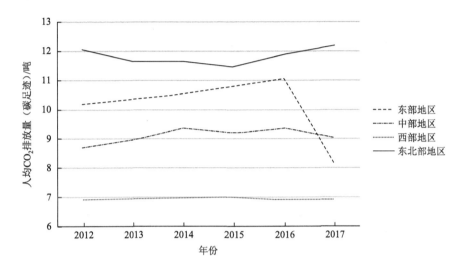

图 10-11 2012~2017 年区域人均 CO_2 排放量走势分析图

区域低碳环境发展的准则层下的区域碳汇密度,即森林覆盖率,表示为区域森林面积与区域土地总面积之比,反映区域森林的碳汇强度。2012~2017 年区域碳汇密度走势分析饼状图如图 10-12 所示。东部、中部、东北地区碳汇密度均远高于西部地区。

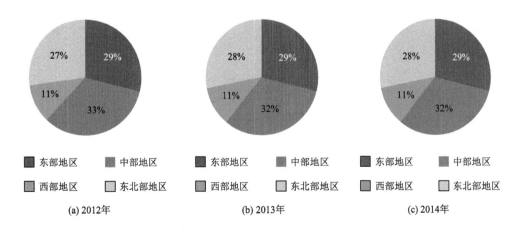

(a) 2012年   (b) 2013年   (c) 2014年

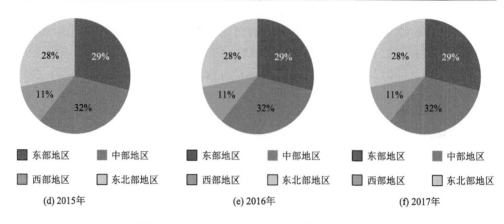

(d) 2015年　　　　　　　　　(e) 2016年　　　　　　　　　(f) 2017年

图 10-12　2012～2017 年碳汇密度走势分析图

　　对中国东部、中部、西部、东北部四个区域 2012～2017 年的数据，总共 24 个样本进行区域低碳经济评价，采用了基于方法集的集成评价模型之后，克服了单一方法的局限性，相比于之前的模型，这种事前检验和事后检验得出的算数平均值组合评价模型的结果显然更令人信服。结合实证研究和可视化展示结果可以得出以下结论。

　　（1）横向来看：中国东部、中部、西部、东北部低碳经济发展水平差异较大。东部的低碳经济发展水平远远优于其他地区，且东部低碳经济发展水平领先其他地区 4～5 年，即 2013 年东部地区低碳经济发展水平远远优于西部、中部、东北部 2017 年的低碳经济发展情况。

　　东部低碳经济发展水平是中国区域低碳经济发展的一个范本，对其他地区的低碳经济建设提供了借鉴意义和学习经验。

　　（2）纵向来看：中国低碳经济发展水平在各个地区呈现了较为平稳、健康的态势。这一情况与中国的国情相符。近几年来，国家出台了一系列政策，鼓励节能环保低碳企业的发展，在一定程度上促进了低碳经济的发展。因此可以看出，中国低碳经济发展是相当有后劲和潜力的。

第三节　省域维度低碳经济发展水平评价实证研究及可视化结果分析

一、评价样本及数据来源

　　1）碳排放的计算

　　就现在的技术发展水平来说，碳排放的一些比较精确的数据是不能直接观测的，在这样的背景之下，我们在研究中所给出的碳排放量相关的数值实际上是指某一个地区的某一个固定的时间长度内排出的温室气体数值。在换算的方法上，我们将根据不同能源的单位二氧化碳排放进行计算。联合国的一个专业机构 IPCC 早在 2006 年就为我们所应该使用的公式给予了指导，见式（10-1）[①]：

$$\mathrm{CO_2} = \sum_{i=1}^{3} \mathrm{CO_2}.i = \sum_{i=1}^{3} E_i \times \mathrm{NCV}_i \times \mathrm{CEF}_i \times \mathrm{COF}_i \times (44/12) \qquad (10\text{-}1)$$

式中，$\mathrm{CO_2}$ 代表二氧化碳的数值，$i = 1, 2, 3$ 分别表示三种不一样的一次能源；E 代表着不同能源的不同消耗量；NCV 意味着一次能源的平均低位发热量；CEF 是 IPCC 提供的碳排放系数；COF 是碳氧化因子。需要注意的是，各个国家由于存在不同的国情，计量的具体单位上存在着比较明显的差别。基于这样的现实，运用 IPCC 的碳排放测算方法时，适当改动和修正是必不可少的。我们在具体的计算中参考了 2009 年学者陈诗一在相关文章中给予的参考系数，以及国家发展改革委办公厅 2012 年 206 号文件——《国家发展改革委办公厅关于组织推荐国家重点节能技术的通知》中给出的各能源品种的排放系数，利用除西藏、香港、澳门、台湾（数据不全）外其余 30 个省区市 2007~2016 年原煤、原油、天然气以及电力的消费量，进而计算各省区市各年碳排放总量。各计算系数如表 10-8 所示。

表 10-8　二氧化碳排放估算参数（一）

能源		中国能源平均低位发热量		IPCC 的碳排放系数		碳氧化因子	中国各种能源折标准煤参考系数		中国各种能源二氧化碳排放系数	
		数值	单位	数值	单位		数值	单位	数值	单位
原煤	烟煤	20 908	千焦/千克	25.8	千克/百万千焦	0.99	0.714 3	千克标准煤/千克	2.64	吨/吨标准煤
	无烟煤			26.8						
	加权平均			26						
原油		41 816		20		1	1.428 6		2.08	
天然气		38 931	千焦/米³	15.3		1	1.33	千克标准煤/米³	1.63	
电力									0.75 千克/（千瓦·时）	

2）评价样本及数据来源

以 2007~2016 年我国除西藏、香港、澳门、台湾（由于数据不全）外其余 30 个省区市低碳经济发展水平为样本对指标体系进行实证研究。正向指标即数值

---

① 具体公式出自《国家温室气体排放清单指南》。

越大表明低碳经济发展状况越好的指标。所谓负向指标，指的是数值大小反比于具体的低碳经济发展状况类型的指标。

相关的结果是由收集相关指标的数据来决定的，因此为了确保数据的真实、准确以及客观性，本书选取了相关的数据库内的可以为我们所用的数据。不能直接获得的部分指标，则依据基础数据来做出相关处理并进行计算来取得可以使用的数据。各指标数据来源如表10-9所示。

表10-9　各指标数据来源统计

指标层	指标意义与内涵	指标来源
人均碳排放量（碳足迹）x_1	省域碳排放总量/省域总人数	《中国统计年鉴》《中国能源统计年鉴》并通过计算
碳排放强度 x_2	省域碳排放总量/省域生产总值	《中国统计年鉴》并通过计算
碳生产力 x_3	省域生产总值/省域碳排放总量	《中国统计年鉴》并通过计算
碳排放弹性系数 x_4	省域碳排放的增长率/省域生产总值的增长率	《中国能源统计年鉴》并通过计算
能源碳排放系数 x_5	省域碳排放总量/省域能源消费总量	《中国能源统计年鉴》并通过计算
非化石能源占能源消费总量比重 x_6	省域非化石能源消费量/省域能源消费总量	《中国能源统计年鉴》
森林覆盖率 x_7	省域森林面积/省域土地总面积	《中国统计年鉴》
城市建成区绿化覆盖率 x_8	城市建成区绿化覆盖面积/城市建成区面积	《中国统计年鉴》《中国城市统计年鉴》并通过计算
环境污染治理投资占省域生产总值比重 x_9	省域环境污染治理投资总额/省域生产总值	《中国环境统计年鉴》并通过计算
每万人拥有公共汽车数 x_{10}	省域公共汽车数/省域总人数（万人）	《中国城市统计年鉴》
研究与试验发展经费投入强度 x_{11}	省域研究与试验发展经费支出/省域生产总值	《中国科技统计年鉴》
工业固体废物综合利用率 x_{12}	省域工业固体废物综合利用量/工业固体废物产生量	《中国环境统计年鉴》
工业废气治理设施数 x_{13}	—	《中国环境统计年鉴》
工业废水治理设施数 x_{14}	—	《中国环境统计年鉴》

3）指标数据的无量纲化处理和正向化处理

在评测省域低碳经济发展水平时，指标的具体含义以及指标的计量单位上都存在着偏差，不具备统一性，这样使我们最终的评价结果的得出遭受比较大的困难。基于此，我们对各个数据做无量纲化处理来保证在结果上容易进行指标的对比。在省域低碳经济发展水平的评价指标体系中，正向指标与负向指标是兼备的，如果我们面对负向指标，则正向化后，才能得出一个令人信服的结果。而选择的方法上，目前比较受学者欢迎的是标准化法、均值化法、目标值法、极差法等一系列方法。由于本书选用的评价指标数量较多，所以我们采用极差法来做无量纲化以及正向化处理，以保证结果的可靠性。

（1）极差法是绝不允许计算过程中出现负数的，因此我们先对数据取绝对值：

$$a_{ij} = |a_{ij}|$$

（2）我们必须考虑到正向指标和负向指标各自的方向性偏差，用不同的算法进行数据处理后才能使用。具体如式（10-2）、式（10-3）所示。

正向指标：

$$a_{ij} = \frac{a_{ij} - a_{\min}(a_{1j}, a_{2j}, \cdots, a_{nj})}{a_{\max}(a_{1j}, a_{2j}, \cdots, a_{nj}) - a_{\min}(a_{1j}, a_{2j}, \cdots, a_{nj})} \tag{10-2}$$

负向指标：

$$a_{ij} = \frac{a_{\max}(a_{1j}, a_{2j}, \cdots, a_{nj}) - a_{ij}}{a_{\max}(a_{1j}, a_{2j}, \cdots, a_{nj}) - a_{\min}(a_{1j}, a_{2j}, \cdots, a_{nj})} \tag{10-3}$$

式中，$a_{\max}$ 和 $a_{\min}$ 为所有的评价个体中数值的最大者和最小者；$i, j = 1, 2, \cdots, n$。

二、指标体系各准则层和综合评价指数值及排名

我们使用层次分析法在计算机软件对指标的具体权重进行计算后，可以比较方便地得出 2007～2016 年各省区市低碳经济发展水平评价综合得分，如表 10-10 所示。

表 10-10　省域 2007～2016 年低碳经济发展水平综合评价

省区市	2007 年	2008 年	2009 年	2010 年	2011 年	2012 年	2013 年	2014 年	2015 年	2016 年
北京	0.7379	0.7101	0.7732	0.7920	0.8031	0.8150	0.7975	0.8263	0.8629	0.8781
重庆	0.7249	0.7203	0.7266	0.7313	0.7305	0.7574	0.7593	0.7673	0.7816	0.8078
四川	0.7703	0.7635	0.7436	0.7697	0.7535	0.7613	0.7623	0.7342	0.7473	0.7632
湖南	0.6818	0.7005	0.6971	0.7064	0.6730	0.7183	0.6995	0.7220	0.7286	0.7510
湖北	0.6521	0.6781	0.6547	0.6143	0.6498	0.6808	0.6567	0.6914	0.7011	0.7276
海南	0.5740	0.6671	0.6501	0.6738	0.6710	0.6662	0.6854	0.6038	0.5898	0.7272
广东	0.7088	0.6949	0.6891	0.6840	0.7124	0.7332	0.7198	0.7031	0.7323	0.7250
福建	0.7100	0.6623	0.6448	0.6746	0.6788	0.7048	0.7125	0.5969	0.6889	0.7048
安徽	0.6595	0.5729	0.6128	0.6385	0.6593	0.6526	0.6142	0.6358	0.6726	0.7004
河南	0.6015	0.5828	0.6030	0.6112	0.6143	0.6387	0.6529	0.6580	0.6750	0.6975
江西	0.7230	0.7276	0.7309	0.7085	0.7212	0.7448	0.6980	0.7075	0.6991	0.6928
云南	0.6517	0.6085	0.6244	0.6484	0.6647	0.6648	0.6817	0.6793	0.6536	0.6910
广西	0.7239	0.7232	0.7107	0.6511	0.6187	0.6277	0.6804	0.6771	0.6784	0.6787
上海	0.5519	0.4918	0.5914	0.5562	0.6308	0.6503	0.5859	0.6076	0.6321	0.6658

省区市	2007 年	2008 年	2009 年	2010 年	2011 年	2012 年	2013 年	2014 年	2015 年	2016 年
浙江	0.5989	0.6204	0.6031	0.6049	0.6316	0.6661	0.6440	0.6670	0.6726	0.6658
吉林	0.5791	0.5352	0.5995	0.5780	0.5810	0.5998	0.5826	0.6317	0.6072	0.6435
黑龙江	0.5506	0.5259	0.5599	0.5655	0.5982	0.6037	0.6056	0.6068	0.6209	0.6299
江苏	0.6007	0.6175	0.6093	0.5798	0.6032	0.6289	0.6131	0.6351	0.6347	0.6279
天津	0.4684	0.5255	0.5417	0.4141	0.5342	0.5814	0.5673	0.6063	0.6353	0.6248
河北	0.5403	0.5533	0.5251	0.5639	0.5791	0.5998	0.6054	0.5925	0.6257	0.6200
贵州	0.4869	0.4823	0.4346	0.5306	0.5431	0.5134	0.5397	0.5689	0.5840	0.5891
陕西	0.5886	0.5385	0.5785	0.5296	0.5718	0.5165	0.5354	0.5316	0.5753	0.5476
甘肃	0.4447	0.4351	0.4842	0.4576	0.4574	0.5136	0.5150	0.5383	0.5411	0.5402
山东	0.5393	0.5027	0.5368	0.5330	0.5900	0.5811	0.6009	0.5437	0.5072	0.5349
青海	0.4911	0.4828	0.5256	0.4459	0.4671	0.4645	0.4398	0.5083	0.4955	0.4974
辽宁	0.3780	0.3900	0.4198	0.4077	0.4977	0.5116	0.5209	0.5283	0.5148	0.4606
山西	0.2225	0.2476	0.3039	0.3290	0.3796	0.4029	0.3902	0.3938	0.4016	0.4305
内蒙古	0.3080	0.2081	0.2680	0.2641	0.2465	0.2818	0.3215	0.2707	0.3146	0.3215
新疆	0.4947	0.4141	0.3772	0.3985	0.4174	0.3588	0.3282	0.3270	0.3446	0.3040
宁夏	0.1589	0.1646	0.1463	0.1045	0.0587	0.0860	0.0973	0.1020	0.1310	0.1523

三、可视化结果分析

在省域层面,选取中部地区六个省,分别为湖南省、湖北省、河南省、江西省、安徽省、山西省。2007～2016 年中部地区 6 个省低碳经济发展系统得分的对比分析图如图 10-13 所示。

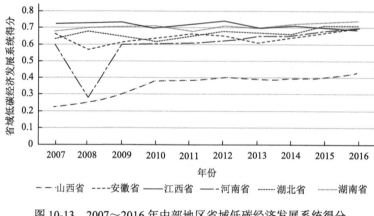

图 10-13　2007～2016 年中部地区省域低碳经济发展系统得分

在省域层面来看，由于涉及 30 个省区市，我们挑选出 2007～2016 年东部地区 10 个省市（北京市、天津市、河北省、上海市、江苏省、浙江省、福建省、山东省、广东省、海南省）的人均碳排放量来查看，其走势分析折线图如图 10-14 所示。

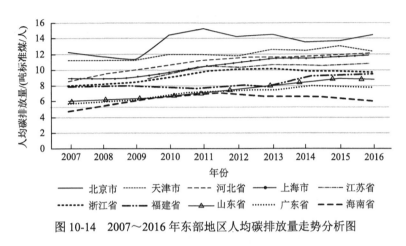

图 10-14　2007～2016 年东部地区人均碳排放量走势分析图

1）省域低碳经济发展水平评价结果差距分析

低碳经济发展水平基本上呈上升态势，按照走势可以划分为两段：第一阶段（2007～2010 年），这一阶段湖北省低碳经济的发展综合评价是处于比较稳定的状态，总体上虽然有个别地方存在着波动的瑕疵，但可以判定为上升；第二阶段（2010～2016 年），这一阶段全国的大部分地区呈现上升态势，而从 2010 年这一个拐点开始，各个省区市的低碳经济发展得分就以一个比较大的涨幅逐年上涨，进入一个快速发展阶段。

从低碳经济发展指数来看，省域差异较大。我国省域低碳经济发展水平与产业结构、经济发展和资源分布特征密切相关。由于山西和内蒙古都是煤炭产地，煤炭资源丰富，所以其低碳经济发展水平较弱；广东、福建的资源比较缺乏，其经济发展水平较高，因此其低碳经济发展水平相对较高；而北京虽然位于我国北部地区，并且在地理位置上距离煤炭资源密集区非常近，其能源利用结构中煤炭使用量占相当大的比例，但是北京的经济发展水平非常高，尤其是第三产业占比达到八成以上，工业以现代制造业和高新技术产业为主，所以其低碳压力较小；虽然上海的经济发展水平高于北京，但是其产业结构中工业仍占一定比重，所以其低碳压力要大于北京。

2007～2016 年低碳经济发展水平较高的主要有北京、重庆、四川、湖南、湖北、海南等，这些地区之所以得分高，主要是因为碳汇资源丰富，森林覆盖率高；从气候条件来看，这些地区基本上大多数时候都四季宜人，不需要集中的供暖来消耗大量的能源，这就从根本上大幅度减少了碳排放，达到了最后远低于其他地区的二氧化碳排放量；而如果我们从经济结构来看，第二产业中消费了大量的能源产值，所占的比重是最低的，但如果我们将目光投入第三产业，这个数值就十分需要引起我们的注意。青海、辽宁、山西这样的省域的低碳经济处于比较落后的发展阶段，深度地剖析其原因，这些省份存在着大量的煤田，很自然地会在经济发展的过程中使用大量的煤炭。这几个省份的第二产业也是我们国家的重要支柱，导致的结果就是生活及工业消费碳排放比重较高。

2）省域低碳经济发展水平评价结果原因分析

低碳经济发展的优势如下。

（1）经济状况的好转。2007～2016年总体经济状况良好，为低碳经济发展提供了良好的经济基础和环境。

（2）能源效率的提高和能源结构的改变。经济发展跨越了一个临界点之后，技术的不可替代性就逐渐地凸显出来，各个省区市对于能源利用上的经济性的提高，能够让各省区市降低各自省域内部的能源消费。传统能源可以逐渐地卸下能源消费主角的外衣，而让天然气等这样的新能源逐渐成为能源消费的中坚力量。

（3）能源消耗碳排放低。根据提供的碳排放计算的思路，各省人均排放量基本上都还处于逐年增加的态势，其中，个别传统能源的使用量很高的大省的数值最高，其次是经济相对发达的沿海省份。

（4）低碳技术的不断提升和生态环境的改善。党的十七大以来，各地逐渐重视生态文明与经济发展的协调，强调人与自然的和谐发展。另外，各地生活垃圾的无害化处理率以及工业固体废物综合利用率等也在逐步提升，研究与试验发展经费投入强度的逐步提升在某种程度上其实也很直接地反映了科学技术在我国的发展战略中处于越发核心的地位。

低碳经济发展的阻碍因素主要包括以下几个方面。

（1）总体的高科技水平依然偏低。技术创新能力，以及一个比较完善的配套的创新激励的机制是区域科技能够稳步推进的标志。低碳经济的推进毫无疑问紧密结合着技术创新的脚步，技术的革新对于能源利用率的提高效果是十分明显的。

（2）能源消费结构不合理。能源消费的主要物质是煤炭，从煤炭消费占能源消费的比例上来说，北方很明显地高于南方，地区不协调导致的资源不协调影响了我国的能源消费结构。

（3）产业结构明显重型化。第二产业产值每年都在稳步提高，轻重工业二者失衡已经成为我们不可回避的亟待解决的痛点。许多省区市高能耗产业超过了五成的比例，这与低碳经济的发展思路是格格不入的。第二产业在单位能源能耗上数值十分大，我们不难得出结论，经济结构失衡是目前低碳经济想要获得更进一步突破的主要瓶颈。

第四节 城市维度低碳经济发展水平评价实证研究 及可视化结果分析

一、评价样本及数据来源

根据城市维度低碳经济发展评价指标体系，查阅了北京、上海、天津、苏州、武汉等 15 个国内重点城市的 2018 年的统计年鉴，收集了 15 个城市的 2017 年低碳经济发展指标数据以进行横向分析，另外查阅了北京、上海、广州以及深圳 2013～2017 年的低碳经济发展指标进行纵向分析，如表 10-11 所示。

表 10-11 指标数据来历

指标层	指标计算公式	指标来历
单位城市生产总值碳排放量	城市生产总值/当年的碳排放量	各个城市的统计年鉴并通过计算
城市生产总值增长率	城市生产总值/上年同期城市生产总值−1	《中国城市统计年鉴》
第三产业比重	第三产业产值/城市生产总值	《中国城市统计年鉴》
城镇居民人均可支配收入	—	各个城市的统计年鉴
农村人均纯收入	—	各个城市的统计年鉴
研究与试验发展经费支出占城市生产总值比重	研究与试验发展经费支出/城市生产总值	各个城市的统计年鉴并通过计算
天然气占能源消费比例	天然气消费量/能源消费总量	各个城市的统计年鉴并通过计算
城市生活垃圾无害化处理率	—	《中国城市统计年鉴》
城市生活污水处理率	—	《中国城市统计年鉴》
工业固体废物综合利用率	—	《中国城市统计年鉴》
电力占能源消费比重	电力消费量/能源消费总量	各个城市的统计年鉴并通过计算
森林覆盖率	森林面积/城市土地总面积	各个城市的统计年鉴
单位能源消费的 CO_2 排放因子	CO_2 排放量/能源消费量	各个城市的统计年鉴并通过计算
人均碳排放	CO_2 排放量/人口数	各个城市的统计年鉴并通过计算
万人拥有公共汽车	公共汽车数/万人口数	《中国城市统计年鉴》
城镇居民家庭人均教育文化娱乐服务消费支出比例	城镇居民家庭人均教育文化娱乐服务消费支出/城镇居民人均可支配收入	各个城市的统计年鉴并通过计算

根据构建的城市维度低碳经济发展评价指标体系，大部分定性指标可以通过查阅资料得到，例如，城市生产总值、第三产业比重、城镇居民家庭人均可支配收入、城市生活垃圾无害化处理率等。但低碳经济发展评价中最重要的碳排放数据则必须经过复杂的计算才能得出。

因为碳排放数据是无法直接获得的，所以我们一般把某一地区的碳排放量用一段时间内二氧化碳的排放总量来衡量。二氧化碳排放可以通过不同的能源消费来做出计算。IPCC 在 2006 年发布的《国家温室气体清单指南》第 2 卷（能源）第六章提供了比较令人信服的公式。具体见式（10-1）。

但是我们需要注意，由于各个国家计量单位不同，各国运用 IPCC 的碳排放测算方法时会根据本国具体情况做出一定的调整。我国国内大部分研究都是采用了陈诗一（2012）提供的碳排放计算方法，即利用原煤、原油及天然气的消费量来汇总计算碳排放量。各计算系数如表 10-12 所示。

表 10-12　二氧化碳排放估算参数（二）

能源		中国能源平均低位发热量		IPCC 碳排放系数		碳氧化因子	中国各种能源折标准煤参考系数		估算的中国二氧化碳排放系数	
		数值	单位	数值	单位		数值	单位	数值	单位
原煤	烟煤	20 908	千焦/千克	25.8	千克/百万千焦	0.99	0.714 3	千克标准煤/千克	2.763	千克/千克标准煤
	无烟煤			26.8						
	加权平均			26						
原油		41 816		20		1	1.428 6		2.145	
天然气		38 931	千焦/米³	15.3		1	1.33	千克标准煤/米³	1.642	

但是该计算方法在计算中国城市二氧化碳排放问题时存在三个不准确的地方。

（1）二氧化碳排放来源考虑有限。在计算中国二氧化碳排放时由于数量级较大，可以忽略非主要能源的误差，但是在计算中国城市的二氧化碳排放，并需要相互之间进行比较时，其他能源产生的二氧化碳排放便不应该忽略。

（2）原煤排放系数计算不准确。式（10-1）中的 CEF 为 IPCC 提供的碳排放系数，但是因为 IPCC 没有直接提供煤炭的排放系数，陈诗一假设煤炭由原煤组成，而我国原煤中各煤类比重多年来变化不大，其中烟煤占 75%～80%，无烟煤占 20%左右。然后根据 IPPC 提供的烟煤和无烟煤碳排放系数的加权平均值（80%和20%）来计算煤炭的碳排放系数。但是在计算各个城市的煤炭组成时，这个假设并不成立，各个城市的煤炭并不一定以原煤为主，而且原煤的组成成分也并不相同，在城市之间相互比较时，这些误差会导致结果错误。

（3）碳氧化因子数据来源缺乏佐证。该计算方法中设定原煤的碳氧化因子为0.99，原油和天然气为 1，缺乏数据来源。

综上所述，针对中国城市维度的碳排放，必须研究出一个新型的、可适用于城市维度能源数据的计算方法。本书依旧以 IPCC 在 2006 年发布的碳排放计算方法为原理，进行如下步骤的计算。

根据 IPCC 2006 年提供的碳排放系数以及碳氧化因子，利用公式 $CEF_i \times COF_i \times \dfrac{44}{12} \times \dfrac{4.1868}{1\,000\,000}$ 计算出二氧化碳排放系数（千克/千卡，1 千卡= 4.1868 千焦），碳氧化因子数据来源于《省级温室气体清单编制指南》中的表 1.7。

根据《中国能源统计年鉴》附录四及《能源统计知识手册》附录二中的我国各种能源热值计算出二氧化碳排放系数（千克/千克标准碳）及其折合标准煤的二氧化碳排放系数（千克/千克标准碳）。

由各个城市的统计年鉴收集其能源消费方面的数据，然后根据各个城市的统计年鉴中能源消费表示形式选用不同的二氧化碳排放系数（千克/千克标准碳），如果能源消费中含有煤炭、电力的数据，则其碳排放系数来自国家重点节能技术申报表。

二、指标体系各准则层和综合评价指数值及排名

在利用模糊层次分析法，并借助 yaaph 软件来计算各个指标的具体权重后，我们可以计算出中国重点城市 2017 年城市维度低碳经济发展水平评价综合得分。各准则层得分与综合评价得分如表 10-13 所示。

表 10-13　2017 年中国重点城市低碳经济发展水平评价各准则层得分与综合得分

城市	经济发展阶段得分	低碳技术水平得分	自然禀赋得分	低碳消费方式得分	总体评分
北京	0.0819	0.6050	−0.0069	−0.0187	0.6614
上海	−0.0385	0.1330	−0.0037	−0.0210	0.0698
深圳	0.5540	0.1430	0.0658	−0.0572	0.7056
广州	0.3853	−0.2411	0.0813	0.1263	0.3518
重庆	−0.1694	−0.2621	0.0235	0.1069	−0.3010
天津	−0.3800	−0.1316	−0.0384	−0.1059	−0.6558
苏州	−0.0081	−0.0756	−0.0113	−0.0078	−0.1027
武汉	−0.0351	−0.0399	0.0055	−0.0838	−0.1534
杭州	0.2761	−0.0781	0.1054	0.0864	0.3899
南京	−0.0893	−0.2531	−0.0855	−0.0258	−0.4537
青岛	−0.0776	−0.1413	0.0083	0.0008	−0.2099
无锡	−0.1360	0.0368	−0.0131	−0.0525	−0.1648
宁波	−0.2320	−0.1509	−0.0065	−0.0214	−0.4108
西安	−0.0105	0.2393	−0.0286	0.1671	0.3673
东莞	−0.1208	0.2166	−0.0959	−0.0935	−0.0936

在计算出中国重点城市低碳经济发展水平评价综合得分后，根据准则层得分及综合得分将中国重点城市低碳经济发展水平进行排名，如表 10-14 所示。

表 10-14　中国重点城市低碳经济发展水平各准则层与综合排名

排名	经济发展阶段	低碳技术水平	自然禀赋	低碳消费方式	综合排名
1	深圳	北京	杭州	西安	深圳
2	广州	西安	深圳	广州	北京
3	杭州	东莞	东莞	重庆	杭州
4	北京	深圳	上海	杭州	西安
5	苏州	上海	青岛	青岛	广州
6	西安	无锡	苏州	苏州	上海
7	武汉	武汉	西安	北京	东莞
8	上海	苏州	广州	上海	苏州
9	青岛	杭州	北京	宁波	武汉
10	南京	天津	武汉	南京	无锡
11	东莞	青岛	宁波	无锡	青岛
12	无锡	宁波	南京	深圳	重庆
13	重庆	广州	无锡	武汉	宁波
14	宁波	南京	天津	东莞	南京
15	天津	重庆	重庆	天津	天津

利用同样的方法，对北京、上海、深圳、广州四个城市进行时间序列分析，四个城市的低碳经济发展综合评价结果如图 10-15～图 10-18 所示。

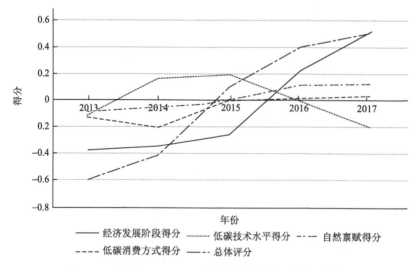

图 10-15　北京 2013～2017 年低碳经济发展综合评价变化

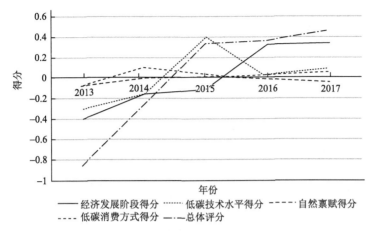

图 10-16　上海 2013～2017 年低碳经济发展综合评价变化

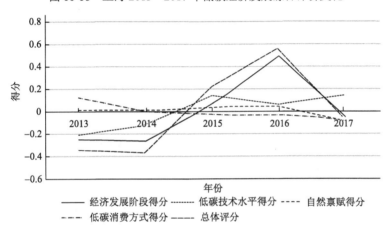

图 10-17　深圳 2013～2017 年低碳经济发展综合评价变化

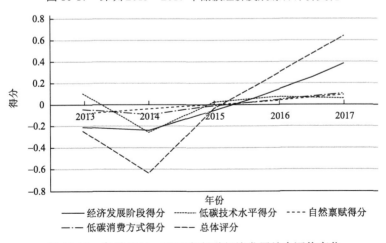

图 10-18　广州 2013～2017 年低碳经济发展综合评价变化

三、可视化结果分析

在城市层面，选取中国代表性城市：北京、上海、深圳、广州。图 10-19 显示了 2013～2017 年中国代表性城市低碳经济发展评价相对得分。

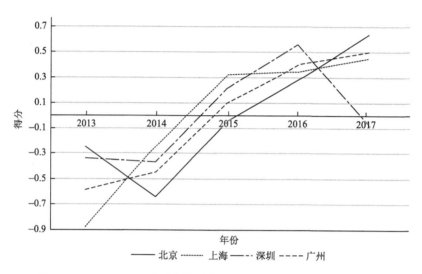

图 10-19　2013～2017 年中国代表性城市低碳经济发展评价相对得分

从城市维度来看，选取人均碳排放指标，2013～2017 年中国代表性城市（北京、上海、深圳、广州）人均碳排放走势折线图如图 10-20 所示。

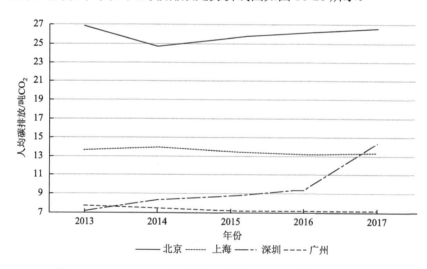

图 10-20　2013～2017 年中国代表性城市人均碳排放走势分析图

1) 差异分析

从研究结果可以看出，中国大部分重点城市得分为负分，说明从全国范围来看，中国城市在低碳经济发展的道路上还有比较长的路要走。得分较高的城市主要是经济较为发达的城市，如北京、上海、深圳、广州、杭州等，由于这些城市经济较为发达，在低碳技术上投入较多，所以在低碳技术水平层面得分较高，而经济发展水平一般的城市得分较低。

而在经济发展阶段、低碳技术水平、自然禀赋与低碳消费方式准则层中得分最高的城市分别是深圳、北京、杭州以及西安，得分最低的城市分别是天津、重庆、重庆以及天津。深圳在中国城市中低碳经济发展水平综合评价得分最高，天津则最低，原因主要是深圳经济发展阶段这一指标得分较高。

深圳作为我国设立的第一个经济特区，政府的支持和利好政策吸引了大规模的资金和大量的优秀人才，经济迅速发展，2018 年深圳的生产总值已经超越香港，跻身亚洲前五。经济的发展也提高了城市低碳技术水平，同时从气候条件来看，深圳市地处热带，冬季无须取暖，大大降低了原煤等碳排放系数较高的能源消费比重。而天津在四个准则层都表现较差，得分均为负数，主要是天津经济发展可能面临转型，经济发展较为缓慢，在 2018 年一季度的生产总值增速排名中倒数第一；同时天津为北方城市，冬季需要取暖，原煤等碳排放系数较高的能源消费比重较高，导致二氧化碳排放总量整体较高。

从时间序列角度分析，北京市总体低碳经济发展在不断攀升，因为经济增长态势放缓，低碳消费方式与自然禀赋变动较小，所以低碳技术水平上的提升将引领总体低碳经济的发展。上海市总体低碳经济发展态势较好，经济发展持续攀升，低碳技术水平有较大提升，低碳消费方式比较稳定。由于经济发展和低碳消费方式的稍微下滑，深圳在 2014 年总体低碳经济发展状况有小幅下降，但 2014 年之后经济发展水平大幅度提升，同时低碳技术水平稳中有进，整体呈现良好态势。而由于低碳技术水平大幅下滑，2014 年广州市总体低碳经济发展稳中有降，自然禀赋与低碳消费方式表现较为稳定，2014 年后，低碳经济发展随着经济发展同步提升。

2) 影响城市维度低碳经济发展水平的重要指标

我们从权重指标来看，权重排名前三的指标分别是单位城市生产总值碳排放量（0.2182）、研究与试验发展经费支出占城市生产总值比重（0.1936）和人均碳排放（0.0927），对指标体系影响最小的三个指标分别是电力占能源消费比重（0.0074）、万人拥有公共汽车（0.0177）和森林覆盖率（0.0209）。从层次分析法所得权重可知单位城市生产总值碳排放量对城市低碳经济发展水平评价影响最大，因为单位城市生产总值碳排放量指标所属准则层经济发展阶段所占权重较大，而在经济发展阶段准则层中单位城市生产总值碳排放量是关键因素。低碳技术水平准则层所占权重与经济发展阶段准则层相同，所以低碳技术水平准则层中的关键因素研究与试验发展经费支出占城市生产总值比重也会对城市低碳经济发展水平评价影响较大。同样地,低碳消费方式准则层中的关键因素人均碳排放对城市低碳经济发展水平评价影响较大。在四个准则层中,自然禀赋准则层权重最低。因为自然禀赋相对而言与城市所处地理位置、所拥有的自然资源相关,而这些方面仅仅只能体现城市低碳经济的先天优势,在长期的发展实践道路上,并不能也不应该对最后的结果产生过多的影响。所以,所属自然禀赋准则层的两个指标电力占能源消费比重与森林覆盖率所占权重较小。指标万人拥有公共汽车在低碳消费方式准则层中重要性较低,所以其对城市低碳经济发展水平评价的贡献较小。

第五节　本　章　小　结

本章在研究建立的国家、区域、省域、城市层面的低碳经济多维评价模型基础之上,结合低碳经济多维评价可视化平台完成我国不同维度的低碳经济的可视化展示及评估,研究结果表明:对外贸易额、能源消费量、单位 GDP 二氧化硫排放量、人均碳排放量、碳排放强度和森林覆盖率等指标是影响我国低碳经济的重要指标;在区域经济发展层面,中部和西部较东部和东北部的差距较大,在将来的发展中,中部和西部地区要加快步伐,不断提升产业结构,注重第三产业的发展;从低碳经济发展指数来看,省域差异较大,低碳经济发展水平较高的主要有北京、重庆、四川、湖南、湖北、海南等,而青海、辽宁、山西、内蒙古、新疆、宁夏等的低碳经济发展水平落后于其他省区市;而在城市低碳经济评价中,得分较高的城市主要是经济较为发达的城市,如北京、上海、深圳、广州、杭州等,其他大部分重点城市得分为负分,说明从全国范围来看,中国城市在低碳经济发展的道路上还有较长的距离要走。

第十一章 我国低碳经济发展的政策建议

根据前面对低碳经济发展水平的多维评价，我们发现影响低碳经济发展水平的因素很多，其发展离不开国家宏观经济政策的扶持与鼓励。综合国内外的低碳经济发展经验，本章对各维度低碳经济的发展给出以下政策建议。

第一节 国家维度低碳经济发展的政策建议

前面构建了国家维度低碳经济发展水平评价指标体系，建立了评价模型，以2007～2017年的中国低碳经济发展水平为样本进行了实证研究。发现与西方发达国家相比，我国的低碳经济发展水平还存在较大的差距，找出了影响国家维度低碳经济发展水平的重要指标。在从国家维度来考虑低碳经济的发展时，应该从整体上把握我国发展低碳经济的战略思想与战略方向。基于以上分析和结论，借鉴国外经验，从驱动力层、压力层、状态层、响应层四个维度提出政策建议。

一、驱动力层

驱动力层的重要指标包括 GDP 和对外贸易额。近年来，我国的生产能力的确有了明显的提升，经济增长速度确实很快，但是生产能力大多数集中在高能耗的初级产品和劳动密集型产品中，在高新技术领域上，中国的发展速度低于美国。资源消耗型和劳动密集型产业为中国带来了高速的经济增长，但是低端产业的发展是不可持续的，资源消耗带来的环境污染越来越严重，劳动红利也逐渐减少。

因此，有针对性地提出产业政策、进行产业结构调整是我国发展低碳经济的必然趋势。产业政策的合理实施，可以更好地促进低碳产业发展。综合来看，主要发达国家重点扶持的低碳相关产业主要集中在新能源这一块。欧盟主要针对新能源实施了促进计划，体现在税收减免上，以此来激励新能源产业的发展。而美国方面，为了支持新能源产业的蓬勃发展，同样采取了财政支出、税收优惠双管齐下的政策。日本在建设低碳社会上也做出了很多努力，重视扶持相关的低碳产业发展。

借鉴国际低碳产业政策，我国应当继续加大力度扶持低碳能源产业，并将低碳金融业的政策进行补足,保证低碳经济的产业生态是健康向前的。政府本身有很大的责任去引导并推动低碳经济的健康发展,绿色清单采购便是其中一种重要手段之一:很多企业在绿色清单的带领下,会进行企业的转型发展来尝试推出绿色低碳产品,进而获取政府更大的资助,形成一个良性循环。这样的发展更有利于扩大低碳经济市场,在为企业获得更好的发展机会的同时,也能降低绿色产品的销售价格,刺激绿色产品消费,使全社会获得更稳定的发展。对目前的绿色发展过程之中可能出现的缺陷等情况,政府部门自身也需要进行更为规范化的管理,必须要出台相应的政策来规范管理绿色采购机制,要为其发展提供政策保障,同时,也要仔细研究各个指标来做好权重的分析,为企业低碳化的发展做好参考。此外,也要注重对绿色清单的内容升级,积极地紧跟时代发展,添加绿色产品生命周期等一些全新的元素于其中,让企业可以有章可循地完成低碳发展转型。对于政府的监管,各单位也必须高度重视,强化各个环节的监管。采购前期以及整个报账环节,必须要及时进行相关人员的跟踪反馈,保证遇到突发情况时能够及时掌握发展情况,调整低碳具体实施的方案,并做到及时公开相关处理信息,确保绿色采购的公平、公开,为相关财税手段的实施打好基础。

进一步优化我国的产业结构,深入推进能源结构改革。改革开放以来,我国的经济飞速发展,但是这种增长过度依赖于工业化,尤其是重工业,而工业能源的消耗必然导致大量的二氧化碳排放,所以产业结构转型是我国发展低碳经济的必经之路。在技术水平一定的条件下,在同样的经济规模下,产业结构不同会使碳排放量相差很大,产业结构越合理,其经济实力越强。同时,粗放型发展方式应逐渐向集约型发展方式转变。我国正处于工业化发展的关键时期,在工业化进程中必须正视环境恶化和气候变化的现实,尽可能实现建设生态文明与追求经济效益的和谐统一。然而,产业结构是与一定的社会经济发展阶段相适应的。从发达国家的历史经验来看,在经济的发展过程中,工业在国民经济中的比例会在相当长的时期内占据主导地位。如何在我国处于发展阶段的时期,在不影响经济平稳较快发展的前提下进行产业结构转型是亟待解决的问题。另外,我国能源资源产出以煤炭资源为主,这就直接决定了我国历年来是以煤炭消费为主来满足国内各产业的能源需求的。单位标准煤燃烧产生的二氧化碳是等量石油的 1.3 倍,是等量天然气的 1.7 倍,我国 2017 年煤炭占一次能源消费总量的比重为 59%,然而能源结构的调整受到使用功能和研发成本的约束,政府需要加大支持力度,鼓励各企业逐步进行能源结构调整。

二、压力层

压力层的重要指标包括能源消费量和单位 GDP 二氧化硫排放量。中国在 2009 年成为全球最大的能源消费国。2018 年能源消费增长 1.07 亿吨标准油当量,比 2017 年增长 3.5%,是 2012 年以来的最快速增长,是全球能源消费增量的三分之一。中国经济的崛起是以能源密集型的重工业和基础建设为基础的,工业尤其是重工业在经济结构中所占的比重依然很高,能源消费仍处于增长阶段,而且可以预见,中国未来对能源的需求将继续增长,面对这种情况,我国政府必须加快完善能源技术政策。

世界主要发达国家非常重视能源技术的研发。欧盟专门制定了一系列低碳能源技术发展的相关战略规划,短期和中长期技术发展都有所涉猎。在促进低碳技术研发上,美国政府采取资金补助的方式,并且涉及低碳技术的多个方面。日本政府则制定了低碳技术的开发路线图,总体上涵盖了 21 项低碳技术,并将其作为重点创新。我国低碳技术相对于欧美发达国家还是有一定差距的,主要表现在我国化石能源的转换、开采和供应等技术相对发达国家而言还存在不足。尤其是煤电行业中,我国初步掌握了一些先进技术,如热电联产技术以及整体煤气化联合循环技术,但离形成比较大的技术产业化规模还有较长的路要走。此外,我国行业中依然存在相当一部分的落后工艺,如受制于相对滞后的化石高碳能源利用技术,我国的能源效率相对国际先进水平低 10%,而与世界先进水平相比,高能耗产品单位能耗却又高 40%。基于以煤为主的能源结构,我国化石能源利用技术一定要迎头赶上发达国家,否则技术瓶颈将很大程度地制约我国的低碳经济发展。

国家层面大量的新技术需要进一步展开,如智慧能源、微电网、能源互联网、风光水火储一体化、源网荷储一体化等能源新技术、新业态,将加速推进现代能源体系构建。国家“十三五”期间已经布局“互联网+”智慧能源的发展,开展首批项目示范,促进互联网技术的发展与绿色清洁能源产业产生更深度的合作。

所谓“互联网+”智慧能源,主要目的是以电力系统为核心,来完成不同的能源之间实现联系的网络,利用互联网思维与技术改造传统能源行业,实现不同的能源之间的互补,横纵结合,来实现能源与信息深入融合的绿色低碳能源体系。其中有四个关键要素:首先是源,指煤炭这一类的一次能源和电力、汽油这一大类的二次能源;其次是网,包括天然气和石油管道网这一类具有较高技术水平的能源传输网络;再次是荷和储,即代表不同地区之间的能源需求和相对应的存储装置。通过四者的有机联动,来实现“源—网—荷—储”的协调互动,来最高效地完成对可再生能源的整合使用。随着现代信息技术的飞跃,特别是我国能源交易搭建起较为完整的平台后,能够升级为庞大的能源市场,能源在未来一定能够顺畅自由配置。“互联网+”智慧能源发展主要有以下十个重要工序。

一是智能化能源生产消费基础设施建设。这一整块内容,主要包括推动传统能源以及可再生能源的智能化,以及储能与消费两个环节的智能化;二是不同能源之间加强协同联动，推动综合能源网络建设。包括推进能源上的基础设施以及一些协同调控措施的共同机制建设；三是能源要积极地与通信方面的基础设施做好融合。这一方面主要包括智能终端接入设施能够更大规模地展开，从而保证信息通信设施建设可以得到有效支持，以及信息系统与物理系统二者可以高度耦合来完成更精准、及时的调控功能等；四是积极创立开放共享为核心的能源生态环境。这一程序主要是涵盖了能源互联网具体的开放性建设及其相对应的能源交易市场。进一步促进商业模式在能源领域的蜕变以及其国际合作的发生；五是发展储能方面的技术，积极探索电动汽车应用上的新的可能性。这一措施主要包括储能网络化管理，以及智能充放电在电动汽车领域如何发挥有效作用，探寻新能源和电动汽车二者有效结合的低碳之路；六是发展能源的智慧利用模式。主要目的在于培育用户侧养成采用智慧用能的消费习惯、自发自主的能源服务范式，进而尝试拓展智慧能源使用相关的增值服务模式；七是培育绿色能源更具有可调性的交易市场。这包括但不限于建设更具有高灵活性的能源交易平台，加大补贴可再生能源，以及进一步完善绿色能源的证书体系；八是发展能源大数据的具体服务应用。这一块主要基于能源大数据的集成共享，增加创新能源大数据给消费者提供的服务种类，同时必须搭配好这一产业行业的政府部门相关管理与监察；九是集中攻克能源互联网创建过程中的技术难题。主要涵盖核心设备研发、信息物理系统上一些核心技术难题，以及系统运营交易上的技术壁垒。十是建设在国际上具有一定竞争地位的能源互联网体系。要妥善制定能源互联网的技术标准，以及能源互联网质量认证体系。

2016～2020 年是能源互联网发展的初级阶段，通过开展能源互联网不同类型、不同规模的试点示范项目，在不同的省区市中充分积累经验，尝试重大关键技术以及一大批核心设备的制造，为我国初步建立能源互联网的基本机制和一个初具雏形的市场，开始逐渐形成一套能源互联网的规章制度，来为我国再发展一批能源金融等智慧能源产业的支柱业态。

2020～2025 年是能源互联网发展的中级阶段，能源互联网实现更大规模、更为多元的发展趋势，能源互联网产业的生态体系能实现基本功能并为我国的低碳经济增长发挥重要的驱动作用；同时，这一生态系统机制及其配套的市场体系都具有一定的完善性，产生比较完整的行业标准，能不断地在全球的能源市场上获得更高的地位；建成开放度较高的能源互联生态圈，在能源整体的综合利用上有较大幅度的效率提升，且可再生能源的使用比例显著提高，传统能源的清洁高效利用可以有较为明显的进展，新的能源生产、配送、消费价值链逐步完善。业内专家预测，到 2025 年，我国能源互联网的市场规模将超过 20 万亿元。

"十四五"时期是新增可再生能源电力全面平价阶段，"十四五"可再生能源新增装机需要较"十三五"大幅度增加,才能保障双碳目标的实现。可再生能源电力消纳保障机制是促进可再生能源电力持续发展最重要的机制,也是保障电力市场相结合有效实施的机制,切实发挥其作用需要有效的奖惩措施支撑。目前,奖励措施的实施过程中,市场责任主体达到激励责任权重之后,超出权重的部分并不纳入双控考核,政策的有效性是依然能够得到保证的,但对未履行消纳责任或未达到消纳责任权重要求的相关市场主体的责任惩罚机制偏弱,操作性不强,需要调整完善,以加强消纳。保障机制的约束力促进可再生能源消纳,同时激发和扩大绿证交易市场。

三、状态层

状态层的重要指标包括人均碳排放量、碳排放强度和森林覆盖率,因此低碳经济的落脚点是碳排放量。在发展低碳经济时应该稳中求进,中国正处于工业化、城市化快速发展的阶段,对能源和资源的依赖度较高,因此经济增长和碳排放之间是呈正比关系增长的。GDP 从 1996 年的 71 176.6 亿元增长到 2017 年的 820 754 亿元的同时,CO_2 排放量也从 1996 年的 33.93 亿吨增长到 2017 年的 105 亿吨。要发展低碳经济,必然会涉及产业生产方式、人民生活方式和价值观念、国家权益的全方位改革,因此必须在保证总体经济发展环境良好的前提下,循序渐进地降低碳排放量。

一方面,提倡低碳生产生活方式,调动利益相关者的积极性。我国的人均 CO_2 排放量从 1996 年的 2.77 吨增加到 2010 年的 6.94 吨,而且还有增长趋势。联合国环境规划署指出:人们只要采用气候友好的生活方式,在衣食住行上有所注意,就可以在不需要做出特别大的牺牲的情况下,轻松实现碳减排。提高全民节能减排意识的关键在于加强宣传,使之成为文明健康生活方式的重要组成部分。

另一方面,在发展低碳经济的过程中,应该着重注意采取适当的政策措施来调节经济发展和降低碳排放量之间的关系。降低碳排放量最有力的手段是财政政策,它包括财政支出政策和税收政策。

气候和资源环境属于全球公共产品,是全球共有的资源。而公共产品的特点表现为,使用上具有非竞争性,收益上具有非排他性,而各地区的碳排放所表现出的负外部性非常明显。一些高碳排放企业,不仅会造成环境污染,对当地居民的健康造成损伤,还会提高地区附近的疾病发病率,大幅度降低居民的生活质量。如图 11-1 所示,边际外部成本(marginal external cost,MEC)曲线表示的是未体现在企业会计核算中的成本,我们假设 MEC 不受产量的增减影响,需求曲线为平行于横轴的直线。假定企业的边际生产成本(marginal production cost,MPC)

曲线与产量的变化呈正相关关系，那么边际社会成本（marginal social cost，MSC）便是边际生产成本加上边际外部成本，在图 11-1 中表示为 MSC。当不存在污染外部性时，MPC 曲线与需求曲线 D 相交于 m 点。当 MEC 存在的时候，交点变为 n 点。而企业生产决策的过程中，只会考虑到 MPC 曲线，所以会选择 MPC 曲线和 D 曲线相交的点为均衡点进行生产，此时，社会边际外部成本值就是阴影部分三角形 mnh 的面积值。

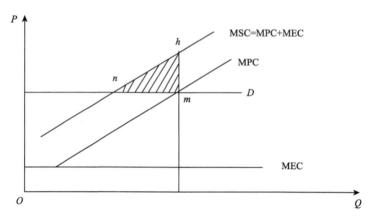

图 11-1　温室气体排放的负外部效应
其中横轴表示产量（Q），纵轴表示价格（P）

这种市场失灵由财政政策加以引导和解决是非常有效的手段之一，公共产品需要各个地区的政策协调和共同努力来实现其可持续发展，财政政策的可操作性强且方式多种多样，如财政补贴、加速折旧等支出政策，可以对低碳相关产业进行政策性引导，给予支持，从而刺激清洁能源、低碳能源产业和行业的发展。

1）低碳经济发展的财政支出政策

从发达国家的经验来看，为了发展低碳经济、应对气候变化，各个国家都希望能够主导在国际中低碳经济发展的规则，纷纷采取了积极的行动。

欧盟成员国一般采取两种方式来进行低碳的财政补贴。第一种是直接给予一定的补贴或者折扣给可再生能源和节能相关设备的消费者。具体例子有：丹麦补贴购买生物质能锅炉的客户；奥地利、荷兰补助冷凝式锅炉消费者；欧盟补贴节能精致型荧光灯相关的消费行为。第二种是资助低碳能源生产部门。低碳能源生产涵盖了高效的化石能源以及可再生能源为主的新能源。2001 年，欧盟成员国的低碳经济相关的补贴达 55 亿欧元。2004 年，欧盟委员会就已发布了《政府绿色采购手册》，并搭建起采购信息数据库，成功建立了欧洲绿色采购的系统性网络组织。基于这些助力，欧盟政府低碳公共的采购份额可以达到平均19%。

2019年欧盟委员会经过商讨后，公布了应对气候变化所拿出的最新政策，即《欧洲绿色协议》，这一协议的核心目标是到2050年欧洲在全球范围内能够通过政策手段的调整，第一个实现"碳中和"，保证二氧化碳净排放量可以为零。这一协议旨在将气候和环境挑战进行转换，为欧盟的政策制定创造了重要机遇，期待实现欧盟经济未来更长远的发展。为此，协议中具体提出低碳路线图，尝试通过节约能源、提高能源效益、开发清洁能源等措施来为欧盟提高各种能源的利用效率。这些措施涉猎极为广泛，交通、能源、农业、建筑业是其中具有代表性的行业。欧盟委员会主席冯·德莱恩也高度评价这一战略可以称为欧盟新的增长战略，具有非常强的时代先进性。

协议还表明，欧盟各国应该联合，在百日内拟定出囊括2050年碳中和目标的《欧洲气候法》。与此同时，欧盟还计划在未来出台《2030生物多样性战略》等具有时代意义的政策框架。要实现协议确立的目标需要大量投资，这些投资将来自公共和民营部门，欧盟表示，25%以上的资金会专门用于地区气候改善。《欧洲绿色协议》还提出，气候变化和环境退化带来的全球挑战需要全球共同应对，欧盟将利用双边场合及七国集团、二十国集团等多边机制说服其他国家提升应对气候变化的努力，并将应对气候变化植入其贸易政策体系。

美国则特别注重对低碳科技的研究并设立了相关政策来大力地支持技术创新。美国能源部主要负责能源政策的制定与执行。为了发展美国的低碳产业，美国国家环境保护局以及联邦能源管理委员会合作出台了一系列政策。美国联邦政府预算中，有四类与应对气候变化以及促进低碳经济相关：气候变化技术研究、气候变化科学研究、能源税相关的优惠项目以及国际援助行动。新能源开发事项由美国能源部下属的能效和可再生能源局负责。能效和可再生能源局的财政预算项目大致有：能效技术促进项目、可再生能源技术研发推广项目以及能源信息服务。能效和可再生能源局制定各种节能计划和项目。在政府采购的过程中，美国政府会以联邦法令和总统行政令作为行动的法律基础，优先使用节能设备和用品。美国国家环境保护局也早已出台能源之星计划、循环产品采购计划等一系列低碳发展配套规章以及环境优先性采购规章。

日本政府方面，以首都东京为例，在不断试错中来逐步完善自己对环境管理的政策升级。第二次世界大战后，环境上的政策调整主要分为六个阶段，它们主要是战后复兴规制、管理体制扩充、环境保护预防、综合环境管理、低碳城市建设、可持续发展战略。

在第一阶段中，环境公害事件频发，东京受到了较大的污染公害，对人们做出了警告。于是东京将烟尘这一类典型污染物等产业公害进行环境规制：出台了《工厂公害防治条例》等政策法规，也第一次提出了关于国家层面水质上的一些较为细分的法律框架。然而，这一阶段整体的政策目标服务于东京地区的经济增长，且整个地区内没有环境方面的独立部门，最后结果显示政策实行的效果不尽如人意。

经过一段时间的调整扩充，日本经济开始迈入高速车道，但所面临的环境问题依然未能解决。这之后，东京环境质量标准被提出，环境监测的相关设备规章也逐渐完善。最值得注意的是东京公害局的成立预示着整个东京环境治理也进入了全新的阶段。

在环境保护预防阶段，传统产业环境污染治理已经于这一阶段取得成效，在这一阶段，人民的生活污染问题逐渐不容忽视。东京公害局在1980年正式改名为东京环境保护局，颁布的《环境影响评价条例》中，污染总量控制作为新的控制指标，预示东京环境管理进入了预防阶段。

在综合环境管理阶段，东京环境战略的制定大多从居民健康出发，提升居民的环境感受上的友好程度。在关注低碳发展的同时，关注挥发性有机物治理这样一些新型环境问题。这一阶段的主要建设目标是将东京建设成全球环境压力最小的城市，打造低碳能源社会的标杆城市，并将其发展模式向全世界做推广。之前提到过的市场化碳排放交易被付诸到具体的实践之中。

进入可持续发展战略阶段，东京以2020年夏季奥运会为契机，将未来城市的发展与国家的低碳之路结合，对健康产业等能源重点行业进行重点发展，努力尝试建设智慧能源城市，增强城市的环境韧性。

除了促进城市发展过程中的低碳绿色化，东京非常注重与城市群在互动中实现协同减排。在产业发展方面，东京都市圈不仅城市产业分工明确，而且是城乡协调发展的典范。在能源结构变革方面，除了实现东京内的能源结构清洁化，相关变革同样推广到了周边的千叶县、神奈川县等，如将周边现有老化电厂替代为先进的燃气轮机联合循环发电机组，实现了都市圈整体的电力高效化、低碳化。

对各国家的经验做总结，我们不难发现它们大多以财政补贴以及政府采购作为主要手段。即便补贴的对象有所区别，金额大小、补贴力度和范围有所不同，但是我们大致可以将其划分为两部分：低碳生产补贴以及低碳消费补贴，面向生产者或者消费者。补贴的作用主要体现在激励生产者和消费者积极参与市场行为，同时促进低碳技术和生产的扩大化。借鉴之前所谈论的发达国家的低碳发展的经验，为了降低投资风险，大力支持低碳企业更快地发展，我国应当采取财政补贴措施，对成长期阶段的低碳交通、低碳能源产品等相关低碳产品进行资助。此外，补贴也同时可以提高低碳新兴产品消费者的积极性，显著地提升低碳产品的消费需求。

2）低碳经济发展的税收政策

在二氧化碳排放上，欧盟成员国开征碳税。开征碳税的具体政策设计以及侧重点在各个国家有所不同。也有少部分国家开征了能源税、气候变化税等类似税种。例如，2009 年，法国针对除汽车燃料以外的能源产品所排放的二氧化碳征收每吨 17 欧元的碳税；1996 年，荷兰对其居民和小规模能源用户征收能源调节税。

而美国方面，美国联邦政府采取了一系列的税收政策来积极地应对气候变化并促进低碳经济发展。具体包括：住宅太阳能及燃料电池购买税收减免、新能源技术税收减免等。节能设备税收优惠对节能产品的规模化经营起到了很好的促进作用。住宅方面，满足在国际节能标准基础上再提高 50% 以上能效的建筑，可以获得 2000 美元的减免费，达到"能源之星"标准的住宅，可以获得 1000 美元的减免税收。而美国的一些州，产生了一些因地制宜的低碳税收优惠政策，如加利福尼亚州制定所得税政策来促进风能技术的利用以及太阳能热水器等太阳能技术的利用。

日本政府方面，则对特定燃料以及不同用户两个方面征收相应的能源、环境税。早在 2003 年，日本开始将煤炭列为征税对象并将石油税改为石油煤炭税。同时也实施了一整套的税收优惠政策来鼓励可再生能源的开发商和节能减排。日本经济产业省通过定期开展的一些节能产品的评选活动，采取了加速折旧以及税收减免等政策来鼓励企业使用节能产品名录上的设备。而达到了预定节能减排目标的企业，也能够享受税收减免政策。

碳税政策的实行，从根本上可以促进低碳技术的变化，很大程度地激励低碳技术的发展。低碳经济发展的基础在于低碳技术的发展。全球的信息化革命后，低碳技术革命在一定程度上能称得上第四次全球的新科技革命。毫无疑问，整个人类的生产力会经由低碳技术革命得到革新性发展。我国企业技术也会经由低碳技术得到转型与升级，我国的国际综合竞争力也会得到进一步提升。其基本原理在于在征收碳税的情况下，如果企业加大研究的投入力度，长期来看，必将降低整个生产过程的成本，进而增加企业的剩余利润。如图 11-2 所示，设曲线 MC_1 为企业初期生产时的边际成本曲线，MC_2 是加大科研投入的生产边际成本曲线，t 为碳税价格，p_1 是企业初期生产且没有征收碳税时的最优价格水平，此时的产量是 q_1；p_2 是加大科研投入后的生产最优价格水平，此时对应的产量为 q_2；$MC_1 + t$ 是征收碳税且企业没有加大科研投入的生产时的社会成本，p_3 是此时的均衡价格，q_3 是此时的均衡产量。从图 11-2 中可以看出 $p_1 < p_2 < p_3$，因此，在没有征收碳税时会选择 q_1 的产量进行生产，而征收碳税后，从长期来看，企业会加大科研投入进行生产，减少单位产品的碳排放量，从而以 q_2 的产量进行生产。

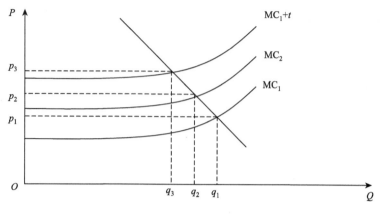

图 11-2　征收碳税前后的生产均衡点

此外，我国的地理环境比较特殊，东部地区的森林资源比较丰富，而西部地区则以山地和沙漠为主，森林资源比较欠缺。而且中华人民共和国成立后相当长的一段时间内，我国对森林资源的重要性认识不足，缺乏相应的保护措施，大量的植被被人为损坏，2018 年，我国森林覆盖率仅有 21.66%。因此，我国应对碳汇资源制定合理的开发战略，注重对森林资源的保护和植被的恢复工作，增加人均绿化面积。

四、响应层

响应层的重要指标包括研究与试验发展经费支出占 GDP 的比重。与西方发达国家相比，中国的科学研究投入仍然偏低。发达国家用于基础研究的费用占整个研究与试验发展经费支出的比重在 10%以上，其中美国在 2008 年为17%，日本在 2005 年为 12.7%，但中国目前的水平还不到 5%。基于此，本章提出如下政策建议：继续加大科技投入力度，增加碳汇资源。对低碳经济加大科技投入力度，加强研发和创新，能够增强未来我国在国际上的低碳经济的核心竞争力。特别是在清洁能源、可再生能源、清洁汽车等战略性技术领域要加强开发投入力度。同时，我国应该对碳汇资源制定合理的开发战略，注重对森林资源的保护和植被的恢复工作，防范乱砍滥伐现象的发生，增加城市里的人均绿化面积。

另外，值得关注的还有我国碳排放权交易市场的发展，对我国来说，这是一次新的机遇。全球碳排放权的交易市场起步是比较晚的，但是最近这些年规模在急剧扩大，发展迅速。基于《京都议定书》，全球碳排放权市场产生的基础是其确立的三种基于市场的国际减排新模式。这三种机制所涉及的温室气体排放交易市场自然是全球碳市场的主要部分。我国在具体行动时，应注意发展基于每一个项目的交易市场，积极与国际碳市场对接。不难看出基于发达国家的减排目标，我国的清洁发展市场还具备非常广阔的前景；此外，我们也应该不断发展国内二级清洁能源市场，其他国家的例子有：印度，允许国内交易所自主研发碳金融衍生产品，包括不同种类的核证减排量期货。这使印度的核证减排市场具有非常大的竞争优势。通过这种二级清洁能源市场的发展经验，我国也能够有效促进国内金融机构积极参与到碳金融衍生产品交易当中。同时很有效地建立一整套企业自愿减排的体系化工程，促进我国自身的配额市场长足发展，这也是我国未来发展的方向。

同时还应建立和完善碳交易系统，构建碳金融市场。应该将节能减排指标量化成碳排放指标，明确碳交易市场的交易规则、方式和工具。同时，碳金融的发展不仅是金融机构进行金融创新的重要领域，也是应对全球气候变化问题的必经之路。目前，我国各地区在对碳排放交易和碳金融的建立上也做了很多工作。例如，2006年，湖北已经开始探索排污权交易；2008年出台了《湖北省主要污染物排污权交易试行办法》；2009年成立了环境资源交易所，并计划联合湖北省清洁发展机制中心开发碳金融产品，包括碳基金、碳期货和碳期权等。我国应该借鉴国际上好的经验，结合各地区的实际情况，开拓出适合本地区实际情况的碳金融市场。

除了上述基于四个层次的建议，基于宏观层面，提出以下四点对策建议。

（1）加强我国政府促进低碳经济发展的能力建设。首先，我国各区域低碳经济发展状况差异较大，针对这种状况，应该加强我国各区域低碳经济发展的协调程度。一方面要继续保持东南部地区的发展优势，另一方面应加大对中西部地区的支持力度，使其快速走上发展道路。在遵守国际规则的前提下，根据我国各地区不同发展阶段的不同发展需求，对低碳经济发展政策做出选择性安排，制定对我国低碳经济的整体发展有利的政策与操作措施。其次，发挥政府主管部门的统筹、协调作用，引导和促进大学与企业的相互合作。低碳科技的研究成果代表了未来低碳经济发展的核心竞争力，加强低碳前沿技术的研究开发与创新，在清洁能源、可再生能源、清洁汽车等战略性技术领域尤为重要。政府应推动产学研合作联盟的建立及其工作开展，通过合理的利益分享机制，促进产学研合作，组织相关的大学、研究机构、企业的技术力量，产生一批前沿性的研究成果。最后，建立政府促进低碳经济发展工作的协调机制，协调政府各地区、各部门之间的政策、立场，为促进低碳经济发展工作创造良好的环境。

（2）加强经济社会发展和低碳发展的协调程度，防范经济社会发展和低碳发展的过度背离。根据"脱钩"理论，在工业化发展的开始阶段，物资消耗量会随着经济社会的发展而表现为增长状态，但在经历了一个特定的时间点之后，会出现反方向变化，表现为在经济社会发展的过程中，物资消耗量是下降的。面对发展低碳经济的挑战，各国不仅面临着经济转型成本的增加，也面临着经济发展的巨大机遇，低碳经济的发展对不同的国家具有不同的意义，例如，征收碳税会增加商品成本，而拥有低碳技术和服务的国家就会在这次机遇中获得更高的经济利益。中国正处于工业化、城市化快速发展的阶段，对能源和资源的依赖度仍然较高，因此经济增长和碳排放之间是呈正比关系增长的。要促进低碳发展、减少能源消耗，必然会涉及产业生产方式、人民生活方式和价值观念、国家权益的全方位改革，因此必须在保证经济发展水平增速不变的前提下，循序渐进地发展低碳，当两个系统出现背离时，应该采取适当的政策措施来进行调节。

（3）建立科学的低碳经济发展水平评价体系，实现对各地区的低碳经济发展状况的监控及预测。应遵循资源节约为主导的、综合性的、易操作的原则，从低碳发展与社会、经济、环境相互作用的角度出发，以提高经济社会发展和低碳发展的协调能力为目标，综合分析经济效益、生态环境效益、社会效益及其相互关系，加快建立全面的低碳经济发展水平评价指标体系。针对不同地区的不同特点构建复合型的研究方法，实现对各地区的低碳经济发展状况进行仿真建模及预测。以高校为核心，建立多学科交叉的低碳经济发展建设研究平台，以系统论为指导，构建基于大数据的技术创新评价体系。

（4）提倡资源节约型生产生活方式，调动利益相关者的积极性。我国经济社会的飞速发展是依赖于工业化的，这是我国成为最大的二氧化碳排放国的主要原因，所以产业结构转型、提倡资源节约型的生产生活方式是我国发展低碳经济的必经之路。

第二节　区域维度低碳经济发展的政策建议

根据前面实证分析的结果，从区域的角度看，我国的低碳经济发展还存在着很多不足，为了确保我国区域低碳经济持续发展，结合区域特点和优势制定相应的发展政策，采取有针对性的措施，是构建和完善完整的区域低碳经济、促进我国区域低碳经济的发展所必需的。

一、区域经济发展层

区域经济发展层在实证分析中涉及了区域人均生产总值、第三产业比重两个指标。纵观中国四个区域 2012～2017 年的经济数据,各个指标都在逐渐改善,低碳经济发展的形势良好。但是从横向来看,在区域经济发展层面,中部和西部较东部和东北部的差距较大,需要在将来的发展中,从以下几个方面着重改善:经济总量上,中部和西部地区要加快步伐,不断提升产业结构,注重第三产业的发展,例如,从低碳经济衍生出来的低碳金融服务业(包括碳排放交易、投资低碳的基金、信贷等衍生品)日益成为人民关注的焦点,东部低碳经济发达地区,尤其要发展低碳相关的服务业。

二、区域能源消耗层

区域能源消耗层涉及人均 CO_2 排放量、单位区域生产总值能耗、碳生产率、能源加工转化效率、碳能源排放强度、新能源占总能源的比例,以及万人拥有公共汽车、电车数等指标。与区域经济发展层相同,纵向数据上中国各个区域的表现较好。从横向来看,中部和西部地区在人均 CO_2 排放量、碳生产率、碳能源排放强度、新能源占总能源的比例等几个指标的表现不尽如人意。中国中部地区的经济发展,目前仍然以传统资源消耗型为主,新能源占比较低;西部地区的经济发展相对落后,但是其新能源的占比较高,这个现象与中国近几年光伏产业突飞猛进地发展不无关系,因此在新能源方面,西部地区有着得天独厚的优势;作为中国老工业基地出身的东北地区,在经济发展上一直优于中部和西部地区,但是新能源占总能源的比例低,东北地区的经济发展方式越来越不适应全球经济发展的趋势,东北地区必须调整生产方式才能获得长足的发展;东部地区相对于中部、西部、东北地区更有经济基础和潜力,目前最需要解决的问题是公共交通系统不够完善。东部经济发达地区,私家车过多,公共基础交通的建设有利于降低碳排放,提高能源利用效率,更加节能环保,必须得到更为广泛的普及。根据上述对我国区域低碳经济发展现状的分析,本节提出如下政策建议。

(1)深入推进能源结构改革。我国"富煤"的能源禀赋决定了我国历年来的能源消费结构是以煤炭消费为主的。然而,单位标准煤燃烧所产生的碳排放量是等量石油的 1.3 倍,是等量天然气的 1.7 倍,改变能源消费结构能极大地提高能源利用效率。但是,能源结构的调整受到研发成本和科技经费投入的约束,需要政府的大力支持,提供相关配套政策措施。

(2)扎实推进低碳发展目标下的交通运输体系建设。需建立交通运输低碳发展专门组织机构,结合国家低碳发展总体目标与国内外形势,设立交通运输行业节能减排目标,出具行业节能减排计划纲要,推进各项工作任务的开展实施,履行交通运输行业低碳发展公共服务平台责任义务,助推国家交通运输行业提质升级。

同时，需加快构建交通运输行业节能减排标准体系，选取适当的绿色低碳行业指标值，形成完善的低碳交通绿色指标体系。低碳交通运输行业指标体系的构建从评价体系层面明确了交通运输行业节能减排发展方向与趋势，是行业进行各项工作任务的指南。

围绕国家碳达峰、碳中和重大战略目标，交通运输部应着手研究相应政策法规，成立行业绿色低碳发展支持委员会，借鉴发达国家交通运输节能减排实践经验，定期开展交流活动，协商制定适宜我国经济社会发展态势的总体目标与实施规划，引导交通运输行业内节能减排各项工作任务顺利开展。强化各级交通运输管理部门对低碳发展目标的组织领导，完善相关配套设施的建设，大力开设交通运输环保试点项目，如交通运输环境监测网络、重大交通基础设施生态建设和保护、高速公路服务区清洁能源与水循环利用等项目，全方位提升交通运输节能减排综合管理的制度化与规范化水平。

（3）需精准细化低碳发展计量体系。完善碳排放量计量管理制度，健全节能减排能源计量仪器配备。全面审查交通运输领域碳排放规模结构，打造交通行业节能减排动态监控计量模型，建立全方位、全过程、全口径的交通运输碳排放计量体系。创新交通能源消耗计量模型设计，应用 5G、物联网、人工智能等新技术，打造具有精准获取、实时监控、提前预警等功能的能耗计量仪器，提高碳排放能耗计量监测的实时性、精确性。同时，在交通运输能耗器具管理方面，要加快推动新型计量仪器在私家车、个体运营车辆等具体场景中的应用步伐，倡导相关交通运输企业调整能源结构，加大节能减排力度。

（4）加强碳排放监测评价力度。依据国家碳达峰与碳中和总体目标，恰当设立交通行业节能减排目标，建立低碳发展各目标责任制实施方案，保障目标执行过程的高效性；依托国家节能减排扶持政策，建设交通低碳发展重点实验室与研究机构，打造碳排放全方位、全过程实时监测模型，研究交通运输行业节能减排重点结构性列表，打造交通行业全覆盖性低碳发展运行监控评估平台，动态评估交通设施管理、机动车管理等具体方案的实施效果，为交通部门科学决策提供及时反馈。能源变革要拥抱新时代 5G、物联网、人工智能等新时代科学技术，扩大现代化技术在新能源生产管理中的应用场景，推动能源产业链工业互联网进程的加快，提升智能化水平。

到 2030 年，煤炭智能开采将在国内主要产煤区大范围应用，"5G +智慧矿山"建设取得重大进展；大力推进智能油气田建设，数字化转型和智能化发展取得重大突破，各油气生产企业全面建成数字化油气田，全国在产油气井、场站数字化方面的覆盖率达到 100%；智慧电厂建设取得重大进展，主要发电企业智慧电厂建设占比达 60%以上。大力推动风电、光伏发电、微型燃气轮机等分布式能源普及利用，新型小微能源发电形式进一步推广应用，实现最大限度地利用绿色能源。

大力发展天然气分布式能源，加大力度推动天然气发电与风力、太阳能发电、生物质发电、储能等新能源深度融合发展。

构建现代能源体系，加快壮大新能源产业，打造智能、低碳、高效的能源网络总体布局是实现经济高质量发展、打造能源强国的必要举措。要以智能电网为基础，与油气管网、热力管网等多种类型的能源网络互联互通，与化学储能、压缩空气储能等多种类型储能单元/电站协同运行，与电动汽车和氢燃料电池汽车等新能源交通网络建立有序充电、车辆入网等需求响应，与虚拟电厂、能源企业等商业主体创新商业模式，形成多种能源形态协同转化、集中式与分布式能源协调运行的综合能源网络和能源优化配置平台。推进能源智能调度系统建设，整合区域内石油、煤炭、天然气和电力等多种能源资源，推动探索各种能源资源之间的智能调度。

中国能源革命不断向纵深挺进，推动能源电力业务在线化、智能化和数字化，重塑电力业务模式和商业模式，通过提升能源生产效率和供给效率，降低能源经营成本，激发新的服务模式。分布式能源、去中心化、能源即服务等新概念在"碳中和"目标下，将对中国能源电力生态产生重大影响，通过能源电力数字化转型才能进一步重塑能源价值链，引领能源电力市场进入良性循环阶段。

三、区域技术发展层

区域技术发展层包括人均规模以上工业企业研究与试验发展经费内部支出、城市垃圾无害化处理率、环境污染治理投资总额占区域生产总值比重、工业废气治理完成投资占区域生产总值比重 4 项指标。由于目前我国区域层面能源利用率偏低，资源环境问题日益突出，利用科技的巨大力量发展低碳科技已经成为一种国际趋势和广泛的共识。作为政府和科技部门，为企业提供科技支撑、建立强大的经济和社会科技支撑体系，已发展成为其重要工作。技术进步是推动碳生产率提高的主要因素，发展低碳经济需要进一步推进技术进步、发挥技术效率在节能减排中的主导作用。我国四大区域科技发展差距甚大，先进地区拥有较为雄厚的科技实力，拥有低碳技术优势，无论研发投入还是城市垃圾无害化处理，东部发达地区遥遥领先其他地区。进一步平衡区域发展、合理布局科技投入结构显得尤为关键，以期在协同发展的同时获得更加高效的低碳产出。

四、区域环境发展层

区域环境发展层涉及工业固体废物综合利用率、碳汇密度以及人均绿地面积三个指标。中国各个区域的区域环境发展从纵向来看，都处于不断提升的过程之中。工业固体废物综合利用率由于所需技术性较强，东部地区更具有优势，技术相对落后的中部、西部、东北部地区要不断加强无害化处理技术的研发和东部先进技术的转移承接，改善区域发展的环境，提高低碳经济发展水平；森林覆盖率以及人均绿地面积方面，东北地区有着得天独厚的优势，中部和西部地区也要不断加强绿地面积的建设，扩大碳汇面积，缩小与中部、东部的差距。

各区域的低碳效率差异较大，中、西部地区有很大的提升空间。相对于已完成工业化进程的西方发达国家，我国在发展低碳经济的时候需要注重可持续发展，尽量在工业化进程中关注生态文明建设。而与东部发达地区相比，中、西部地区正处于工业化发展中期，产业结构具有明显的重型化特征，中、西部地区特别是煤炭能源产地的科技创新实力的提高还有很大的空间，可着力于提高能源转换效率。

因此，要着力提高能源转换效率，优化产业结构。假设技术水平一定且总的经济规模不变的情况下，产业结构的不同会使碳排放量相差很大。而我国正处于工业化发展的关键时期，工业在国民经济中的比例仍会在相当长的时期内占据主导地位。因此，在经济发展过程中应尽快平稳地实现产业结构转型，在发展中求转变，在转变中谋发展。

五、构建区域低碳经济支撑体系

根据前面实证分析的结果，从区域的角度看，我国的低碳经济发展还面临着很多不足，如区域低碳发展水平不平衡、区域低碳市场体系的欠缺、低碳发展区际互助合作的缺乏。因此，为确保我国区域低碳经济持续发展，结合区域特点和优势制定相应的发展政策、构建和完善完整的区域低碳经济支撑体系势在必行。本书构建的区域低碳经济支撑体系包括科技、产业、消费在内的核心支撑体系以及包含金融和政策法律在内的开放支撑体系，如图 11-3 所示。

在区域低碳经济支撑体系中，一共包括五个体系，分别为区域科技支撑体系、区域产业支撑体系、区域消费支撑体系、区域金融支撑体系、区域政策支撑体系。这五个体系各司其职，却又密不可分。区域科技支撑体系是区域低碳经济支撑体系的支柱，也是区域低碳经济支撑体系的重中之重。因为低碳经济的本质是节能减排，那么节能减排技术的嵌入就需要区域科技支撑体系来支撑和完成了；区域产业支撑体系是区域低碳经济支撑体系的载体，通过各个产业的外在表现形式，落实节能减排技术，所以区域产业支撑体系是个载体，为低碳经济的发展提供了对象和空间；区域消费支撑体系是区域低碳经济支撑体系的方式，区域消费支撑体系不仅仅指民众的生活低碳，还包括工业中的生产过程的低碳和节能减排，因

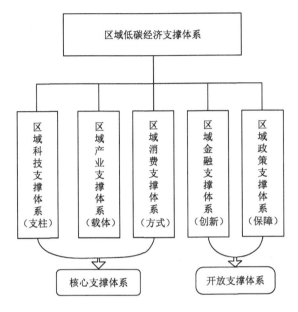

图 11-3　区域低碳经济支撑体系

此是生产和生活两个方面的消费支撑体系；区域金融支撑体系和区域政策支撑体系是区域低碳经济发展的开放支撑体系，区域金融支撑体系是区域低碳经济发展的一种创新，是今后低碳经济发展的一个方向；区域政策支撑体系是区域低碳经济支撑体系的保障，通过制定科学合理的规章制度和法律条文，能够更好地贯彻和落实低碳经济，引导低碳经济的发展。

通过制度措施规范低碳经济市场协调高效地运行在这五个支撑体系之中，区域科技支撑体系、区域产业支撑体系和区域消费支撑体系是区域低碳经济发展的核心支撑体系，占据了低碳经济发展的核心位置。因为区域科技支撑体系、区域产业支撑体系和区域消费支撑体系分别起到了支柱、载体和方式的作用，从三个方面保证了区域低碳经济的发展；国内的低碳金融发展落后于西方发达国家，因此政府要引起足够的重视，引导和规范低碳金融市场；而市场的规范就需要通过法律的手段，因此区域政策支撑体系就为区域低碳经济发展提供了保障基础，为今后的低碳经济的发展保驾护航。

从阶段上来说，在这五个支撑体系之中，作为区域低碳经济发展支撑体系的核心，区域科技支撑体系、区域产业支撑体系和区域消费支撑体系是必不可少的。与东部区域相比，其他欠发达的区域应该着手在这三个支撑体系领域发展低碳经济，因为区域科技支撑体系、区域产业支撑体系和区域消费支撑体系是另外两个开放支撑体系的基础。

在欠发达领域，由于一些资源的匮乏，再加上在市场经济调解下，发达地区落后的夕阳产业会越来越多地转移至欠发达地区，低碳产业的发展也是如此。对于朝阳产业的低碳产业来说，也会优先在东部发达地区发展，这也是中国现在的低碳经济产业的发展水平各个地区差异较大，但是总体上与中国经济的区域分布态势类似的原因。所以，欠发达的中部、西部、东北部地区，要把基础打好，努力建设三个核心支撑体系，才能承接高水准的低碳产业的转移。而对于东部地区来说，由于东部沿海地区的低碳经济发展已经相对成熟，已经起步了一段时间，东部地区已经完全有实力建立区域金融支撑体系和区域政策支撑体系，并且东部区域巨大的市场需求能够保证这两个支撑体系的建设完成。东部地区的发展模式可以被中部、西部、东北部的低碳经济发展借鉴，也一直走在其他地区低碳经济的前头，因此东部地区需要发展开放性的低碳经济支撑体系，来满足低碳金融以及市场的法律法规需求。作为中国各个区域的低碳经济发展的领头羊，东部地区需要在做好三个核心低碳经济发展支撑体系，即区域科技支撑体系、区域产业支撑体系和区域消费支撑体系的同时，做好两个开放低碳经济发展支撑体系，即区域金融支撑体系和区域政策支撑体系。

1）区域科技支撑体系

目前，从我国区域层面来看，能源利用率还处于较低的水平，与发达国家相比，还有一定的差距。中国的资源问题也日益严峻和突出，发展低碳技术是社会发展的必然趋势，这同时也是我国政策制定实施紧跟国际趋势的一个必经之路。科技是第一生产力，科技的巨大力量大家有目共睹。因此，政府、科技部门的企业的首要任务和重要工作就是为经济的发展提供科技支撑体系，不断地推动技术进步。因此，在推动低碳经济发展的过程中，进一步推进技术进步、提高技术效率是发展低碳经济的重要环节。中国在世界各国的低碳经济发展中，并非走在前列，因此各个发达国家的低碳经济发展模式、发展技术都可以为我国所借鉴。

我国四大区域科技发展差距甚大，先进地区拥有较为雄厚的科技实力，拥有低碳技术优势。平衡区域发展、合理布局科技投入结构显得尤为关键，这样才能在协同发展的同时获得更加高效的低碳产出。区域科技支撑体系是区域低碳支撑体系的核心，必将成为低碳发展的加速器。例如，中国东部地区对中国中部和西部地区就可以起到很好的带动作用，在发展模式、低碳产品设计、产业结构方面，东部地区都是中、西部甚至东北部的风向标，很多情况下，中、西部和东北部都是滞后于东部发展的，如何更好地与东部发达地区接轨，承接东部发达的产业，并与此同时实现生产和生活的节能减排都是今后要努力解决的问题和着眼的方向。

在借鉴发达地区的发展经验的同时，应该注意与西方发达国家的交流和沟通。例如，许多中关村的创业企业就是承接了美国硅谷的项目，并且后来做大做强，最后上市的。除了美国，以色列、英国、德国和日本，也是低碳技术走在世界前列的国家，中国应该多多借鉴和学习，积极承接美国、以色列、日本等合适项目的转移，并迅速实现产业化，为中国区域低碳经济的发展提供源源不断的动力。除了借鉴之外，中国要注重自身科技实力的提升，提高科技成果转化效率，扩大新兴产业的规模。例如，在各省甚至各个市县鼓励各级政府建立科技孵化器或者科技孵化中心。科技孵化器的更前端是创业苗圃。在现实中，由创业者或者科研人员拥有的技术专利，在创业苗圃中进行小试，之后拿到科技孵化器或者科技孵化中心进行再次尝试，如果市场反馈良好，市场前景广阔，再大规模生产赢利。低碳产业作为一个新兴的产业，想要提高区域科技研发实力和水平，必须促进产学研的联合和科技成果的转化。因此，在社会中的大量领域，可以成立低碳产业方面的科技孵化器或者科技孵化中心，从技术这个源头上，给低碳经济的发展加速。

2）区域产业支撑体系

低碳产业体系是以低能耗、低污染、低碳排为基本特征的产业结构及其生产模式。抓住"低碳产业化"、发展低碳产业、优化产业结构已成为世界主要国家抢占新一轮经济和科技发展制高点的重大战略。在当前的低碳经济发展环境背景下，各区域能源资源禀赋和产业结构将影响碳排放的空间分布，因此，必须优化能源消费结构，推动产业结构持续演进。近几年，低碳产业慢慢兴起，我国各地区应该优先发展新兴低碳产业，包括低碳技术的嵌入或者低碳产品的引进。与此同时，掌握区域特性并抓住区域特征，结合本地特点进行区域产业支撑体系建设，快速提高低碳产业的发展速度，提升本地的生产方式，让其更好、更快地朝着高效能、高效率、高效益的方向迈进。低碳产业与低碳科技高度相关，低碳技术的不断研发和推广引发新的产业出现。因此，发展低碳产业必须以核心技术为支撑。区域产业支撑体系被认为是区域低碳经济发展的一个重要载体。低碳产业的发展有助于催生经济新业态、新产业、新需求，倒逼传统高碳产业转型升级，推动经济结构的优化发展。对于传统产业的升级，如农业，也可以通过低碳技术的嵌入或者低碳产品的应用来实现节能减排的目的。

另外，从产业结构来看，中国三次产业结构各个区域的发展都不均衡，导致低碳产业的发展支撑体系在构建区域产业支撑体系时也有所差异，不同地区对于低碳产业的细分行业发展需求不同。但是也有例外，如太阳能光伏产业，在中国西部的发展势头是最好的，这与中国西部地广人稀、光照强度大、光照时间长的自然地理属性是分不开的。还有一个重要原因就是国家"西部大开发"战略，中国政府的调控力度够大，调控方向科学合理，所以西部的太阳能光伏产业得以蓬勃发展，远远强于中国东部、中部和东北部地区。因此，中国政府在建立区域产业支撑体系时，要考虑各个地区的经济属性、自然属性才能更好地调控经济的发展，更好地促进低碳经济的发展。

3）区域消费支撑体系

前面提到，不少学者认为随着全球人口和经济规模的不断增长，倡导低碳经济的低碳消费会成为人们在未来日常生活中一个必然的生活方式。在生产过程中，企业要注意技术的不断革新升级，提高能源转化效率，节能减排；在生活中，民众也要建立低碳消费的支撑体系，改变消费观念和固有的生活方式，在日常生活中做到低碳，成为低碳经济理论上的拥护者和行动上的践行者。

目前，低碳经济已不局限于能源领域，而是扩散到国民经济链条中生产、分配、消费等各环节。低碳前沿技术开始由节约能源技术领域、无碳和低碳能源技术领域向资源替代、能源替代及碳捕获与碳利用等更广泛、更深的层面转移。这些都是低碳经济在生产中的一些落实和体现。但是，要想在更大范围内实现区域低碳化，就需要倡导人们改变消费观念和生活方式，以减少区域对能源的过度需求，减少生活对生态环境的破坏，使人类社会走上低能耗、低污染、低排放的道路。很多日常生活的小习惯都可以节能减排，降低温室气体的排放。例如，节约用电、复印纸的回收再利用、不用订书钉而用回形针等日常生活习惯，都可以起到节能减排的作用，让低碳经济不会成为一句空话，而是在现实生活中，人们可以通过举手之劳落实的小事。

因此，低碳消费作为区域低碳经济支撑体系的方式是至关重要的。政府对于区域消费支撑体系的引导可以有多种方式，如公益广告、社会宣传、明星效应，此外还可以与时俱进，在民众观看较多的影视节目中灌输低碳生活的概念。总之，建设区域消费支撑体系的手段，可以普及生活中的方方面面，虽然需要民众自发倡导低碳生活理念，但是也不能忽略国家的引导和教育的作用与能力。

4）区域金融支撑体系

低碳金融市场被广大学者普遍认为是今后低碳经济发展的方向之一。低碳经济发展了这些年，渐渐衍生出来一些低碳金融，如碳排放交易、投资低碳的基金、信贷等金融衍生品，成为日益关注的焦点。以这些金融衍生品为主的低碳金融平台也渐渐兴起。近年来，碳金融在国际上迅猛发展，世界上很多发达国家都有庞大的碳金融、碳交易市场容量，也有比较规范的碳金融及其平台，然而中国碳交易市场发展相对滞后，但带来的发展潜力巨大，可以预见碳金融发展的前景广阔。截止到 2013 年 03 月 21 日，中国清洁发展机制的官方网站的数据显示：已有 4904 项国家发展改革委批准的 CDM 项目正在投入建设。

大力发展低碳金融，支持节能减排和低碳经济发展，建立区域金融支撑体系，积极开展低碳金融创新、低碳衍生交易市场平台，将成为我国区域低碳经济发展的新鲜助力。仅从 CDM 项目的数据来看，中国西部 CDM 获批准项目书远远多于东部、中部和东北部地区。尤其是内蒙古、甘肃、新疆等地。因此，中国西部对区域金融支撑体系的需求会越来越多，逐年增加。

5）区域政策支撑体系

我国正处于低碳发展的初期阶段，低碳经济的发展是一个长期的任务，如果具有规范的政策法律制度，可以有效地推进区域低碳经济快速发展。区域政策支撑体系有如下几个作用：首先，低碳技术的创新产品需要知识产权的保护，只有保护了知识产权，企业才有进一步进行技术创新的动力和保障；其次，对碳交易、碳金融市场和平台的规范约束作用，碳金融市场是今后低碳经济发展的一个大方向，但是碳金融市场对目前的中国来说是一个相对比较新颖的市场，亟须法律的规范和约束作用；最后，政府要因地制宜地制定对本地区域低碳发展有效的政策和制度，而在政策和制度的执行过程中，其执行力需要法律体系来进一步强化落实，并利用法律为手段之一。因此，区域政策支撑体系是区域低碳支撑体系有效运作和持续运行的重要保障。

第三节　省域维度低碳经济发展的政策建议

第十章通过实证检验的方法表明，低碳模式对于经济社会的可持续发展十分重要，可以促进经济结构转型，推动生态文明社会建设。各省区市基于这样的结果，就更应该着重发展低碳经济，合理评估现实条件，认真分析困难与挑战，充分利用各种资源，扫除低碳发展道路上的障碍，尽可能凸显促进低碳发展的优势。第六章构建了省域维度低碳经济发展水平评价指标体系，建立了评价模型，以2007～2016年的中国低碳经济发展水平为样本进行了实证研究。本章基于以上结果，踏实立足各省自然禀赋和现实状况，分别从宏观和微观视角考虑，提出低碳可行性方案，为政府提供有针对性的建议。

一、省域低碳经济发展宏观层面建议

1）引入倒逼机制，加速各省区市的产业结构转型，并发展低碳产业

产业结构是影响我国碳排放的重要因素之一，2007～2016年人均碳排放量最高的三个省份（山西、内蒙古、辽宁）都存在产业结构不平衡的问题，其中以工业化为主的第二产业是我国碳排放量的绝大部分来源，我们应该加快工业的调整力度，优化整体的工业结构，集中力量发展低碳第一、第三产业，特别要集中力量于第三产业，发展低能耗、高附加值的产业，提高能源利用效率，减少二氧化碳排放。

在产业结构调整的过程中，最核心的是引入倒逼机制。国家应出台针对性的低碳政策来从根本上加快能源转型：将能源从能源多但利用效率低的省区市调入

能源少但利用效率高的省区市，推动效率低的省区市调整能源消费结构，提高利用率，进而从整体上降低碳排放总量。

优化低碳产业结构可以从降低重化工业比重、发展低碳农业和发展低碳服务业出发。

以湖北省为例，在湖北省目前的产业结构中，第一、第三产业比重较小，而以建筑和房地产为主的第二产业比重过大，相比第二产业，第一、第三产业的发展受到资源的限制。因此，产业结构调整是湖北省转变经济增长方式、发展低碳经济的重要途径。湖北省近70%的能源用于第二产业，但其第二产业增加值占不足50%，湖北省第二产业存在多投入、少产出的问题。目前湖北省石油化工、汽车及机械加工制造业、钢铁冶金业等重工业行业为主要支柱产业，经济发展还处于工业化发展阶段，经济结构偏向重型化。随着湖北省经济的不断发展，能源消耗还将进一步增多。因此，应重视高碳产业结构的调整，逐步降低高碳产业特别是"重化工业"在整个经济中的比重，使产业结构逐步向低碳经济的标准发展。湖北省政府应重视绿色GDP，积极推进第二产业的"深度加工"，对微电子、生态环保技术、生物医学等高附加值、高科技企业给予大力的扶持；对化工、钢铁等高污染、高能耗行业进行严格的审批制度，建立监管与控制的长效机制。

湖北省发展低碳农业，首先要建立、优化和完善低碳农业的产业结构链条，制定和颁布相应的质量标准，加大对低碳农业的财政补贴和政策支持，因地制宜，引导和发挥支柱企业和龙头产业的辐射作用，保证销售渠道的公正、透明、畅通，确保"农工贸"一体化、"产加销"一条龙的形成。其次，在农业生产的过程中，为了保障农产品的质量，要大幅降低化肥、农药的使用量，通过科技创新提升农业废弃物、剩余物的二次利用率，增加对农村的能源供应，改良沼气、热能技术，减少农业发展中对环境造成的污染。此外，在食品的生产加工流程中，提倡轻污染、低能耗，推广环保技术，打造绿色农业生产链，增加农产品的附加值。

低碳服务业对促进社会经济转型有着至关重要的作用。低碳服务业注重生态经营和循环使用，生态管理技术有着高智力、高技术、高效益、高附加值的特性。湖北省发展低碳服务业应该以生产服务低碳化为切入点，优先发展对经济增长有重大带动作用、低碳经济所在的行业，如电子信息产业、高效林业、花卉苗木、中药材产业、文化服务业、生态旅游等。

2）建立省份对口援助机制，分地区优化能源结构，提高能源利用效率

从低碳经济发展指数来看，省域差异较大，2007～2016年低碳经济发展水平较高的主要有海南、四川、广西、湖南、江西等，而山西、内蒙古、新疆、辽宁、宁夏等的低碳经济发展水平落后于其他地区，为省域间协调平衡互助提供了基础。

中国的经济发展阶段、不断向前的城市化进程以煤炭资源的价格上的优势，很大程度上能够决定中国目前重工业产业结构以煤为主导，其他能源次之的能源结构。即便当今中国在城市化、工业化进程中会存在能源需求的刚性问题，但是相对发达国家，中国能源效率仍具备较大的提升空间，城市化加快的进程在开展的同时也是我国的节能减排向前发展的绝佳机会。

在我国碳排放的影响因素中，能源利用效率（由研究与试验发展经费投入强度与省域维度低碳经济发展水平的正向关系推出）与碳排放强度正相关。而我国三大能源是煤炭、石油和天然气，其中煤炭的消费量最大，含碳量最高。因此，我们有必要建立省份对口援助机制以及其他的有效措施，如开发可再生能源等，进而显著控制并降低碳排放量。

省份对口援助机制，就是实现不同省份之间的协调发展，有些省份资源匮乏，但是经济发展迅速，技术水平较高，能源利用率高，这些省份就可以与能源输出大省协同发展，进行低碳能源开发合作，实现优势互补，共同实现能源结构的调整与升级。但我们需要注意，由于各省份能源消费结构不同，具体实施过程中我们必须根据地区的不同来进行操作，一方面开发和利用绿色低能耗能源，另一方面降低污染、高能耗能源的使用。按照省份来说，水力资源丰富的省份，如湖北等，可以考虑大力开发水电；对于地势辽阔的西北地区，如陕西、新疆等，可以大力开发风电等。

不同省份的资源禀赋不一样，每个省份都需要因地制宜，制定适合本省的低碳能源战略，如有的省份水资源丰富，就可以发展水电项目，而一些省份的煤炭、石油等高污染资源极其丰富，就可以研发节能减排技术，更新改造技术设备，减少经济发展过程中对环境的影响，从另一个角度提高能源利用效率。

具体工作主要有三点：一是低碳经济省域帮助高碳经济省域制定低碳技术发展和节能减排的路线图，加速低碳高效新能源的使用，完善低碳技术的推广，最终达到建立节能减排与新能源开发并用的保障制度，并完成从高碳高增长到低碳新增长的模式转变；二是低碳经济省域在发展低碳的科研项目、经费保障、人员设置上予以高碳经济省域相应的资金及智力支持，增加低碳经济重大科技专项资金比例并引进低碳技术人才，以新型实用技术为基础，逐步淘汰原有技术、推动技术革新及产业升级，最终完成技术进步与效率改善；三是高碳经济省域对低碳经济省域进行定向能源输入，保障其能源需求供应。

3）打造省域低碳经济发展水平多维评价可视化平台，促进低碳行动全民化

在各种指标之中，人均碳排放量的权重达到了 0.3154，可见其对省域维度低碳经济发展水平的决定性影响。为了降低这一指标，协调低碳与发展的关系仅仅依靠政府的宏观调控略显不足，需要真正做到低碳经济发展全民参与，因此需要打造省域低碳经济发展水平多维评价可视化平台。低碳经济发展作为创造性与复

杂性兼具的一项系统工程，需要有对社会各方力量进行有效整合的思路。最终达到的效果是获得各利益相关者甚至全社会的广泛参与，达到联动效应，共同建设我国的省域低碳经济。打造省域低碳经济发展水平多维评价可视化平台的目的在于监测和评估政府、企业和公众等低碳行为及成效，发现存在的问题，并进行预警分析，提出解决方案。该平台主要包括三个方面：政府决策支持平台、企业低碳行动办公平台以及公众低碳消费导航平台。

首先是政府决策支持平台，主要运用电子决策剧场等可视化技术，为我国省域低碳经济评价和政府制定公共政策提供比较立体化的、可以容易得出直观决策的环境，同时我们利用三维影像、决策模型和交互系统来互相辅助，决策者也得以身临其境，为管理者提供一个全新的、直观的决策支持平台。

其次是企业低碳行动办公平台。企业是现代多元治理结构中的重要主体，对促进低碳行动的全民化具有不可替代的作用。企业可以在低碳行动办公平台随时查询自己所属行业的低碳新政策、低碳技术咨询、低碳运行建议等，还可以随时对企业的低碳经济发展程度进行自测，根据测评结果经有关部门批准后享受相应的税收减免或优惠。通过该平台的引导，企业受相关政策激励而使用低碳优化平台，从而不断提高企业自身的低碳化程度。

最后是公众低碳消费导航平台。公众的低碳生活理念和行动同样在低碳经济发展中扮演重要角色，尤其是在中国这样一个人口众多的国家。提高公民的低碳生活、低碳消费、低碳环保意识，可以形成一股凝聚力，推动省域低碳经济发展。该平台借助手机客户端的形式深入公众日常生活，提供省域低碳经济发展水平查询服务以及低碳消费每日小贴士。在无形中走近公众生活，提高其低碳环保意识，传播低碳消费理念，帮助公众拒绝一次性消费、便捷消费及高能耗消费，形成低碳化、低能耗的消费习惯以及不追奢、不尚侈、不唯量的健康、平实、理性和收敛的消费观，广泛参与到低碳消费中。

4）制定鼓励低碳排放的能源消费政策，提高能源的利用效率

根据世界各国低碳经济的发展路径，其多数依托低碳能源消费支持政策，发展低碳能源和低碳技术。国内低碳能源行业的企业仍处于起步阶段，需要政府的政策支持以降低发展低碳技术及应用低碳能源的风险。一方面，政府应充分利用财政资金的引导效用，加大对新能源产业的支持力度。具体包括：政府采购中加入对新能源产品的采购部分；财政政策中加入支持新能源的发展政策；搭建支持低碳能源发展的多元化的投融资平台；对于采用低碳能源和技术、能源利用效率提高的企业给予一定的政府奖励。另一方面，大力推进国际交流与合作，在低碳能源行业呼吁企业召开新能源产品展览或论坛，逐步帮助国内企业走进国际低碳能源与技术市场。与此同时，着力加强新能源示范项目的建设，并进行广泛的媒体宣传，使省域新能源开发试点的指导作用得到真正发挥。

能源互联网体系逐步发展壮大，能源消费模式朝着多元化转变。工业领域打破传统能源"竖井"模式，逐步形成灵活的、满足整个工业园区各类市场主体的综合能源服务需求，建立向电气化转型升级、能源梯级利用和循环利用的高效模式；交通用能力争实现电动化、网联化、智能化、共享化和绿色化发展，并逐步走向"五化"融合。电动汽车、氢气储能等新型用能方式逐渐增多，能源需求侧管理和响应需求市场开始形成，调峰、调频、调压、备用、余能外售等能源服务市场建设加快推进，更好地满足消费者分散、点状等多元化服务需求。

5）重视低碳人才队伍建设，构筑人力资本优势

人才是低碳经济发展的基本保障和前进动力，只有打造出高素质的低碳人才队伍，才能发挥人才的主观能动性，使其积极投入到低碳经济建设中来。人力资本优势主要体现在三个方面：人才引进渠道畅通、人才管理民主规范以及人才培养高效可持续。首先，关于低碳人才引进，对于高素质的国内外低碳人才，需要用高薪聘用并提供良好的工作环境；其次，对于人才管理，要逐步转变管理理念，实现合作伙伴式民主管理；最后，需要建立科学并且具有吸引力的人才成长路线规划，多种方式激励低碳人才进行创新，为其提供广阔的发展空间。同时，提升人才的知识产权保护意识，切实提高组织的知识产权保护能力。

6）加大低碳资金投入，确保资金合理利用

在发展低碳经济的全过程中，无不存在着低碳资金投入。首先，要拓宽资金的来源渠道，从单一的政府财政拨款到充分利用风险投资、金融合作等各项融资渠道，再到从企业利润中提取低碳发展基金，实现资金投入的主体、渠道、层次的多元化。其次，要加强资金筹集之后的管理，建立安全且合理的资金管理机制。低碳资金的专款专用显得尤为重要，同时要对用途进行评估，使资金流向发展低碳经济最关键的步骤。

7）进一步完善财政和税收政策

国外政府在低碳政策方面都有一些尝试，英国政府先后尝试了气候变化税、气候变化协议排放贸易机制和碳基金等政策，日本提出了"碳抵消""碳足迹"及激励制度与经济手段的创新等政策措施，美国则提出了绿色能源法案制度。我国可以参考和借鉴国外较成功的做法，用财政和税收政策手段来促进省域低碳经济发展。在建立省域财政预算体系的同时，考虑把低碳预算纳入其中，在经常性预算中，增加低碳相关项目预算科目并划拨相应预算金额，给出相应的预算支持，把低碳预算作为长期项目科学化和规范化，按科学决策的方法确定低碳预算的长期增长幅度。在税收政策方面，可以考虑建立相关能源税、资源税和环境保护税等税收政策。从制度规划上考虑这些税收执行的可能性和可操作性，从而从税收规划上促进能源的高效使用和环境产业的可持续发展，促进低碳经济的转型。

二、省域低碳经济发展微观层面建议

1）构建低碳能源体系

从供给端来说，想要长久地发展低碳经济，必须调整能源供给结构，更多地供应清洁能源，逐步减少污染能源的供应，同时对污染能源进行处理，通过技术手段来提高净化比重，而对于那些高污染、高能耗的企业，督促其退出，从源头上减少污染，保证低碳经济的长足发展。

一方面，开发新能源。根据非化石能源占能源消费的比重，福建、青海、浙江、上海、江苏对非化石能源的利用较为充分。目前相当一部分的省份关注了可再生能源利用和垃圾处理与循环利用问题，如垃圾发电这一工程也早已进入投资招标的阶段。我们还是以湖北省为例，湖北省已建立六大太阳能示范基地，大力开发和利用太阳能，粪便制沼气技术也得到大范围使用。早在 2015 年，国家发展改革委就已经发布了文件，正式批准中国广东核电集团、大连市政府、大连核电集团、东北电力共同出资的红沿河核电二期项目的两台百万千瓦核电机组的开建。这同时也是继 2012 年 12 月田湾二期工程以来，时隔两年零两个月后政府又一次核准的新核电项目。相关人士对此也透露，随着沿海核电项目的再一次启动，核电建设毫无疑问也将迎来新一轮的高峰期。

另一方面，征收能源税。欧洲一些国家为了降低高能耗能源的使用，对污染能源企业采取了征收能源税的措施，具体做法如表 11-1 所示。

表 11-1　能源税在发达国家实行情况

国家	实施情况
美国	20 世纪 70 年代开始征收二氧化硫税，根据区域、二氧化硫浓度确定税率
英国	按照高能耗高排放高征税原则征收二氧化碳税。根据二氧化碳排放量、浓度及行业确定税率
荷兰	按照人口数量对企业、家庭和个人征收水污染税
芬兰	根据能源中碳的含量征收能源税，分基本能源税和额外能源税两种

各省基于此，有必要学习和借鉴发达国家的一些成功做法，并可以考虑引进一些与省份发展实际相契合的碳排放征税政策。征收对象可以是企业、个人、家庭，结合碳排放强度、地区差异和行业差异来确定不同等级的税率，同时对于那些使用新技术、新能源的单位或个人，可以给予一定的税收减免和补贴，以资鼓励。

能源革命不断向纵深挺进，应充分发挥不同地区的自然资源优势，大力发展风能、太阳能、水电、生物质能等清洁能源，扩大相关资金投入与产业布局。针对传统化石能源，应提高利用效率，减少化石能源消耗。

2）推广低碳建筑体系

发展低碳经济还需要依靠绿色建筑的全方位覆盖。绿色建筑是能够达到节能减排目的的建筑物，在建造过程中使用节能环保设备，尽量少使用合成材料，同时充分利用太阳，转换成太阳能，多用天然气，减少对电力、煤炭等污染能源的使用。通过使用高技术原材料，如屋顶保温层、空心墙，可以降低温控能源消耗，创新性地节约了能源。

在公共建筑物建设时也可以考虑在设计上和建设过程中使用节能环保材料，这成为节能减排的重要举措。据统计，大型公共建筑每平方米年耗电量可以达到100～300千瓦·时，是家庭年耗电量的数十倍，科学地进行节能改造十分有必要，如对空调系统、照明系统的更新等，合理安排不同设备的使用时间，形成系统性的统筹，在保障原有功能的情况下，达到节能减排的目的。

此外，要向大众普及零排放的意识。虽然零排放有点理想化，但是我们在追求零排放的过程中逐渐做到了降低排放，这其实就是有意义的。因此，在建筑物建造中，首先要从设计上遵循零排放理念，其次在原材料使用、设备安排上努力做到零排放，这样在总体上才能节能减排。因此，就湖北省来说，如果要发展低碳经济，在建筑物建设上应该努力向零排放靠拢，如设计建造零排放大楼。

3）发展低碳交通体系

根据每万人拥有公共汽车数这一指标的各省数据，新疆、青海、北京、上海的这一指标对总体低碳经济发展水平起到了正向作用。交通业是现代生活的中心枢纽，人们的日常出行都离不开交通工具。公共交通工具具有能耗低、安全性高、承载量大的优点，如果能充分利用公共交通，减少其他交通方式的使用，就能显著地减少城市碳排放总量。目前，我国的公共交通利用率还比较低。因此各省应该积极行动起来，鼓励居民优先乘坐公共交通工具，大力推广，同时建设新型节能环保的交通工具，如建设地铁、新型公交等，一方面能够很有效地缓解交通压力，另一方面也能大幅度地减少能源消耗。

各省也应全面设计公交网络，更进一步地健全公共汽车系统，让公共汽车覆盖城市，进一步体现公共汽车便利、高承载量的优势，同时引进新能源和清洁能源，如电动汽车、电动客车等，打造安全、健康、低能耗的交通体系。

要加快综合交通枢纽建设，在交通基础设施建设养护过程中，强化节能体系。以综合交通枢纽为核心加强交通衔接，努力降低能源消耗和排放。加强绿色施工管理，严格按照工程节能设计要求来设计配套工程。按照高速铁路新线路、铁路客运新要求合理组织施工，采取先进施工方法，优化施工专线、新火车站及新机场的建设，同步规划建设配备选型，降低施工能耗与排放。加大交通基础设施建设力度，做好公共交通设施配套衔接。加大货运方的节能技术改造力度，实施绿色照明工程，要重点调整优化设施布局，提升运营效率和服务水平。

以湖北省武汉市为例，在国家政策的强力支持下，目前武汉有很多公共充电场所，已经投入使用的新能源汽车相比同类型汽油燃料汽车，在节油和温室气体减排方面取得了较好的效果。同时武汉也是第一个全国的自行车免费租赁服务系统构建城市，大力打造绿色出行城市。

4）加强低碳绿化建设

森林、大气、沼泽和海洋这些自然资源，毫无疑问是人类的宝贵财富，它们可以吸收空气中的二氧化碳，净化空气，是全球碳汇系统的重要组成部分。其中，森林系统吸收的二氧化碳占陆地生态系统的 50%以上，森林中的绿色植物吸收二氧化碳，释放氧气，平衡着大气二氧化碳的比例，每增加 1 公顷的森林蓄积量，可以多吸收 1.83 吨二氧化碳，因此它们发挥着无可替代的关键作用。福建、江西等省域在森林覆盖率指标上一直位居全国前列，而江苏、海南、江西、广东在城市建成区的绿化覆盖率上也能够排在全国前几位。总体来看，在碳汇建设的两方面都能够兼顾，并表现优异的三省海南、江西、广东最终能够在低碳经济发展的势头上取得优势，其综合评价位居前列，这也充分论证了这两项指标的正向作用。

我国应更大力度地保护森林资源，维护森林生态系统的平衡，同时提高绿化覆盖率，增加碳汇，降低空气中的碳含量，建设绿色低碳城市。各省应通力合作，并结合自身的有利条件，努力加大植树造林的力度，保护现有的森林资源，坚持绿地覆盖公路，打造绿色主题低碳城市，人与自然和谐相处；同时也要注意小的方面，加大社区、街道的绿化程度。

第四节　城市维度低碳经济发展的政策建议

如何有效地发展低碳经济，使之有效地配合我国的城市化建设步伐，是亟待解决的政策难题。我国城市低碳经济发展起步较晚，与世界发达国家重点城市相比，主要存在以下不足：缺乏总体规划及权威评判标准、制定政策忽略了地区差异等，造成城市低碳经济的基本政策和具体政策只能相互分割，缺乏系统性、统一性。另外，对于城市层面的低碳经济发展，由于缺乏权威评判标准及评价指标体系，各项政策相对都比较独立，政策间缺乏理应具备的协同促进能力，自然也就没有形成一套完善的基本政策和执行具体政策的体系。这造成的严重后果就是导致低碳经济发展政策结构断层和具体实行功能上的失真，严重地限制了低碳经济政策整体功能的发挥。我国虽也推出了低碳试点城市，但实际情况中，各地实施的低碳规划以及相关政策雷同度较高，这其实并不利于调动各城市的各自特色的因素。在节能减排指标上，由于没有考虑到不同地区产业的不同特点，政策在具体实施的过程中水土不服。

目前来看，我国正处于工业化、城市化进程的重要阶段，能源结构以煤炭这种高碳能源为主，产业结构以高能耗产业为主，低碳技术及清洁能源的研发力度不足。为了进一步发展我国城市低碳经济，改善我国城市环境污染问题，创造出美丽的中国城市，本节提出以下政策建议。

一、改善居民消费模式，普及低碳知识

在低碳消费方式方面，我国城市低碳经济发展一直没将此视为重点，从北京、上海、深圳、广州四个城市的时间序列分析可以看出，在低碳消费方式得分方面，四个城市历年得分均较为平稳，没有太大变动。所以，各城市政府应该直接对相关产品进行价格上的政策调控，促进低碳消费。一是使用补贴等财政手段对节能产品的价格进行间接调节，温和引导消费；二是进行严厉的政府价格介入。站在政府发展低碳经济的角度上，对于短缺资源的消费品，政府更需要谨慎地提高价格，并限制其消费量，使相关的资源匹配上的状况能够比较正常。

另外，城市政府部门还应通过各种信息渠道和工具，为广大的人民群众积极地普及绿色低碳知识，同时倡导一整套的健康科学、节能环保的低碳消费理念，让广大群众深刻地认识到应对气候变化的重要性和紧迫性。发展经济毫无疑问就要消耗能源，而在能源消费的过程中也就势必排放二氧化碳；基于此，努力尝试降低二氧化碳排放强度，同时提高碳生产率，进而形成低碳的生产方式和消费行为，是我们保护所在城市、改善生活环境的必然选择。

针对低碳消费得分较低的城市，应该实行降低人均碳排放、推行低碳的交通出行以及消费方式的措施。同时，市政府部门尤其是宣传部门应该积极展示市政府对于低碳经济的理解与规划，向公众宣传低碳经济发展模式，对低碳的生活方式与交通模式进行推广与宣传，让所有居民能够了解低碳经济发展的重要性与切身相关性。另外，政府应该使用相关政策去引导城市居民使用更加低碳的消费方式，第一是针对低碳产品，应该应用补贴降价等手段鼓励居民消费；第二是对于高碳的消费产品，应该使用加价等手段，限制居民的消费热情。另外，对于政府部门本身，应该先规范精简自身的人员结构，为居民低碳消费方式做出表率，制定的政策也应该以自身完成为考核标准。

应推广低碳理念，提高人民生活质量。社会福利的改善最能体现环境保护状况。生态文明建设并不排斥工业化和城市化，可持续发展的经济增长方式强调的是在使人民的物质生活资料极大丰富的同时实现环境资源的保护，是人与自然和谐相处。因此，在具体行动中，人们应改变不良的社会消费模式、消费观念和消

费方式，在提高生活质量的同时将环境保护变成一种自觉行为。同时，低碳城市建设强调低碳理念在社会各个领域的渗透，以低碳社会的建设作为低碳经济转型的基础，而经济转型又推动低碳社会的建设。

各级节能主管部门要积极贯彻落实《"十三五"全民节能行动计划》等相关要求，围绕"绿水青山，节能增效"主题，线上与线下相结合，办好节能宣传周，通过海报、宣传展板、节能主题宣讲等，大力传播节能理念，普及节能知识，倡导绿色低碳生活，提高民众节能意识。地方政府要加大节能技术与产品的推广，通过宣传试用、加大补贴等，加快低能效产品的更新淘汰；鼓励民众绿色出行，鼓励民众搭乘公共交通，减少私家车出行；同时积极利用线上宣传手段，通过线上平台、网络直播等多种方式开展低碳相关知识普及，推广最佳节能技术和实践等，创新节能宣传方式。

各级生态环境主管部门要加大宣传力度，加强生态文明教育，借助官方门户、微信公众号、微博等新媒体平台，制作节能相关主题视频、微信科普推文等多种形式，宣传"绿色低碳、全面小康"的思想，倡议全社会积极践行绿色低碳的生活方式和消费方式。

各级教育部门和各级各类学校要结合实际，主要是在教师群体和学生群体中，制定适宜的节能宣传活动，例如，在校园里悬挂低碳主题条幅、发放生态环境宣传资料、低碳环保主题讲座进课堂等类似活动，加强学生勤俭节约、绿色低碳理念教育，还可以组织低碳相关的知识竞赛、社会实践等，形成崇尚节约低碳的校园新风尚。

各级科技主管部门要广泛开展节能减排科技创新成果的宣传和推广活动，通过制定各种科技政策、发放科技奖励等，鼓励低碳新技术研发、低碳新产品开发和应用，加快节能减排技术创新和设备设施升级改造，在全社会营造良好的低碳创新氛围，引导低碳技术创新和低碳产品推广，推动低碳产业的发展。

各级工业和信息化部门要积极贯彻落实制造强国战略、网络强国战略和《"十四五"工业绿色发展规划》，加强本地绿色产业的规划和指导，完善各种标准体系，出台各种政策措施，完善市场环境，加大绿色金融支持，加快绿色产业聚集，建设一批绿色低碳示范工程和企业，推动工业节能降耗、降本增效，增强企业核心竞争力。

各级住房和城乡建设主管部门要积极宣传建筑节能和绿色建筑工作，通过张贴宣传海报、发放宣传资料、举办相关活动，广泛传播绿色建筑相关信息和内容，宣传绿色建筑在节约能源、保护环境方面的作用，宣传绿色建筑相关技术、产品和政策，鼓励公众平时注重节能环保、使用绿色建筑相关产品，提高公众对绿色建筑的了解和认识。

各级交通运输部门要广泛宣传绿色出行的理念，通过媒体、广告标语等方式提高公众绿色出行的意识，利用各种宣传手段、出台相关政策鼓励公众优先选择公共交通、步行、自行车等低碳方式出行，减少私家车使用，减少二氧化碳排放。同时在基础设施上，完善基础设施建设，如增加步行和自行车车道、增加充电桩等，提高公共交通中新能源汽车的比例，淘汰老旧、高能耗公共汽车，创新公共交通出行服务方式，提高公众使用公共交通的意愿，真正助推绿色生活方式。

各级农业农村部门要依据《农业绿色发展技术导则（2018—2030 年）》，构建绿色发展技术体系，推动农村生态文明建设和农业绿色发展，如大力推广农村沼气，废物利用，节约资源；推广秸秆打捆直燃，减少环境污染；有机肥替代化肥，减少有害化学物质对土地的污染。适度开发农业资源，要与资源环境承载力相匹配，设置生态红线，防止过度开发，做好农业资源环境保护，利用科技做好生态修复治理，建设美丽农村。要加强农村绿色农业相关扶植政策，给予绿色农产品政策补贴，鼓励发展绿色农产品行业，对农户宣传、培训绿色农业技术和绿色农业产品，提高农民绿色意识，加快推进农业绿色化发展。

各级商务主管部门要落实禁塑限塑相关规定，重点监管商场、超市、集贸市场等场所，限制塑料用品的使用，要研发、推广塑料用品替代产品，如环保布袋、可降解塑料膜、可降解塑料袋等，同时传统媒体和新媒体相结合，宣传塑料用品的危害和禁塑限塑相关要求，引导公众减少塑料用品的使用，推行绿色低碳的消费方式和生活方式。

各级广电行政管理部门一方面要配合同级其他行政部门的宣传工作，如组织广播电视台积极报道宣传周系列活动等，传播绿色低碳理念。另一方面，也要深入解读国家在绿色低碳方面的政策方针，通过公益广告、访谈、纪录片等形式，宣传节能减排相关知识，营造勤俭节约、绿色低碳的社会氛围，引导大众践行绿色生活。

各级公共机构节能主管部门要着力践行《"十四五" 公共机构节约能源资源工作规划》，把握公共机构节约能源资源工作的政治性。要坚持系统观念，从系统筹谋的角度协同推进节约资源和环境保护各项公共事宜；要坚持绿色低碳发展目标，推动碳中和、垃圾分类等重点工作；要创新工作方式，建立公共机构碳排放管理制度，构建量化指标来约束公共机构的碳排放，积极征求、研究各方面的意见，真正落实公共机构节能减排政策。

各级工会要将绿色低碳的理念融入日常工作中，积极传播节能理念，开展低碳讲座、职工低碳知识竞赛等，增强职工节能意识；开展绿色生产活动，如开展设施设备升级改造竞赛，针对生产过程中可能存在的浪费、高耗能、环境污染等现象，提出相应的解决方案，并给优胜者奖励，鼓励职工结合自己的专业知识促进节能减排；推动绿色办公，节约用水、用电，推广无纸化办公，倡导节约用纸的环保理念。

各级共青团组织要以《"美丽中国·青春行动"实施方案（2019—2023 年）》为统揽，深入开展形式多样、贴近生活、青少年喜闻乐见的宣传教育活动，针对青少年群体，有针对性地开展一些丰富多彩、寓教于乐的环保实践活动，一方面可以培养青少年的环保意识，也能增强青少年的动手能力。

在城市的低碳理念推广中，要坚持以下几个原则：一是量化原则，即根据城市的发展规划、环境资源承载力和社会整体发展现状，设立碳排放量化指标，有计划、分阶段地完成这些量化指标；二是持久化原则，即在城市规划中，要合理规划，不仅要考虑实用性，还要考虑低碳环保的建设目标，尽可能以降低能耗、加强养护等方式延长建筑使用时间；三是材料选择低碳化原则，即在建设过程中，选用环保型材料，如环保地材、环保墙材、节能灯等，节约能源、减少环境污染；四是施工与维护的低碳化原则，在施工之初，就要做好建设规划，减少施工对环境的影响，减少资源消耗，在养护管理过程中，增加绿色植物、绿色建筑，起到绿化环境的作用；五是价值综合化原则，不仅要考虑经济实用性，还要考虑环境无害性、低碳化，更要考虑美学设计。

二、建立权威城市维度低碳经济评价可视化平台，实时发布数据信息

城市低碳经济发展是兼顾经济发展与低碳发展的环保型发展模式，在低碳城市经济发展评价体系中实时数据将影响评价结果，同时也是地方政府制定相应政策的依据。所以，各城市应尽快建立低碳经济发展水平评价的可视化平台，结合国家统一的统计、考核、评价指标体系，对城市低碳经济的量化结果进行实时发布。一是利用可视化技术展示功能，方便国家及时直观地了解各个城市低碳经济的发展状况以及以前政策的执行成效，以便后续政府对低碳经济发展投入进行更好的分配与管理，统一对城市低碳经济发展指标进行强制性约束。二是方便市政府及其下属单位明确低碳生态城市规划建设各参与主体的角色、权利和责任，充分利用可视化平台指标体系得分分析功能，进行横向以及纵向的对比分析，考虑到不同地区、不同时期产业的不同特点，扶持当下重点产业，调动结合各城市城区的有利因素。三是利用可视化平台目标管理以及预测功能，帮助市政府对长期政策目标进行分解，并预测政策成效。

三、建立具有地方性特色的低碳城市试点模式

因为中国地域辽阔，各个城市分处在全国各个地方，所以其拥有的自然资源和能源结构相差较大。因此，应针对各个城市的不同情况，制定相应的低碳政策，以符合当地的能源结构。低碳城市试点模式在我国的发展处于初级阶段，应借鉴

发达国家的经验，结合我国城市的不同特点，制定从粗到细，以国家低碳经济发展为最高目标，依据省份区域性资源禀赋特点，最终细化到城市的指导方针，做到有的放矢，局部引领整体，以城市地方性重点产业带动整体城市低碳经济的发展。例如，根据研究结果，深圳并不是我国工业重镇，但其经济发展阶段与资源禀赋得分较高，具有良好的自然资源禀赋，并且经济发展较好，那么其投入重点则应放在其得分较低的低碳技术水平和低碳消费方式引导上，借鉴低碳技术水平得分较高的北京、低碳消费得分较高的海口等城市的成功经验；沈阳等北方城市由于其工业所占比例较大，低碳经济发展状况并不理想，那么市政府则应学习天津等城市的低碳经济发展经验，在低碳技术与绿色环保产业大力投入，开发新能源，减少对高碳能源消费的依赖性，改善城市碳排放状况，以提高低碳技术方面的得分，带动低碳经济的发展。

建设低碳示范区，探索有效的低碳城市发展路径，推动低碳示范区的建设，探索出有效的低碳城市发展路径，可以加快城市低碳经济发展。和国外的低碳城市相比，中国的城市不管从地理位置还是政治文化背景上都具有一定的差异性，因此中国的低碳城市发展需要逐步探索出有效的、合理的、有自身特色的发展模式。而低碳示范区的发展模式，将为城市的全面发展提供经验借鉴，或者找出不足，少走弯路。目前，我国已经开始对建设低碳示范区进行了尝试，探索出成功经验后，如何将示范区的发展经验扩展到城市甚至更多相似的地区，将是示范区发挥作用的关键。

规模不同、发展不同的地区应该因地制宜地发展低碳经济，根据本地经济社会发展情况有针对性地制定政策。如果低碳技术发展不够成熟，应该加大低碳技术研发，注重原始创新，同时引进并吸收国外的成功技术和经验，提升低碳技术能力。如存在低碳规模经济的问题，应该提升低碳技术效率，做好与低碳规模经济之间的协调。同时也要结合本地产业结构和产业发展特色，加快传统产业升级转型，坚持绿色发展理念，积极发展绿色低碳产业，限制高能耗、高污染产业的发展，形成新的经济增长点。地方政府在制定产业政策时，也要从低碳环保的角度，来做好产业规划和产业承接，促进产业转型和能源结构转型。

四、制定切实可行的城市间低碳技术互助计划

城市经济发展从粗放式转变为精细式、将经济发展与生态文明建设有机组合都离不开技术进步。我国以粗放发展型为主要政策手段的二三线城市较多，技术后发性明显，尤其在低碳经济的关键技术方面与大城市有较大差距。因此，在推进城市低碳经济发展的过程中，更要加强不同城市对于低碳技术的交流与合作。政府应加

大对低碳技术开发的研究投入，鼓励大型企业进行清洁能源、可再生能源的利用与研究，同时注重促进降低碳排放技术的研究，如碳埋藏与封存技术，只有促进低碳技术的产业化和市场化，促进不同城市协同合作才能促进城市低碳技术快速发展。另外，我国城市发展低碳经济不仅应该保证自主研发，也应该加强与周边地区或者国外先进城市的低碳技术研发合作，积极探索低碳技术研发合作的方式，保证对本地低碳经济的推动作用，同时学习先进低碳技术创新与技术进步模式。例如，根据研究结果，低碳技术水平得分较高的天津与低碳技术水平得分较低的昆明签订低碳技术共享合作协议，哈尔滨以资金或资源投入换取天津低碳技术共享权利，谋求双方低碳技术共同创新发展。

目前来看，我国碳达峰、碳中和工作任务十分艰巨。经济的发展离不开能源的消耗，但是面临的环境问题仍然严峻，碳减排压力仍然十分巨大。目前我国产业结构仍然以高能耗产业为主，能源消费结构仍然以石油、煤炭为主，能源消耗大，对环境的污染也大，因此有必要加快产业转型，发展低能耗产业；同时加快能源消费结构转型，加快发展清洁能源和可再生能源，加大低碳能源开采力度，使用技术研发，努力降低能源价格，保证低碳能源供应，持续推动能源生产和消费革命，向绿色低碳转型。

城市在发展的过程中坚持绿色发展理念，将绿色低碳环保理念体现在城市发展的方方面面。提高城镇化建设质量，发展低碳城镇化，在城镇化建设的过程中，加强城镇生态文明建设，提高农业现代化、低碳化发展，实现人的城镇化和生态环境的协调发展。促进乡村振兴与低碳发展有效融合，借助乡村振兴战略，促进农村产业绿色化转型，调整农村能源消费结构低碳化转型，同时积极宣传引导低碳节能环保的生活方式。各城市应该以科技为重大支撑，结合国家重大科技战略，因地制宜地制定相关政策，引导科技创新、科研攻关，加强城市间的低碳技术合作。

五、进一步推进权威城市低碳经济评价指标体系普及工作

城市低碳经济发展是兼顾经济发展与低碳发展的环保型发展模式，城市低碳经济评价指标体系对整个低碳城市经济的发展起着重要导向作用。通过低碳城市经济发展评价体系中指标的量化，可以确定城市低碳发展的情况，同时也是地方政府制定相应政策的重要依据。构建的城市低碳经济发展评价体系中包含了影响低碳经济发展的各个因素，并利用定性与定量多种角度考察问题。以城市低碳经济评价为总目标，以节能、环保和资源综合利用为重点，同时兼顾经济发展阶段、技术水平、自然禀赋、消费模式、政策法规等一级指标，全面分析城市低碳经济系统具有的潜力，综合运用管理科学、系统科学思想，人工智能、模糊集等方法，

建立城市低碳经济评价指标体系的评估模型。在不断修改完善城市低碳经济评价指标体系的同时，各城市政府应积极配合推进评价指标体系在本市的推广工作，并根据评价指标体系以及本市不足之处对相应部门提出年度考核目标，督促相关部门进行改进，以加快本市的低碳经济建设进程。例如，从北京市低碳经济发展来看，评价指标体系清晰地指出低碳技术已取代经济发展成为其低碳经济增长的核心因素，但是由于北京市自然禀赋不足，低碳消费方式引导不够，北京低碳经济发展增速有限。

六、推动资源型城市可持续转型

过去，城市的发展离不开资源的消耗，一些资源丰富的城市得到了快速的发展，但是也容易出现资源诅咒的现象。单一的资源型产业结构容易使这些资源丰富地区挤出技术含量高、附加值高的产业，同时对于资源的高度依赖也会让这些地区忽略技术创新的作用，导致人力资本的溢出。资源的开发也加大了对生态环境的压力，城市环境问题突出。因此针对资源型城市实现低碳发展，主要提出以下两点建议。

（1）构建资源型城市转型长效机制。资源型城市长久以来依赖本地资源发展经济，对资源的依赖性相对较高，因此要降低对资源的依赖，实现转型需要一段漫长的时间，也需要长效的机制来保证城市的稳定发展。同时要积极发展替代产业，政府应大力扶持低能耗、高附加值的绿色产业，给予财政补贴、税收优惠，吸引外来投资，引入其他与本地传统行业相关联的产业，形成产业聚集，转变单一产业结构，从而提升区域竞争力。

（2）实施绿色投融资政策。政府应该运用财政补贴支持绿色产业发展。对于在资源型城市发展绿色产业的企业，如节能减排、清洁能源开发，应给予政府补助和税收优化以及政策倾斜，提高支持绿色经济发展的政策保障能力。同时完善绿色信贷机制，鼓励银行等金融机构发展绿色信贷业务，引导金融资源合理配置，制定完善的绿色金融法律制度，营造健康、良好的投融资环境，推动企业绿色转型。

那些以传统制造业为主的城市，同样面临着绿色转型的问题，且传统制造业能源消耗量大，二氧化碳排放量高，节能减排的压力更大，且产品技术含量低、附加值低，市场竞争激烈，赢利能力下降。针对制造业城市实现低碳发展，主要提出以下两点建议。

（1）推进转型升级突破，建设生态绿色园区。根据城市现有的发展布局，结合国家战略性重大产业发展规划，坚持绿色发展理念，做好产业规划。加大政府政策扶持力度，推动传统产业在原有产品基础上不断创新，实现产品的更新换代，向智能化、高端化转型，同时在原有产品之外，创新产品模式，发展新兴产品，形成新的业务增长点。大力发展产业集群，建设生态绿色园区，充分利用产业集群的优势，发展低碳技术和低碳产品，推动绿色产业链形成。

（2）完善绿色政策制定，推动创新要素集聚。坚持绿色、环保、低碳的理念，应该针对不同类型的企业，因地制宜地制定有针对性的政策措施，让政策发挥应该起到的作用。对于战略性新兴产业、现代服务业、环境友好成长型企业，要加大政策力度和政策倾斜，优先把资源分配给这些企业，同时也要规范这些企业的发展，制定激励与约束制度，要做好扶持、引导和服务工作，保障企业的有序发展。要营造良好的创新氛围和容错机制，加强产学研合作，加快高校科技成果转化为现实产品，提高科技成果转化率。要按照产业发展规划，加大人才培养、人才引进力度，提高高科技人才待遇，打造高层次创新型人才队伍。

七、实现生态型城市生态价值

良好的生态资源对于减缓和适应气候变化具有不可替代的作用。习近平总书记在提到生态问题时，提出要建立生态产品价值实现机制[①]。但由于生态资源的产权所属难以确定、后代人缺位等问题，生态环境的污染和治理也难以得到很好的解决，生态环境破坏者不会因为污染环境付出代价，生态环境的治理成本也得不到补偿。针对实现生态型城市生态价值，主要提出以下两点建议。

（1）完善产权制度建设，加快生态产品价值实现。保护生态环境必须建立现代环境产权制度，明确生态环境的产权主体。生态环境是典型的公共品，人们可以肆意使用生态产品，会造成生态产品的过度开发和使用，同时，人们可以破坏生态产品，但会把这种后果转移给社会大众。明确生态环境的产权主体，要让修复生态环境获得合理回报，让破坏生态环境者付出成本。政府应该完善生态环境产权制度，突出体现主导作用，同时加强和社会资本的合作，建立社会化、市场化生态环境资源交易市场，培育多元化生态市场主体，根据市场需要和供给，确定生态产品价格，实现生态资源价值最大化。

（2）加大生态创新力度，促进生态价值提升。环境保护不仅需要政策主导，还依赖于生态创新。生态创新对保护生态环境、降低环境污染、节能减排、生态转型具有重要的意义。要加大生态创新力度，加强不同生态技术之间的融合，促进不同行业技术之间的交流，包括通信技术、生物技术、生态设计等，打破技术壁垒、行业壁垒，大力推广生态创新技术。

---

① https://m.gmw.cn/baijia/2022-10/16/36090835.html.

第五节　中国低碳经济发展水平的多维评价可视化政策建议

低碳经济发展是兼顾经济发展与低碳发展的环保型发展模式，其研究是一个长期性的工作，每年会进行低碳经济相关数据的收集、整理以及运算得到最终的结果的重复性工作。低碳经济发展评价体系中的实时数据将影响评价结果，同时也是地方政府制定相应政策的依据。有效利用低碳经济多维评价可视化平台，定期对低碳经济数据搜集整理并对最终的评价结果进行呈现将有利于政策制定者对学者的研究成果进行查看与分析，并将这些成果转化成政策建议。将低碳经济多维评价可视化平台建设与低碳经济发展水平评价相结合，既能定期根据数据进行低碳经济评价的实时发布，又能将枯燥繁杂的数据转化成清晰易懂的图形，帮助决策者进行政策制定。

本节对中国低碳经济发展水平多维评价可视化平台提出以下几点建议。

（1）积极推进低碳大数据搜集整理工作。

（2）完善可低碳经济多维评价可视化平台的需求分析。

（3）增强评价模型的科学性。

（4）利用低碳经济多维评价可视化平台进行低碳经济政策战略化部署。

具体内容第九章已展开论述过，本节不再赘述。

参 考 文 献

鲍健强，苗阳，陈锋. 2008. 低碳经济：人类经济发展方式的新变革[J]. 中国工业经济，（4）：155-162.

曹新向，梁留科，丁圣彦. 2003. 可持续发展定量评价的生态足迹分析方法[J]. 自然杂志，25（6）：5.

陈静，程东祥，诸大建. 2012. 基于灰理想关联分析的中国城市低碳竞争力评价[J]. 资源科学，34（9）：1726-1733.

陈诗一. 2012. 中国各地区低碳经济转型进程评估[J]. 经济研究，（8）：32-44.

邓聚龙. 1984. 社会经济灰色系统的理论与方法[J]. 中国社会科学，（6）：47-60.

丁丁，周园. 2008. 我国低碳经济发展模式的实现途径和政策建议[J]. 环境保护与循环经济，028（003）：4-5.

冯碧梅. 2011. 湖北省低碳经济评价指标体系构建研究[J]. 中国人口·资源与环境，21（3）：54-58.

付加锋，庄贵阳，高庆先. 2010. 低碳经济的概念辨识及评价指标体系构建[J]. 中国人口·资源与环境，（8）：38-41.

付允，刘怡君，汪云林. 2010. 低碳城市的评价方法与支撑体系研究[J]. 中国人口·资源与环境，（8）：44-47.

付允，马永欢，刘怡君，等. 2008. 低碳经济的发展模式研究[J]. 中国人口·资源与环境，18（3）：14-19.

高大伟. 2016. 基于国际研发资本的中国区域低碳经济发展评价研究[J]. 科技管理研究，（7）：71-75.

何跃，郭秋艳，武奔. 2014. 低碳经济发展水平指标建立及综合评价[J]. 统计与决策，（10）：49-52.

侯卫星，高建中. 2012. 基于因子分析法的城市低碳经济实证评价——以太原市为例[J]. 企业经济，（6）：15-19.

胡大立，丁帅. 2010. 低碳经济评价指标体系研究[J]. 科技进步与对策，27（22）：160-164.

蓝庆新，郑学党. 2013. 我国低碳经济发展水平的指标体系构建及国际评价——基于 G20 国家的比较[J]. 北京师范大学学报（社会科学版），（2）：135-144.

李兰敏. 2007. 绿色经济—当代中国的必然选择[J]. 集团经济研究，（10S）：2.

李磊，韩雪莹. 2012. 省域低碳经济发展分类及评价研究[J]. 数学的实践与认识，42（18）：34-42.

李沙浪，雷明. 2014. 基于 TOPSIS 的省级低碳经济发展评价及其空间面板计量分析[J]. 中国管理科学，（s1）：741-748.

李献士，李相佑，王殿茹. 2014. 基于 DPSIR 模型的河北省低碳经济发展评价研究[J]. 河北经贸大学学报，（2）：112-115.

李晓燕，邓玲. 2010. 城市低碳经济综合评价探索——以直辖市为例[J]. 现代经济探讨，（2）：82-85.

李晓燕. 2010. 基于模糊层次分析法的省区低碳经济评价探索[J]. 华东经济管理，24（2）：24-28.

李旸. 2010. 我国低碳经济发展路径选择和政策建议[J]. 城市发展研究，17（2）：56-60.

梁本凡，朱守先. 2010. 中国前 100 城市低碳发展排位研究[J]. 经济，（10）：22-27.

梁臻. 2020. 陕西省低碳城市发展水平评价研究[D]. 西安：西安理工大学.

刘娟. 2020. 促进低碳经济发展的公共政策研究——评《我国扶持低碳经济发展的公共政策整合问题研究》[J]. 当代财经，（6）：2.

刘勘，周晓峥，周洞汝. 2002. 数据可视化的研究与发展[J]. 计算机工程，28（8）：1-2.

刘攀. 2011. 基于区域差异下的中国低碳经济发展模式研究[D]. 成都：西南财经大学.

刘天森，朱越. 2020. 新常态背景下中国低碳经济评价指标体系构建研究[J]. 现代商贸工业，41（35）：20-22.

娄厦. 2018. 基于灰色多目标决策的低碳经济发展水平统计检验[J]. 统计与决策，34（11）：109-111.

马军，周琳，李薇. 2010. 城市低碳经济评价指标体系构建——以东部沿海6省市低碳发展现状为例[J]. 科技进步与对策，（22）：171-173.

牛文元，冯之浚. 2009. 低碳经济与科学发展[J]. 中国软科学，（8）：35-40.

潘家华，庄贵阳，郑艳，等. 2010. 低碳经济的概念辨识及核心要素分析[J]. 国际经济评论，（4）：88-101.

彭博. 2011. 低碳经济评价指标体系构建与实证研究[D]. 长沙：湖南大学.

师华定，王占刚，付加锋，等. 2010. 低碳经济模型 GIS 可视化与空间分析系统设计[J]. 资源科学，32（2）：248-254.

史学飞，孙钰，崔寅. 2018. 基于熵值-主成分分析法的天津市低碳经济发展水平评价[J]. 科技管理研究，38（3）：247-252.

宋志明，康凤举，阎晋屯，等. 2004. 海洋环境视景仿真方法研究[J]. 计算机仿真，21（6）：4.

孙久文，姚鹏. 2014. 低碳经济发展水平评价及区域比较分析——以新疆为例[J]. 地域研究与开发，33（3）：127-132.

谭兵，徐青，周杨. 2003. 大区域地形可视化技术的研究[J]. 中国图象图形学报，8（5）：578-584.

谭立献. 2018. 数据可视化背景下的统计宣传工作思考[J]. 重庆统计，（8）：3.

唐文惠，胡德英. 1998. 科学计算可视化技术及 IDL 语言[J]. 灾害与防治工程，（1）：4.

唐笑飞，鲁春霞，安凯. 2011. 中国省域尺度低碳经济发展综合水平评价[J]. 资源科学，（4）：612-619.

王刚，黄丽华，高阳. 2009. 基于方法集的农业产业化综合评价模型[J]. 系统工程理论与实践，（4）：161-168.

王明喜，胡毅，郭冬梅，等. 2017. 低碳经济：理论实证研究进展与展望[J]. 系统工程理论与实践，37（1）：17-34.

王韶华. 2013. 基于低碳经济的能源结构和产业结构协调度评价研究[J]. 工业技术经济，（10）：55-63.

王向英，潘杰义. 2019. 基于漂移度的陕西省制造业低碳经济发展水平评价研究[J]. 科技管理研究，39（24）：240-246.

王怡. 2012. 基于突变级数法的中国低碳经济复杂系统综合评价[J]. 长江流域资源与环境，21（5）：525-532.

王珍. 2019. 中国省域低碳经济发展评价和碳排放影响因素作用路径研究[D]. 合肥:安徽大学.

王宗军，潘文砚. 2012. 我国低碳经济综合评价——基于驱动力-压力-状态-影响-响应模型[J]. 技术经济，31（12）：68-76.

肖翠仙，唐善茂. 2011. 城市低碳经济评价指标体系研究[J]. 生态经济，（1）：45-48.

谢传胜，徐欣，侯文甜，等. 2010. 城市低碳经济综合评价及发展路径分析[J]. 技术经济，29（8）：29-32.

谢军安，郝东恒，谢雯. 2008. 我国发展低碳经济的思路与对策[J]. 当代经济管理，（12）：1-7.

谢志祥，秦耀辰，沈威，等. 2017. 中国低碳经济发展绩效评价及影响因素[J]. 经济地理，37（3）：1-9.

辛玲. 2015. 城市低碳发展水平的灰色关联综合评价[J]. 中国管理信息化，18（3）：152-155.

许涤龙，汤智斌. 2013. 我国低碳经济指数的编制与实证分析[J]. 调研世界，（7）：52-58.

杨卫华，李小立，孟海燕. 2014. 冀中南地区城市低碳经济发展评价[J]. 中国人口·资源与环境，（S3）：24-27.

易茗. 2018. 产业转型背景下陕西省低碳经济发展水平评价研究[D]. 西安：西北大学.

张传平，高伟. 2014. 基于熵权-灰色关联-TOPSIS 方法的山东省低碳经济综合评价[J]. 科技管理研究，34（17）：426.

张福祥，盖美，张洪锦. 2017. 辽宁省低碳经济发展水平评价[J]. 地域研究与开发，36（4）：141-146.

张霁. 2015. 区域低碳经济评价及实证研究以湖南省为例[J]. 资源开发与市场，31（4）：398-400.

张学毅，王建敏. 2010. 基于物质流分析方法的低碳经济指标体系研究[J]. 学习月刊，（12）：109-110.

周宏春. 2009. 世界碳交易市场的发展与启示[J]. 中国软科学，（12）：39-48.

周莹，郭亚军，易平涛，等. 2015. 中国省域低碳经济运行状况综合评价方法及其应用[J]. 技术经济，（8）：54-59.

朱启贵. 2012. 低碳经济评估体系的系统设计与平台构建[J]. 人民论坛·学术前沿，（16）：66-72.

朱有志，周少华，袁男优. 2009. 发展低碳经济 应对气候变化——低碳经济及其评价指标[J]. 中国国情国力，（12）：4-6.

庄贵阳. 2005. 中国经济低碳发展的途径与潜力分析[J]. 太平洋学报，（11）：79-87.

Atkins J P, Burdon D, Elliott M, et al. 2011. Management of the marine environment: Integrating ecosystem services and societal benefits with the DPSIR framework in a systems approach[J]. Marine Pollution Bulletin, 62（2）：215-226.

Borja A, Galparsoro I, Solaun O, et al. 2006. The European Water Framework Directive and the DPSIR, a methodological approach to assess the risk of failing to achieve good ecological status[J]. Estuarine Coastal and Shelf Science, 66（1-2）：84-96.

Card S K, Mackinlay J D, Shneiderman B. 1999. Readings in Information Visualization: Using Vision To Think[M]. San Francisco: Morgan Kaufmann Publishers Inc.

Carpenter G A, Cohen M A, Grossberg S. 1987. Computing with neural networks[J]. Science, 235（4793）：1226-1228.

Cheng C, Zhou Y H, Yue K W, et al. 2011. Study of SEA indicators system of urban green electricity power based on fuzzy AHP and DPSIR model[J]. Energy Procedia, 12：155-162.

Cooper R. 2013. Social-ecological accounting: DPSWR, a modified DPSIR framework, and its application to marine ecosystems[J]. Ecological Economics, 94（10）：106-115.

Gallagher S, Herbert S J A. 1998. Power Builder 6.0 Unleashed[M]. Beijing: Machine Industry Publishing House.

Hopfield J J. 1982. Neural networks and physical systems with emergent collective computational abilities[J]. Proceedings of the National Academy of Sciences, 79（8）：2554-2558.

Hyh T，Franzese P P，Ulgiati S. 2011. Economic and environmental performance of electricity production in Finland：a multicriteria assessment framework[J]. Ecological Modelling，223（1）：81-90.

Jia J，Ying F，Guo X. 2012. The low carbon development（LCD）levels' evaluation of the world's 47 countries（areas）by combining the FAHP with the TOPSIS method[J]. Expert Systems with Applications，39（7）：6628-6640.

Keim D A. 2002. Information visualization and visual data mining[J]. IEEE Transactions on Visualization & Computer Graphics，7（1）：1-8.

Kennedy C，Steinberger J，Gasson B，et al. 2010. Methodology for inventorying greenhouse gas emissions from global cities[J]. Energy Policy，38（9）：4828-4837.

Koji S，Yoshitaka T，Kei G，et al. 2007. Developing a long-term local society design methodology towards a low-carbon economy：An application to shiga prefectures in Japan[J]. Energy Policy，（35）：4688-4703.

Lenton T M，Rockstrm J，Gaffney O，et al. 2019. Climate tipping points—too risky to bet against[J]. Nature，575（7784）：592-595.

Lin J，Jacoby J，Cui S，et al. 2014. A model for developing a target integrated low carbon city indicator system：The case of Xiamen，China[J]. Ecological Indicators，40（5）：51-57.

Lin Y C，Huang S L，Budd W W. 2013. Assessing the environmental impacts of high-altitude agriculture in Taiwan：A Driver-Pressure-State-Impact-Response（DPSIR）framework and spatial emergy synthesis[J]. Ecological Indicators，32：42-50.

Mariano E B，Gobbo Jr J A，de Castro Camioto F，et al. 2017. CO_2 emissions and logistics performance：A composite index proposal[J]. Journal of Cleaner Production，163：166-178.

Maxim L，Spangenberg J H，O'Connor M. 2009. An analysis of risks for biodiversity under the DPSIR framework[J]. Ecological Economics，69（1）：12-23.

McClelland J L，Rumelhart D E. 1986. Parallel Distributed Processing，Volume 2：Explorations in the Microstructure of Cognition：Psychological and Biological Models[M]. Cambridge：MIT Press.

Ness B，Anderberg S，Olsson L. 2010. Structuring problems in sustainability science：The multi-level DPSIR framework[J]. Geoforum，41（3）：479-488.

Nielson G M，Shriver B. 1990. Visualization in Scientific Computing[M]. Washington，DC：IEEE Computer Society Press.

Paloheimo E，Salmi O. 2013. Evaluating the carbon emissions of the low carbon city：A novel approach for consumer based allocation[J]. Cities，30：233-239.

Ramanathan R. 2005. A multi-factor efficiency perspective to the relationship among world GDP，energy consumption and carbon dioxide emissions[J]. Technological Forecasting and Social Change，73（5）：483-494.

Robertson G G，Card S K，Mackinlay J. 1989. The cognitive coprocessor architecture for interactive user interfaces[C]//Proceedings of the 2nd Annual ACM Symposium on User Interface Software and Technology，Williamsburg：10-18.

Shneiderman B. 2003. The eyes have it：A task by data type taxonomy for information visualizations[J]. The Craft of Information Visualization：364-371.

Stern N. 2007. The Economics of Climate Change：The Stern Review[M]. Cambridge：Cambridge University Press.

Sun J W. 2005. The decrease of CO_2 emission intensity is decarbonization at national and global levels[J]. Energy Policy, 33 (8): 975-978.

Tan S, Yang J, Yan J. 2015. Development of the Low-carbon City Indicator (LCCI) framework[J]. Energy Procedia, 75: 2516-2522.

Tan S, Yang J, Yan J, et al. 2017. A holistic low carbon city indicator framework for sustainable development[J]. Applied Energy, 185 (2): 1919-1930.

Ugur S, Ramazan S, Bradley T E. 2007. Energy consumption, income, and carbon emissions in the United States[J]. Ecological Economies, (62): 482-489.

Wang Y, Lan Q, Jiang F, et al. 2020. Construction of China's low-carbon competitiveness evaluation system: A study based on provincial cross-section data[J]. International Journal of Climate Change Strategies and Management, 12 (1): 74-91.

Weinberg H. 1999. Method and apparatus for simulating reverberation in a multipath sonar system: U.S., US5983067 A[P]. 1999-12-14.

Yamaji K, Matsuhashi R, Nagata Y, et al. 1993. A study on economic measures for CO_2 reduction in Japan[J]. Energy Policy, 21 (2): 123-132.

Zhou S D, Mueller F, Burkhard B, et al. 2013. Assessing agricultural sustainable development based on the DPSIR approach: Case study in Jiangsu, China[J]. Journal of Integrative Agriculture, 12 (7): 1292-1299.